融媒体·新视听研究丛书

媒体融合
理论、实践与创新

曹曦晴　李晨　王竞　著

中国传媒大学出版社
·北京·

序 言

媒体融合是 21 世纪以来全球新闻传播领域的重要议题和变革趋势。自 21 世纪初美国新闻界开展融合新闻研究以来,新闻内容生产和媒体产业变革浪潮席卷全球。党的十八大以来,以习近平同志为核心的党中央深刻把握时代发展大势和信息化趋势,作出推动传统媒体和新兴媒体融合发展的重大决策部署。从政策和实践层面来说,2014 年是我国媒体融合战略正式推进的元年。一日千里,历经十年,我国媒体融合已进入深化改革、整合资源、创新体系、重塑生态、系统发展的新阶段。对媒体融合的理论与实践研究,既是对中国式现代化背景下新闻传媒行业探索守正创新的经验总结和理论升华,也是对如何用中国方法解决中国问题、用中国实践升华中国理论,从而构建中国哲学社会科学自主知识体系这一使命的有效回应。

《媒体融合:理论、实践与创新》理论与应用相辅相成。"略则举大,详则举小",第一章"媒体融合的历史与理论"开宗明义,梳理媒体融合的概念起源与流变,从尼古拉斯·尼葛洛庞帝、伊契尔·索勒·浦尔、沃斯等外国学者提出概念雏形,到 2005 年蔡雯教授将西方媒体融合的理论成果引入国内,学界对媒体融合的研究逐渐丰富,不同视角、不同年代的研究侧重与理论成果亦各不相同。"媒介"在 21 世纪具有史无前例的重要作用,并持续影响着人类社会的生产生活方式,时至今日,将媒体融合作为一个整合、延展的概念看待已经基本成为共识,媒体融合不仅反映着媒体行业的时代变迁,同时也是实现社会融合的必要环节。不同于很多学者从未来视角看待媒体融合,作者反其道而行之,对这一概念进行回溯、展开剖析,从媒体技术融合、经济/市场融合、政治/监管融合、文化融合四个重要面向对媒体融合进行全方位、多元化的研究,立体构建起媒体融合的不同侧面,从而帮助读者更好地认识和理解媒体融合。有研究者认为,媒体融合肇始于技术创新,加速于制度创新,深化于市场创新,最终表现为传媒产品和传媒业态的创新,这一论断点明了传媒产品的重要性。作者在2002年进入湖北广播电视台,从事新闻工作二十余年,不断尝试新闻采编新模式和内容管理新方法,探索融合发展新路径,积累了丰富的一手资料,形成了广阔的研究视野。基于此,本书第二章"国内媒体融合经典案例"按照中央—省—市—(区)县四级媒体的递进思路,分析代表性媒体的创新路径和模式创新,展现了我国媒体融合实践的探索画卷和阶段性成果。从"相加"到"相融",从"关停并转"到"跨界合作",各级媒体不断深化对融合的认识,探索如何因地制宜地将媒体产业升级与社会服务治理互嵌,实现经济效益与社会效益的平衡。

"博观而约取,厚积而薄发。"全球媒体面临的是同一个问题,又各自有不同的症结,我国的媒体融合研究兼具普遍性和特殊性。本书搭建了一个纵向发展、横向对比的研究网络,第二章"国内媒体融合经典案例"贯通我国媒体融合发展的纵向历程,而第三章"海外媒体融合研究"则通过对比研究,解析并阐释了美国、英国、日本、韩国、新加坡五个重要国家的媒体融合之道,以及"他山之石"对我国媒体融合发展的启示。全球视野下,信息革命为人类社会的运行搭建起新的桥梁,机构的生存经营模式、新闻的内容生产传播流程、产品与用户间动态关系等均发生变化。置身液态化、数字化、网络化的社会趋势下,传媒行业掉转船头的风向标大同小异,以用户思维为内容生产传播的出发点,媒介技术为媒体舰队升级的动力引擎,创新营收为实现媒体品牌竞争力建设的刻度尺,通过全要素协同作用,实现产业链循环发展。大型传媒集团已经重塑扁平、灵活的体制机制,建立融媒体中心,尝试工作室制度,通过物联网、人工智能、算法等技术应用实现流程再造和业态升级,借助差异化运营强化品牌影响力和竞争力。

"理论思维是学术研究的'普照光',"孙正聿教授曾强调,"用理论把握现实的思维方式和思想力量。"人文社会科学的研究思考和对话最终要通过理论实现认知升维和实践突破。本书基于"基础理论研究—经典案例研究—创新策略研究"的框架思路,借助媒介生态学等理论阐释实践,展开对媒体融合与创新传播的思考,对实践具有鞭辟入里的指导性。第四章"媒体融合的模式创新"凝练概述我国媒体融合十年的阶段性成果,进而深入剖析我国媒体融合的难点问题,体制困局、机制掣肘、人才匮乏、原创薄弱、伦理矛盾等问题不仅是媒体深度融合的阻碍,更是完善全媒体传播体系、塑造主流舆论新格局的瓶颈。当前,我国的全媒体传播体系已经基本搭建,在如何提升媒体的传播力、引导力、影响力和公信力这一命题上,需要向内把握智媒体时代的传播规律,向外延展融合的尺度和深度。在这一维度上,更需要理论与实践相互补足,以解决真问题的研究推动真问题的解决。

生存与发展是一个硬币的两面,媒体赖以生存的核心竞争力同样是长期主义下的发展基石,当狭义的媒体融合已渐过去,广义的媒体融合成为发展共识,媒体融合的目标应聚焦用户体验、社会服务和生态打造,用系统思维锚定融合的具体路径,同时将传媒力量置于整个社会系统,以辩证、发展的眼光看待媒体融合的下一个十年。雷·库兹韦尔论断,2045年左右,人工智能将来到一个"奇点",跨越这个临界点,人工智能将超越人类智慧,人们需要重新审视自己和机器的关系。这也是媒体融合发展到今天,留给研究者和新闻从业者的新课题。随着时代的列车滚滚向前,类似这样的新问题不止一个,因此,我们必须回到原点,时刻牢记媒体融合的初心,以"人"的尺度衡量媒体融合这场自上而下的产业革新运动,从而开启一个新的征程。

道阻且长,行则将至;行而不辍,未来可期!

曾祥敏　中国传媒大学教授　博士生导师
2024年1月8日

前言

媒体融合是传媒行业发展不可忽视的趋势,同时也是当前新闻传播学的重要研究课题。在互联网发展大势下,媒体融合的理念、内容、手段、体制、机制等方面不断创新。近年来,国家级、省级、市县级媒体纷纷在媒体融合这个主战场寻求发展转型之道。各媒体在创新理念的顶层设计下,通过技术创新优化传播路径,通过内容创新拓展自身优势,通过"报、网、端、微、号"多渠道传播,通过"文、图、音、视"多媒介形式叠加传播效果,通过5G、AI等新技术加持传播势能,推动媒介融合向纵深化、智能化、一体化的方向加速推进。

本书基于"基础理论研究—经典案例研究—创新策略研究"的框架思路,秉持理论研究与应用研究并重的理念,以案例分析为核心,辅以调研、访谈等方法,展开对媒体融合与创新传播的研究和思考。第一部分从媒体融合的概念流变、技术背景和政策语境以及在其影响下的产业变迁角度(或层面)梳理了媒体融合的发展历程。第二部分以"中央—省—市—(区)县"的结构框架深入剖析了我国较为突出的媒体融合实践案例,试图总结我国媒体融合发展的成功经验。第三部分放眼全球,聚焦美国、英国、韩国、日本、新加坡五个国家的代表性媒体机构,以求从海外媒体融合的创新实践中获得启发。第四部分通过前述的案例梳理出国内外主流媒体创新传播的规律性特点及亮点,在对困境与问题总结反思的基础上,提出媒体融合创新传播的路径与策略。

本书旨在通过历时性的梳理,厘清国内外媒体融合的发展脉络;辅以典型媒体的深度访谈,透视媒体融合实践进程中的一线经验;结合现有文献和数据的梳理和再分析,提出具有指导性意义的策略和建议。这些也是本书差异化研究的创新价值所在。

　　融合发展,日新月异。本书的目的不是给出既定的答案,而是在汇集、梳理、分析现有经验的基础之上,呈现阶段性的样貌,探讨媒体融合的发展趋势。随着人工智能、云计算、区块链、大数据等数字技术的飞速发展,媒体融合未来可期,希望能以本书为桥梁,将学术与业界、理论与实践有机勾连,推动我国传媒业的融合创新发展。

目录

第一章　媒体融合的历史与理论 ... 1
第一节　多元面向的媒体融合概念 ... 5
第二节　媒体融合的技术语境 ... 20
第三节　媒体融合的政策背景和产业融合 ... 34

第二章　国内媒体融合经典案例 ... 53
第一节　中央级融媒体构建媒体生态圈案例分析 ... 57
第二节　省级媒体融合经典案例 ... 78
第三节　市县级媒体融合经典案例 ... 106

第三章　海外媒体融合研究 ... 137
第一节　引领前沿，追求创新
——美国媒体融合发展的经验与启示 ... 138
第二节　开放、坚守与共赢
——英国媒体的融合实践 ... 170
第三节　从"生存"到"发展"
——日本媒体的融合转型 ... 195
第四节　实现传统媒体与新媒体融合
——韩国广电业的全媒体转型发展 ... 212

第五节 开放化、融合化、国际化
　　——新加坡的媒体融合发展之路 ················· 231

第四章 媒体融合的模式创新 ················· 249
第一节 我国媒体融合发展的亮点与特色 ················· 250
第二节 我国媒体融合发展的困境与不足 ················· 263
第三节 智媒体时代媒体融合创新与展望 ················· 274

第一章
媒体融合的历史与理论

1992年,丹尼尔·戴杨(Daniel Dayan)和伊莱休·卡茨(Elihu Katz)在《媒介事件》(Media Event)中称电视为"新媒体"①,现如今,电视媒体却面临着是否还能独立生存下去的质疑。新世纪初,电视尚处于黄金时代,比尔·盖茨(Bill Gates)曾语出惊人:"互联网将会在5年内彻底变革。"在2018年"关停元年",20多家纸媒停刊,其中不乏《法制晚报》《北京晨报》等老牌报纸②。不仅如此,面对网络媒体的冲击,在广电媒体对体制架构进行积极重建以争取生存空间的趋势下,"频道关停"依旧屡见不鲜③。上海广播电视台调整了多个非上星频道,进行编组合并;天津广播电视台更是主动关闭了6个电视频道;中央广播电视总台、北京广播电视台、湖北广播电视台、湖南广播电视台等也根据收视情况和节目策略关停了数个赘余频道。现场直播作为传统电视媒体的招牌业务,其所占流量份额也在不断削减:2014年,电视直播占电视总流量的70%,迄今每年降低约10%④,传统媒体面临的困境可见一斑。面对这一现状,2014年8月中央全面深化改革领导小组第四次会议审议通过《关于推动传统媒体和新兴媒体融合发展的指导意见》,以此开启了中国媒体融合元年,自此,中国传媒行业开始了全面融合发展的进程。在"十三五"期间,党和国家颁布了系列性的政策和方案,为推动媒体的深度转型,促进立体多样、融合发展的现代传播体系的建成注入源源不断的能量。2023年,恰逢习近平总书记作出"加快传统媒体和新兴媒体融合发展"

---

① DAYAN D, KATZ E. Media events[M]. Cambridge: Harvard University Press, 1992: 23.
② 卯明瑶. 从《京华时报》纸媒停刊探索数字化报媒运营之路:基于《京华时报》与《纽约时报》的对比分析[J]. 北京印刷学院学报, 2017, 25(7): 115-118.
③ 陆德明, 韩微. 去产能是广播电视供给侧结构性改革的首要任务:以省、市(州)台为例[J]. 当代电视, 2019(10): 110-112.
④ 刘逸帆. 中国互联网电视产业现状、问题与对策[J]. 传媒, 2014(23): 40-42.

重要指示10周年之际,媒体融合正朝着深度融合、智慧融合的方向迈进。

媒体政策是我国媒体融合的主导力量,媒体数字化则是当今媒体格局重塑的关键内因。关于数字范式的转变,最初假定旧媒体将越来越多地被新媒体取代。然而,目前正在出现的融合范式表明,新旧媒体的互动方式将比曾经预测的更为复杂①,数字化进程在近20年扩散到了包括生产实践、发行技术和受众接收等媒体行业的所有领域。数字化带来了流动性、互动性和多功能性的媒体实践,并促进了媒体融合的进程。亨利·詹金斯(Henry Jenkins)曾于2006年作出论断,他指出媒体融合是持续进行的媒体之间的位移,是各种媒体形式和平台的互动,而非对旧媒体的替代②,是以前没有联系的媒体形式和平台之间的"合作和协作"。无论何种信息类型,其信息内容均可以转化为相同底层逻辑架构的数据,并在同一个平台上汇集、处理、分发③。

随着技术的飞跃发展,愈加频繁和强烈的文化浪潮从外部席卷而来,使我们被新的文化习惯淹没④。由于不同媒体技术之间的界限变得越来越模糊,在媒体融合进程中,它们沿用了彼此的功能和形式,大众可以通过电视、电脑、手机等收听广播,也可以在电视、手机中观看影像,这促使了不同的商业主体发展成为品牌体系,以多种不同形式和平台提供媒体内容。因此,媒体融合这一概念的内涵不仅仅指涉技术层面的变革,还包括媒体环境中产业、文化与社会范式等底层逻辑的转变,即技术的革新使技术融合成为可能,与此同时,技术融合又产生了"社会重构的影响",即"社会环境中的虚拟世界与经验世界正在发生碰撞、交融和协调"⑤。例如,报业集团在其品牌保

---

① WIRTZ B W, SCHILKE O, ULLRICH S. Strategic development of business models: implications of the Web 2.0 for creating value on the internet[J]. Long range planning, 2010, 43(2-3): 272-290.
② JENKINS H. Convergence culture: where old and new media collide[M]. New York: New York University Press, 2006: 307-319.
③ MCPHILLIPS S, MERLO O. Media convergence and the evolving media business model: an overview and strategic opportunities[J]. The Marketing Review, 2008, 8(3): 237-253.
④ BOLIN G. Value and the media: cultural production and consumption in digital markets[M]. London: Routledge, 2016: 15.
⑤ RHEINGOLD H. Smart mobs: the next social revolution[M]. Cambridge, MA: Perseus Publishing, 2007: 157-182.

护伞下拓展广播或网络电视业务;电影业利用成功电影的体系来生产和销售书籍、电子游戏或动画片①。品牌化的趋势推动一个成功的媒体概念扩散到多个平台,从而刺激了整个媒体行业的融合②。

不仅如此,媒体融合进程也涵盖了媒体受众的迁移行为。随着不同媒体渠道的激增以及新通信和智能终端的日益便携,日常生活逐渐被"媒介化",在媒体和信息富集的社会语境下,媒体内容的商品化和过度供应给传统媒体商业模式带来了冲击③。这一进程导致了消费分化,更为主动的消费者会寻找可信赖的媒体产品和服务,用户不仅从各类媒体渠道消费内容,还参与内容生产活动,在分散的媒体内容生产中建立更为个性化的关联。因此,为了提高传播效率和获取切实的经济收益,媒体机构不仅要对融合趋势作出反应和适应,还要主动考虑媒体融合过程中受众的变化,从消费者的角度重新反思营销和生产决策。

因此,媒体融合问题不应局限于媒体技术,还必须从社会及其内部的政策背景、产业体制、受众变迁来进行探索。下文将具体从媒体融合的概念流变、技术背景和政策语境以及在其影响下的产业变迁,勾勒媒体融合发展历程。

---

① TAMELING K,BROERSMA M. De-converging the newsroom:strategies for newsroom change and their influence on journalism practice[J]. International Communication Gazette,2013,75(1):19-34.
② MATTEO S,SPOLAOR G,ZOTTO C D. Branding with social media at RTS ndbook of social media management. Berlin:Springer, 2013:591-602.
③ MCPHILLIPS S,MERLO O. Media convergence and the evolving media business model:an overview and strategic opportunities[J]. The Marketing Review,2008,8(3):237-253.

第一节　多元面向的媒体融合概念

在英文的语境中，media 是 medium 的复数形式，其概念的内涵指涉是（传播信息的）手段、工具、方法。马歇尔·麦克卢汉（Marshall McLuhan）的不易之论："媒介即信息"（The medium is the message）充分诠释了媒介这一概念的意涵："媒介就是插入传播之中，用以扩大并延伸信息传送的工具。"[1]胡正荣指出，对媒介的理解应该回归到作为中介或者中介物的指认当中，其存于事物的运动过程。传播意义上的媒介是指传播信息符号的物质实体[2]。除了媒介，media 也被翻译为媒体，一是指承载信息的物体，二是指储存和传递信息的实体。现今对概念辨析的研究多认为媒体更侧重对媒介组织的所指，即拥有、使用并经营媒介的机构。如，电视被视为媒介，而电视台可被看作一种媒体[3]。有学者认为"媒介"一词可以追溯到前大众传播时代，那时传播过程中传播者、机构和体制等影响因素还未被充分认知，因此"媒介"这个词的诞生在于强调传播过程的客观性。"媒体"的概念则诞生在影响传播效果的主观因素都受到重视的大众传播时代[4]。同时考虑媒体作为物质工具和组织机构的双重存在，本书倾向使用"媒体融合"这一表述。

在中文语境中，"融"为"炊气上出也"[5]，即烹饪过程中上升的蒸汽，由

---

[1] 李凌凌,杨伯溆.媒介即信息:人类传播史解读[J].当代传播,2002(4):4-7.
[2] 胡正荣,段鹏,张磊.传播学总论:第2版[M].北京:清华大学出版社,2008:178.
[3] 胡正荣,段鹏,张磊.传播学总论:第2版[M].北京:清华大学出版社,2008:179.
[4] 李玮,谢娟."媒介""媒体"及其延伸概念的辨析与规范[J].武汉理工大学学报(社会科学版),2011,24(5):694-699.
[5] 说文解字:卷三:鬲部[M].同文书局影印本.北京:中华书局,1985.

其物理状态衍生出"消融""调和"的含义①,即融化汇合,合成一体。"合"为"合口也"②,即闭合的状态。后衍生出"配""会""聚"等含义③。由此,融合指融化汇合,合成一体。英文语境的"融合"(convergence)一词来源于拉丁语的 convergere(聚集),意味着聚拢(gather)到一起④。1713年,该词主要由威廉·德勒姆(William Derham)在其作品《物理神学》(*Physico-theology*)中使用。德勒姆是一位研究音速等问题的学者,利用融合这一概念指涉"射线的汇聚和发散"(the convergencies and divergencies of the rays)⑤。在具体的学科领域中,融合这一术语的使用具有较强的弹性,根据时间、应用和背景的不同而有不同的含义。具体而言,如在生物学中,融合指生物体之间相近的性状⑥;融合在气象学中,指气流在某一区域或沿某一线路相互接近⑦;在海洋学中,融合指涉洋流汇合的任何区域⑧。除了自然科学,人文学科和社会科学也根据其需要,拓展了这个术语的适用语境。传播学中的象征性趋同理论(symbolic convergence theory)讨论了在心理和修辞的影响下,群体意识的发生和对事件的共同解释⑨。社会学中的趋同理论,则指涉了具有不同文化特征、历史背景和社会结构的社会在工业化之后向共同方向靠拢的趋势。在政治经济学中指无论政治意识形态如何,所有社会和经济体系都遵循类似的发展模式⑩。除了学术研究,在科幻文学和科普作品对技术发展的

---

① 康熙字典:申集中:虫部[M].同文书局影印本.北京:中华书局,1989:1092.
② 说文解字:卷五:入部[M].同文书局影印本.北京:中华书局,1985.
③ 康熙字典:丑集上:口部[M].同文书局影印本.北京:中华书局,1989:174.
④ KOPECK A-PIECH K. Media convergence concepts[J]. Media Studies,2011,46(3):1-19.
⑤ DERHAM W. Physico-theology:or, a demonstration of the being and attributes of god, from his works of creation[M]. W. Innys and J. Richardson,1754.
⑥ DARWIN C,DARWIN C R. The origin of species[M]. New York:PF Collier & Son,1909:106-109.
⑦ DURST C S. Convergence and divergence in the atmosphere[J]. Quarterly Journal of the Royal Meteorological Society,1940,66(285):171-180.
⑧ SVERDRUP H U,JOHNSON M W,FLEMING R H. The oceans:their physics, chemistry, and general biology[M]. New York:Prentice-Hall,1942:139.
⑨ HIROKAWA R,POOLE M. Communication and group decision making[M]. New York:Sage Publications,1996:81.
⑩ JACOBS N. The origin of modern capitalism and Eastern Asia[M]. Ann Arbor,Mich:University of Microfilms,1979:13.

创想中也可以看到当今融合研究的雏形①。总的来说,融合指的是:"为一个共同的目标,将知识、工具和人类活动的所有相关活动深度融合,让社会回答新的问题,以改变各自的物理或社会生态系统。这种变化还将会在接下来的阶段开启新的趋势、途径和机会。"②

一、媒体融合概念源流

纵观中外学术界以及具体的媒体实践,众多学者和机构对媒体融合(media convergence)进行了大量的讨论,其规模和质量各不相同。该词最早出现在美国,在计算机和网络技术的飞速发展过程中,其被融汇于大众传播的语境。1978 年,麻省理工大学的尼古拉斯·尼葛洛庞帝(Nicholas Negroponte)教授提出了计算机、出版印刷和广播电影这些主要媒介产业正倾向于交叉互融的观点,他用三个交叉的圆环阐释了不同的媒介技术边界逐渐交叠的过程,认为三个圆环重合的地方将是发展最快的领域。因此,媒体融合是"各种各样的技术和媒体都在逐渐汇聚到一起"③。

媒体融合作为一个更为严谨的学术概念是由伊契尔·索勒·普尔(Ithiel de Sola Pool)在 1983 年的"模式融合"(convergence of modes)的概念中衍生出来的,他认为模式融合的过程正模糊媒体之间的界限,无论是人际传播抑或大众传播的场域,其中的任何一种媒体形式都要承载与既往相较更为复杂多样的媒介业务,与此同时,过去只能通过单一媒体提供的服务如今可能被更多的媒体承载。在这一技术语境下,媒体与其服务之间的相应关系正在逐步消解④。当媒体融合概念在 20 世纪 90 年代后期被广泛应用时,其主要强调了通过数字化将迄今为止独立的技术平台合并。欧盟关于融合的绿皮

---

① STORSUL T,STUEDAHL D. Ambivalence towards convergence:digitalization and media change[M]. Nordicom:University of Gothenburg,2007:10.
② BAINBRIDGE W S,ROCO M C. Science and technology convergence:with emphasis for nanotechnology-inspired convergence[J]. Journal of Nanoparticle Research,2016,18(7):1-19.
③ 宋昭勋. 新闻传播学中 Convergence 一词溯源及内涵[J]. 现代传播(中国传媒大学学报),2006(1):51-53.
④ JENKINS H. Convergence culture[M]. New York:New York University Press,2006:10.

书将其定义为电话、电视和个人电脑的"结合"(coming together)①。在考虑了数字融合的各个层面(网络、终端、内容服务、市场和监管融合)之后,学者们达成了一个重要的共识,即媒体融合是一个相对模糊且宽泛的概念,有学者认为这个概念"是对我们已经看到的东西的更好描述,而不是我们正在看到的东西"②。如迈克·沃斯(Mike Wirth)所指出,"研究媒体融合的一个挑战是,这个概念非常广泛且有着多种含义"③,乃至于它被称为"一个危险的词"④,并"通过试图成为一切"而演变成一种"被夸大的幻觉"⑤。然而,这种混淆并不意味着媒体融合是一个无用的术语,它在近几十年来已经成为媒体和传播研究中的一个热门词汇,而且它经常被用作一种修辞工具,用以隐喻各种媒介化(mediatization)进程⑥。因此不同的媒体学者用不同的术语来描述媒体融合的过程。融合被描述为一种技术、监管、金融、符号、经济、社会、文化等静态和演变的现象,它可能涉及单一产品、系统、设备、网络、内容、服务和市场⑦⑧。如埃斯彭·伊特瑞伯格(Espen Ytreberg)发表于《新媒体和社会》(New Media & Society)中的评论指出:"研究人员对融合的阐释方法是多么多样化,似乎几乎生活在不同的世界里,每个人似乎都不知道其他人的方法和传统。"⑨

相较于国外,国内对媒体融合的讨论要稍迟一些。2005 年是媒体融合

---

① MURDOCK G. Digital futures:European television in the age of convergence[M]//WIETEN J,MURDOCH G,DAHLGREN P. Television across Europe:acomparative introduction. LONDON:SAGE,2000:35-57.
② FAGERJORD A,STORSUL T. Questioning convergence[M]//STORSUL T,STUEDAHL D. Ambivalence towards convergence:digitalization and media change. Goteborg:Nordicom,2007:19-31.
③ WIRTH M O. Issues in media convergence[M]//Handbook of media management and economics. New York:Routledge,2006:448-465.
④ SILVERSTONE R. Convergence is a dangerous word[J]. Convergence,1995,1(1):11-13.
⑤ NOLL A M. The myth of convergence[J]. International Journal on Media Management,2003,5(1):12-13.
⑥ YTREBERG E. Convergence:essentially confused? [J]. New Media & Society,2011,13(3):502-508.
⑦ JENKINS H. Convergence? I diverge[J]. Technology Review,2001,104(5):93.
⑧ FLYNN B. Digital TV,Internet & mobile convergence:developments and projections for Europe[M]. Washington,D. C.:Phillips Gloal Media,2000.
⑨ YTREBERG E. Convergence:essentially confused? [J]. New Media & Society,2011,13(3):502-508.

的"引入元年",西方媒体融合的理论被引介入国内①。当时,国内新闻传播学者蔡雯在美国进行富布莱特项目研究,首次引入了西方媒体融合的最新理论成果,发表了一系列讨论媒体融合概念和理论的研究,随后引燃了国内学术界的研究兴趣、关注和讨论②③④⑤⑥,媒体融合也自此成为我国新闻传播学研究中的焦点议题。

首先,我国学者从多元化的角度对媒体融合的概念内涵进行了探索和界定。蔡雯着重于媒体融合的过程,认为其旨在在以数字、网络和电子通信技术为核心科技的引领下,构成大媒体业的各行业组织在经济和社会的驱动之下,以协作、兼并和整合等商业形式,实现不同媒体在内容、渠道和终端等方面的融合⑦。复旦大学孟建和赵元河沿袭了蔡雯的观点,对媒体融合在产业和技术上的两种表现形式进行论述:媒体融合的具体表现,一是从商业组织的角度,以跨媒体整合收购的模式,形成大规模的传媒集团;二是在媒体技术的层面融合新老媒介技术,生成新的传播手段,甚至在此基础之上孕育出崭新的媒体形式。刘颖悟和汪丽将政府规制纳入媒体融合概念的讨论中,其认为数字化和网络技术的发展推动了不同媒体间边界的模糊甚至消失,这包括技术、业务、所有权和政府规管等四个方面的融合⑧。虽然媒体融合的概念早已深入人心,媒体融合的实践也在业界广泛深入地推进,然而业界和学界的探索却并未停步,甚至有学者认为,媒体不是在融合,而是在分化(divergence)⑨。

总的来说,媒体融合的理念可分为广义和狭义两种,狭义是指多种媒体

---

① 郑保卫,樊亚平,彭艳萍.我国媒介融合研究的回顾与前瞻[J].新闻传播,2008(2):8-12.
② 蔡雯.媒介融合前景下的新闻传播变革与新闻教育改革[J].今传媒,2009(1):21-24.
③ 蔡雯,王学文.角度·视野·轨迹:试析有关"媒介融合"的研究[J].国际新闻界,2009(11):87-91.
④ 蔡雯,黄金.规制变革:媒介融合发展的必要前提:对世界多国媒介管理现状的比较与思考[J].国际新闻界,2007(3):60-63.
⑤ 蔡雯.媒介融合视野下的报业转型:从西方著名报纸的变革谈起[J].新闻传播,2007(11):8-10.
⑥ 蔡雯.媒介融合前景下的新闻传播变革:试论融合新闻及其挑战[J].国际新闻界,2006(5):31-35.
⑦ 丁柏铨.媒介融合:概念、动因及利弊[J].南京社会科学,2011(11):92-99.
⑧ 邵培仁.媒介理论前沿[M].杭州:浙江大学出版社,2009:62.
⑨ ALLEN M. Web 2.0:an argument against convergence[M]//PARVIERO S,PEIL C,BALBI G. Media convergence and deconvergence. London:Palgrave Macmillan,2017:177-196.

形态融汇产生质的变化,以此创造出全新的形式;广义则十分广泛,囊括了媒体相关元素的结合、集合和融合,包括媒体的形态、功能、传播形式、商业所有权、组织结构等众多要素的整合①。

从狭义的视角出发,媒体融合的过程有着明确的阶段性和规律性。首先发生在媒体互动的场域,即媒体的战略性融合;随后是媒体整合,即产业结构性融合;最后的深度大融合将不同的媒介形态聚集于一个融合的媒体平台。在媒体融合的过程中,内容和服务应是媒体最重要的关注点②。熊澄宇总结了三种媒体融合的形式:第一种是"所有媒体向电子化和数字化倾斜";第二种是"包括媒体文化整合、传播系统整合和媒体公司所有权整合"等的大范围整合;第三种是综合媒体业务和组织、规制与控制以及用户互动使用等的一体化整合③。

站在广义的视域之下,网络媒体以及伴随而来的新兴媒介技术和其社会影响推动了本就各异的媒体形态遍在的交叉融合。媒体融合具体有三个层面的实践方式:一是作为传播的工具性手段,其功能互相融合,这构成媒体融合的基础;二是在业务操作层面,即媒介形态的交融,包括内容制作、传播渠道以及媒介经济管理等层面,媒介的业务人员亟须掌握各异的媒体传播操作技能,媒介经营管理需要在资产和组织架构上做到融合;三是意识层面,媒介融合在经济、技术、文化管理层面带来的巨变亟须从业者通过自身的学习适应新的媒介环境,做到全面深入地把握媒介融合的实践④。

二、媒体融合的四个面向

在概念梳理的基础上,纵观全球学术界,对媒体融合的讨论要更为宽泛,其研究的历史时期和研究侧重也不同,可分为媒体技术融合、经济/市场

---

① 王勇.媒介融合背景下我国广电全媒体发展研究[D].武汉:武汉大学,2013.
② 许颖.互动·整合·大融合:媒体融合的三个层次[J].国际新闻界,2006(7):32-36.
③ 熊澄宇.整合传媒:新媒体进行时[J].国际新闻界,2006(7):7-11.
④ 丁柏铨.媒介融合:概念、动因及利弊[J].南京社会科学,2011(11):92-99.

融合、政治/监管融合、文化融合四个面向,其在各个历史阶段有不同的侧重:20世纪80年代初,学界重点关注媒体技术融合,即技术上,数字革命使媒体和点对点的内容在一个单一的平台上得以共享;经济/市场融合则是在80年代末和90年代初出现,从经济来看,融合也指在21世纪的第一个十年中,传统媒体公司(印刷、广播、电视、电影)与专注于互联网和在线市场的新媒体公司之间的合并、收购和战略联盟;政治/监管融合则出现在20世纪90年代;新世纪之后,关于数字媒体在日常生活中的影响进入学者的论述中,文化融合作为一种社会现象,开始被学者们讨论[1],其反映了受众在多个数字平台上对媒体和个人内容流动的互动、参与和回应方式的巨大变化[2],并被作为一个术语来描述当代世界的工业、经济、监管、全球、文化和政治特征[3]。一方面,这些阶段和面向是相互联系、相互促进的;另一方面,即使它们出现在不同的年代,也依旧影响着我们今天研究媒体融合的方式。

(一)媒体技术融合

在媒体技术领域中,融合可以视作一种"通过某种数字平台以提供多元媒体渠道的能力"[4]。如纸质媒体、广播和电视以及互联网等均是通过多元的、差异化的平台进行传播的[5]。在该阶段,融合被定义为一体化和数字化,即"作为一个转变的过程,其衡量标准是不同的媒体,如电话、数据广播和信息技术基础设施被结合到一个单一无缝的多用途网络架构平台的程度"[6]。媒体技术的迭代并不意味着旧技术像寻呼机一样简单地被尘封在博物馆中,今天的媒体消费者仍然在看电视、听广播、读报纸、沉浸

---

[1] MILLER V. Understanding digital culture[M]. New York: Sage, 2020: 81-85.
[2] ALBARRAN A B. The media economy[M]. New York: Routledge, 2016: 72-73.
[3] DWYER T. Media convergence[M]. Maidenhead: McGraw-Hill Education (UK), 2010: III—IV.
[4] MCPHILLIPS S, MERLO O. Media convergence and the evolving media business model: an overview and strategic opportunities[J]. The Marketing Review, 2008, 8(3): 237-253.
[5] LUGMAYR A. Ambient media culture: what needs to be discussed when defining ambient media from a media cultural viewpoint? [J]. International Journal of Ambient Computing and Intelligence (IJACI), 2012, 4(4): 58-64.
[6] MENON S. Policy initiative dilemmas surrounding media convergence: a cross national perspective[J]. Prometheus, 2006, 24(1): 59-80.

在电影中,不同的是,现在可以借助单一设备通过互联网来完成所有这些事情。

20世纪80年代,众多欧洲国家出现了一个普遍现象:电信行业开始在部分地区铺设电缆。他们认为新兴的服务也可通过这些网络传播,并通过技术手段对网络进行重新配置,使其能够毫无差别地传输电视或电话服务。自此,有线电视网络和电信网络自然而然地被融合起来[1]。当这些网络被数字化时,融合的终极目标得以实现,声音、文字和图像可以以字节(Bit)的形式在不同网络中无差异地流动和传输。从技术层面对融合进行理解是最传统的方式,这种思潮源自两位媒体融合的奠基人:第一位"先知"是伊契尔,第二位奠基人是尼葛洛庞帝[2],二人的创见推动了媒体融合在20世纪80年代的普及。他们将媒体融合理解为"所有形式的数字形式的媒体传播的结合"[3],甚至更广泛地理解为不同设备、工具和媒体技术的结合。这种对技术现象的叙述垄断了几十年的媒体融合话语[4],它是今天融合研究中最流行的方式之一。后文也将详细论述媒体技术的迭代如何推动了媒体融合的进程。

(二)政治/监管融合

除技术之外,对媒体和通信市场的政策管制也是影响媒体融合过程的重要因素[5]。自20世纪90年代以来,融合一直是国家和国际层面关于媒体

---

[1] BALBI G. Deconstructing" media convergence":a cultural history of the buzzword,1980s-2010s [M]// SPARVIERO S, PEIL C, BALBI G. Media convergence and deconvergence:global transformations in media and communication research – apalgrave and IAMCR series. Cham: Palgrave Macmillan, 2017: 31-51.
[2] JENKINS H. Convergence culture[M]. New York:NewYork University Press,2006:10.
[3] BURNETT R,MARSHALL D. Web theory:an introduction[M]. New York:Routledge,2004:1.
[4] BALDWIN T F,MCVOY D S,STEINFIELD C W,et al. Convergence:integrating media, information & communication[M]. New York:Sage Publications,1996:67.
[5] RAYPORT J F,JAWORSKI B J. Cases in e-commerce[M]. New York:McGraw-Hill Higher Education,2001:275-276.

决策讨论中反复出现的主题①。美国、欧洲等西方国家均不约而同地实施了电信部门自由化的改革做法,这也引发了信息、媒体与通信行业间的竞争结构的产生②。在"党管媒体"的主导思想下,我国传统广电媒体事业单位的属性不会更改。但伴随着媒体体制的进一步改革,媒体经营市场化趋向加深,并在此趋势下选择了事业单位企业化运作的方式,许多广播电视媒体大规模进入市场竞争领域。原有电信、电视网络分立并行的状况也开始实验性地尝试合并。同时,我国的电信基础网络、大众媒体保有强烈的"基础设施"理想。

进一步地,媒体内容和平台已经分离,多种设备以数字形式供给分发内容,用户从被动的内容消费者(受众),转变为内容的生产者和传播者。由于用户更容易控制自己的媒体环境,而且年青一代(数字原住民)往往对融合技术最为熟悉,因此开展媒体政策和监管的环境已经发生了根本性的转变,媒体机构的性质也发生了变化。例如,计算机公司苹果公司,已经成为迄今为止世界上最大的音乐经销商。在这样的语境下,尽管现在许多国家已经采用了由统一的媒体和通信监管机构进行监管的方式,但不同行业的监管体系在经济、社会和文化原则上各有不同。如何实现长期以来确立的分立式的媒体政策原则的融合,保证其多样性,并在全球媒体时代满足当地的内容要求,是媒体融合时代政策制定者面临的主要挑战。如传统上围绕特定行业的"孤岛"而形成的监管结构,需要进一步适应在媒体融合语态下部门界限模糊的环境。

在20世纪的大部分时间里,媒体内容是通过特定的平台传播的,如书籍、报纸、杂志、广播、电视、电影和电子游戏,这些不同的媒体受到不同程度的监管并分属不同的职能机构,依据的是受众的年龄层次、传播范围以及特定的媒体内容是否对其受众有更大的影响等。因此在融合媒体的时代,传

---

① LATZER M. Convergence, co-evolution and complexity in European communications policy[M]//DONDERS K, PAUWELS C, LOISEN J. The Palgrave Handbook of European media policy. London: Palgrave Macmillan, 2014: 36-53.
② DAL ZOTTO C, LUGMAYR A. Media convergence as evolutionary process[M]//Media convergence handbook-Vol. 2. Heidelberg: Springer, 2016: 3-16.

统上为通信设施或媒体监管开发的模式,也许并不能完全适用于瞬息万变的数字媒体领域①。融合传播平台的兴起增加了媒体内容在不同设备终端上的可用性,但监管标准往往只适用于传统媒体。在不同媒体之间的界限逐渐模糊、互联网更多地作为媒体内容的接入点和内容生产分销渠道的情况下,社交网站、搜索引擎和视频网站获取了巨大的权力并塑造了受众的内容消费模式。传统的审查管理机制,在"信息想要自由"的互联网精神、希望自由竞争促进市场主导的媒体产业发展的背景下,难以被有效实施②。此外,在媒体内容融合和产业寡头的影响下,促进包容和社会公平等议程的讨论也迫使政策制定者要兼顾对数字鸿沟的关注③。

综上所述,在一个融合的环境中,媒体融合的政策需要兼顾"确保运作良好的市场与维持效率所需的公平和公开竞争"④以及多元化的媒体市场。诸如抖音海外版 TikTok 等跨越国界的全球互联网媒体服务的兴起,凸显了传统的监管方法在数字融合时代的局限性。

(三) 经济/市场融合

媒体融合并不仅仅局限于技术上的最终结果,而是一个改变媒体消费和生产方式的过程⑤。就如约瑟夫·熊彼特(Joseph Schumpeter)"创造性破坏"(creative destruction)的观点,目前媒体产业转型给市场在位者带来了颠覆性的挑战⑥。在媒体行业中,生产实践、分销战略和商业模式处于由数字融合、互联网发展引发的巨变中。不仅仅是传统广电行业,电影、音乐、书籍

---

① IOSIFIDIS, PETROS. Digital convergence: challenges for european regulation. [J]. Javnost-The Public, 2002,9(3):27-47.
② MANSELL R. Imagining the internet: communication, innovation, and governance[M]. Oxford: Oxford University Press,2012:121.
③ SELWYN N. Reconsidering political and popular understandings of the digital divide[J]. New Media & Society,2004,6(3):341-343.
④ DOYLE G. Economia audiovisual[J]. Quaderns del CAC,2012,15(38):15-24.
⑤ DEUZE M. Convergence culture in the creative industries[J]. International Journal of Cultural Studies,2007,10(2):243-263.
⑥ ANDERSEN E S. From Schumpeter's failed econometrics to modern evometric analysis: Creative destruction as a tale of two effects[C]//Paper for the conference of the International Schumpeter Society. Milan: Bocconi University,2004:9-12.

和报刊出版也面临着相当大的挑战。

  对于媒体机构而言,适应技术变革是一个常态①。但融合对传统媒体业务的影响在不同领域存在很大差异,广电业中部分生产机构受益于在线内容的传播,而印刷出版商则在销售减少的趋势中挣扎。在这样的语境下,同一内容多平台分发的战略变得更加普遍。内容生产传播的机构将更为依赖品牌效应,以便有效地吸引受众,确保其在数字平台上的突出地位②。对于传统广电系统来说,积极寻求内容的"网生化"创新以及优质内容的网络传播非常重要,如由《新闻联播》打造的新闻评论短视频节目《主播说联播》在社交媒体收获上亿人次观看;湖南广电打造芒果TV,在网络电视中破局并一举超越了原卫星电视频道的收视率;湖北广电打造的"长江云"品牌借力于5G技术,运用中央厨房指挥理念,记者把"转播车"背在身上,以最快速度完成新闻报道内容的生产和分发。在海外,MTV英国和欧洲的内容和节目副总裁介绍:"我们现在不把自己看作一个传统的广播公司,而是一个品牌,我们的内容是品牌体验的一部分,我们的品牌呈现在不同的平台上,其中节目的可移植性是关键。"③在数字传输的竞争生态中,拥有和控制能够在多个平台上传播的内容显然更易揽获更多受众。因此,采取品牌化、平台化的战略可以促进内容生产,扩大媒体产业的影响力④。

  融媒体进程中品牌化向多平台的过渡也涉及媒体资本的重构。近30年,新的国际贸易组织和规则促进了经济体系的横向一体化,而市场利益的追逐则为纵向一体化奠定了基础⑤。媒体融合可以用来指涉媒介经济学的

---

① KÜNG L. Strategic management in the media:theory to practice[M]. London:SAGE,2016:205-206.
② SIEGERT G,FÖRSTER K,CHAN-OLMSTED S M,et al. What is so special about media branding? peculiarities and commonalities of a growing research area[M]//SIEGERTG,F. RSTERK,CHAN-OLMSTEDS,OTSM,etal. Handbook of media branding. Cham:Springer,2015:1-8.
③ DOYLE G. Brands in international and multi-platform expansion strategies:economic and management issues[M]//SIEGERT G,FRSTER K,CHAN-OLMSTED S,OTS M,et al. Handbook of media branding. Cham:Springer,2015:53-64.
④ DOYLE G. Multi-platform media and the miracle of the loaves and fishes[J]. Journal of Media Business Studies,2015,12(1):49-65.
⑤ ALBARRAN A B,CHAN-OLMSTED S M. Handbook of media management and economics[M]. New York:Routledge,2018:482.

具体议题:某些媒体公司源于一种媒体形式向不同媒体渠道扩张,深入其他在空间或范围上完全不同的媒体。当一家公司控制了同一行业的几种产品或服务时,就会发生经济融合。例如,在娱乐业,一家公司可能在许多种媒体形式上都拥有经济收益;又如,默多克的新闻集团涉及图书出版(哈珀·柯林斯出版集团)、报纸(《纽约邮报》《华尔街日报》)、体育(科罗拉多洛基队)、广播电视(福克斯)、有线电视(国家地理频道)、电影(20世纪福克斯)、社交媒体(My Space)和众多其他媒体;反观国内,腾讯、阿里巴巴除了社交媒体(QQ、微信、微博)、杂志报纸(《南华早报》《商业评论》)、网络游戏、在线视听网站(虾米、优酷、腾讯视频),同时涉足艺人经纪(哇唧唧哇)、影视制作发行(阿里巴巴影业、腾讯影业)、综艺策划生产(光线传媒)等多种媒体产业。从这个角度来看,基于技术变革和商业惯例,媒体行业在渠道、内容和资本上的混合并不新鲜。

五、文化融合

技术的融合促使更多不同种类的媒体进行数字内容转化,此时"它们之间的潜在关系被扩大了,并使它们能够跨平台流动"①。因此如前文所述,媒体融合的概念不仅仅指技术上的转变,还包括我们环境中的工业、文化和社会范式的变化。詹金斯在《融合文化》(*Convergence culture*)一书的论述中便把文化视角放在讨论媒体融合的中心位置,并重点关注了媒体融合语境下的用户。他的言论引发了后续大量学者的跟进讨论,其认为"媒体受众迁移,他们几乎会去任何地方寻找他们想要的娱乐体验。融合是一个能够描述技术、工业、文化和社会变化的词"②,"融合不仅仅是一个简单的技术转变,它还改变了现有技术、产业、市场、流派和受众之间的关系"③。

---

① JENKINS H. Convergence? I diverge[J]. Technology Review,2001,104(5):93.
② COULDRY N. More sociology,more culture,more politics:or,a modest proposal for 'convergence' studies[J]. Cultural Studies,2011,25(4-5):487-501.
③ JENKINS H. The cultural logic of media convergence[J]. International Journal of Cultural Studies,2004,7(1):33-43.

首先,文化融合在于"同一个故事可以跨越不同的媒体平台"①,即传统意义的跨媒体叙事。自21世纪初以来,文化融合的言论已经影响到了传统媒体商品的生产方式。媒体产品已经变得越来越"跨媒体",以适应不同的媒体渠道获得市场效益。这显然改变了包含电视制作在内的各种内容生产流程②和整个大众传媒的角色与"文化"。如"米老鼠"这个卡通形象不仅存在于书籍、电影中,也在玩具、衣物和游乐园游乐设施中体现。尽管跨媒体叙事早于互联网,但媒体融合大大扩展了其可能性。例如,英国电视剧《神秘博士》(Doctor Who)早在20世纪60年代就成为各种松散但"非官方"的品牌延伸创作(漫画、小说、唱片)主题,而且粉丝们长期以来一直在围绕电视剧制作的"虚构世界"进行互动。2005年,BBC重新启动已停播16年的《神秘博士》,新系列有了明确的融媒体形式,包括专门制作的网上短剧、以《神秘博士》世界为背景的网站以及对电视剧集的播客评论等材料。

从该案例来看,在一个融合的环境中,"消费者被鼓励去寻找新的信息,在分散的媒体内容之间建立联系"③,重新混合来自不同媒体的文化片段,并创造了一种新的媒体使用方式,即媒体生产和消费不再泾渭分明,业余爱好者和专业媒体从业者之间的界限正在模糊,媒体内容生产变得越来越具有共享、社会和协作性质。受众创作内容是一种"重要的颠覆性力量,为市场参与者和策略制定带来了机遇和挑战"④。用户乐于参与到信息的共同构建中,甚至以成为媒体内容的生产者为目标。

有学者认为,参与式文化带来了"集体智慧"(collective intelligence),即网络环境中人们可以分享信息和资源,互相帮助、共同解决通过个人努力无法解决的问题⑤。然而也有学者指出,这种对于媒体文化融合影响的指涉过

---

① JENKINS H, DEUZE M. Convergence culture[J]. Convergence, 2008, 14(1):5-12.
② ASKWITH I D. Television 2.0: Reconceptualizing TV as an engagement medium[D]. Cambridge: Massachusetts Institute of Technology, 2007:5-6.
③ JENKINS H. Convergence culture[M]. New York: New York University Press, 2006:3.
④ DEUZE M. Convergence culture in the creative industries[J]. International Journal of Cultural Studies, 2007, 10(2):243-263.
⑤ LÉVY P. Collective intelligence: Mankind's emerging world in cyberspace[M]. New York: Perseus books Group, 1997:108.

于乐观和简单：用户的参与不是广泛的、常识性的现象，而是有限的[①]。绝大多数用户并没有带来集体智慧，甚至搅乱了内容生产的水潭，导致内容质量良莠不齐、商业导向为上、忽视文化价值等问题普遍存在。并且，权力在资本引导下集中于少数大公司手中的渐进式垄断现象普遍存在，通过民众多方参与带来媒体属性的自由化和多元化的梦想依旧遥远[②]。这种或电子乌托邦式或世界末日式的反思，都给我们留下了进一步探寻的空间，其中全球化、文化霸权、受众被大数据驯化等现象在媒体融合进程深化的当下也受到广泛关注。

三、结　语

英国学者西蒙·穆雷（Simone Murray）认为，自20世纪90年代以来，媒体融合历经了三次重要变革：首先，主流媒体在市场化进程中被大量收购与兼并重组，导致了跨媒体所有权的集团化；其次，随着数字化浪潮的全面覆盖，技术思潮在根源上威胁了原有媒介生产关系的地位，与此同时，也形塑了媒介文化的社会实践，进而为媒介文化研究注入了新的活水源泉；最后是"内容流"（content streaming）带来的颠覆性改变，"在传媒业中用'内容流'来描述一个平台向另一个平台的内容迁移，即通过互联网实现音频或视频内容的传递"[③]。

媒体融合在20世纪60年代和70年代开始使用，至今已成为学术界和媒体行业讨论的热点。纵观与其相关的学术研究，学者们用多元视角对它进行了讨论和分析，本章对其进行了梳理，以建立本书论述的重心，试图分析科学文献中长期以来用于讨论媒体融合的四种关键叙述：媒体融合是一种技术、经济/市场、政治/监管和文化现象。这些形式塑造了媒体从业

[①] HAKLAY M. Why is participation inequality important？[M]//CAPINERI C, HAKLAY M, HUANG H, et al. European handbook of crowdsourced geographic information. London: Ubiquity Press, 2016: 35-44.

[②] NOAM E M. Who owns the world's media? media concentration and ownership around the world[M]. Oxford: Oxford University Press, 2016: 265-266.

[③] 郭毅, 于翠玲. 国外"媒介融合"概念及相关问题综述[J]. 现代出版, 2013(1): 16-21.

者、资本、政府以及越来越多的普通人在不同媒体发展阶段的做法。在欧美国家,由于不同媒体行业之间的整合,经济/市场的融合变得很重要,政策制定者开始决定以新的方式来规范融合环境。相比之下,国内较为宽松的监管环境和鼓励体制改革的政策推动了媒体融合的起步和迅速发展。新世纪以来,文化融合现象似乎成为当代媒体研究的重要趋势,这四层属性的各自历史阶段相互关联且互相重叠。可以说,媒体融合目前同时传达了所有这些概念,并将在未来拥抱更多的内涵,这种变化和不稳定性是一些学者提议将媒体融合作为一个持续的过程而不是一个静态终点站的主要原因。詹金斯曾说:"如果我们把媒体融合理解为一个过程,而不是一个静态的终点,那么我们就可以认识到,当一种新兴技术暂时破坏了现有媒体之间的关系时,这种融合在传播史上经常发生。"[1]在这个意义上,融合可以被理解为一种连接新旧技术、媒体形式和制造受众的方式。承接詹金斯的观念,下文将以动态的视野分析媒体融合在技术、政策、产业等层面的发展脉络。

---

[1] THORBURN D, JENKINS H. Rethinking media change:the aesthetics of transition[M]. Cambridge: The MIT Press,2004:3.

第二节 媒体融合的技术语境

大众传媒业的兴盛推动社会各个层面的传播实践成为人类生活的中心,媒体融合的进程则引导"媒介化"社会的程度进一步加深。本节内容将以媒体技术作为论述重心,探讨媒体技术融合的主体意义,追溯其发展历史,勾勒媒体融合的技术语境。

在人类文明的早期,语言交流等传播活动之于社会生活虽然重要,但在茹毛饮血的生存条件下,其尚不能与生活物资的生产和交换活动相比肩,只是社会活动的辅助手段。直至古希腊时期,对公众生活的议题进行演讲和辩论占据了社会生活的重要位置,乃至诞生了亚里士多德(Aristotle)的《修辞学》(*The Art of Rhetoric*),作为以口语传播为主要研究对象的论著,其标志着传播活动在人类的社会生活中也逐渐坐拥一席之地。19世纪中期以后,媒介技术催生传播实践的多样化发展,大众传媒业的发展日益蓬勃,人类的日常生活和信息传播的关系已经变得密不可分[①]。人类传播活动不仅广泛地影响了社会公共事务,并且勾勒了人类日常生活的主要图景。传媒业成为现代社会组织架构中不可或缺的组成部分,其不仅协调社会信息系统的运转,推动经济贸易、商业生产、文化教育等公共事务的发展,信息的便捷传递和媒介技术的飞速迭代也成为社会发展的催化剂。与此同时,大众传播对社会的影响引发了不同学科背景的学者对它的关注。

纵观媒体技术的发展,印刷技术、无线电技术、数字技术的普及使用划分出了泾渭分明的三个阶段,每一个新的阶段都标志着现代传播理论的一次范式转移,而每一种新的范式都与传播技术的演进息息相关。其中,数字

---

① 韦路,鲍立泉,吴廷俊.媒介技术演化与传播理论的范式转移[J].当代传播,2010(1):18-21.

传播技术孕育了现代媒体融合的理论根基。

一、媒体技术的变迁

在过去的30年里,我们见证了信息和通信技术(ICTs)的突破式发展,互联网业务和媒体技术的更迭加快了信息的数字化,并重塑了社会生活方式,媒体技术融合应运而生。这种媒体相互融合的技术能力,是讨论媒体融合的最常见的方式,丹麦通信学者延斯·詹森(Jens Jensen)将这一过程描述为"将它(信息)从对任何特定媒体的依赖中解放出来"[1]。因此,在技术与媒体融合理论间建立联系是应然之理。

我们可以把印刷媒体看作第一种大众媒体,古腾堡在15世纪中叶开始印刷生产实践,直到19世纪初,蒸汽驱动的滚筒式和旋转式印刷机等新的印刷机器彻底改变了信息的生产方式[2],这在罗兰巴特(Roland Barthes)的《作者之死》(The Death of the Author)中被描述为文本信息从他们的作者那里解放出来[3]。至此迎来了媒体内容的第一次解放浪潮,先进的自动化印刷生产的廉价报纸开启了大众传播活动的发端;电报技术的出现则在印刷媒体的基础上超越了时空限制,带来了第二次信息解放的浪潮,并革新了报刊新闻信息的传递方式,推动了新闻传媒的职业化;摄影和电影的出现则给人类社会带来了以视觉为主的大众文化,变革了社会的主要文化形态;无线电技术使传受一对多的媒介形式成为可能;光电扫描技术的发明和推广让影像活跃于观众的家庭。多样的媒介形式和迅捷的传播速度带来了崭新的媒介文化图景,临场感、同步性的媒介使用特性像有魔力的手抓住了大量受众的注意力[4]。

但是,这两个历史时期并未将信息内容从"任何特定媒体的依赖"中解放出来,媒体融合概念的技术根源需要与数字化过程联系起来,因此融合被

---

[1] JENSEN J F. Communication research after the Mediasaurus: digital convergence, digital divergence [J]. Nordicom Review, 1998, 19(1): 39-52.
[2] COLMER J, REICH S. Coleridge to "catch-22": images of society [M]. Berlin: Springer, 1978: 290.
[3] BARTHES R. The death of the author [M]. London: Fontana, 1968: 5.
[4] 韦路,鲍立泉,吴廷俊. 媒介技术演化与传播理论的范式转移[J]. 当代传播, 2010(1): 18-21.

认为是数字化赋能的结果。融合效应来自将各种信息分解为二进制数字的独特能力,这使得技术功能和文本内容有可能出现在不同的媒体技术上,这种技术的融合最初发生在20世纪70年代[①],可以说数字化是媒体融合和媒体内容流动性的根基。

数字化意味着计算机可以被用于生产和使用各种媒体服务,但这并不意味着所有的终端都必将被简化为一。如乔治·吉尔德(George Gilder)在20世纪90年代初所言:"新的系统将是远程计算机(teleputer)、一台适合视频处理的个人计算机,通过光纤线与世界各地的其他远程计算机连接,使用一个双向的信号系统……远程计算机将在视频通信方面超过电视。"[②]这种"融合的伟大乌托邦"的设想,将所有媒体内容转码为单一的信号并由一个单一设备进行处理和传播,被詹金斯称为"黑匣子谬论"[③],他认为"媒体将无处不在",因为"今天的通信和媒体技术、小工具、设备、格式和标准的种类比以前更多,而不是像'融合'这个词所暗示的那样,走到一起"[④]。这种猜想时至今日早已被反复印证,大量的电子设备拥有"媒体融合"的技术能力,但并不意味着我们仅仅使用单一的"小盒子"。

(一) 数码化和数字化

数码化(digitization)和数字化(digitalization)虽然和媒体融合过程密不可分,但两者的指涉并不相同。在《牛津英语词典》(OED)中,数码化指的是"数码化的行动或过程,将模拟数据(图像、视频和文本)转换为数字形式"。相比之下,数字化指的是"一个组织、行业、国家等采用或增加使用数字或计算机技术"。因此,数码化是将单个模拟信息流转换为数字比特(Bit)的物质过程,而数字化是社会生活的许多领域围绕数字通信和媒体

---

① WINSTON B. Media,technology and society:a history:from the telegraph to the internet[M]. London & New York:Routledge,2002:207.
② GILDER G. Life after television:the coming transformation of Media and American Life[M]. New York:Norton,1994:45.
③ JENKINS H. Convergence culture:where old and new media collide[J]. Revista Austral de Ciencias Sociales,2011,20:129-133.
④ JENKINS H. Convergence culture. where old and new media collide[J]. Revista Austral de Ciencias Sociales,2011,20:129-133.

基础设施进行重组的过程①。

电子计算机是数码化和数字化的典型媒体设备。由于早期计算机技术是围绕着电子管技术建立的,庞大的体积、高昂的造价、对环境苛刻的要求以及极高的操作门槛让其难以进入寻常百姓家。因此虽然计算机从20世纪40年代就已经出现,但关于融合的辩论直到20世纪80年代才发端。此时,晶体管技术和集成电路技术日益成熟,计算机进入消费市场,成为个人计算机(PC),并为更多的人口所使用。

作为被融合话语包围的媒体,计算机将几种旧的媒体"融化"到它的技术中。而"融化"媒体技术的过程与数码化不可分离,其最重要的特点是,文本、传真和移动图像以及声音可以被编码为由0和1的简单字符串组成的相同语言,它们通过不同的设备被复制和传输。随着数字化的发展,不同媒体形式的界限变得模糊,单一的技术形式可以传输以前所有的媒体内容。

如上所述,数字化是媒体融合的技术基础。时至今日,媒体组织的数字化程度在不断提升。生产系统的数码化使内容可以跨越媒体的界限,如在印刷方面,印刷物尤其是报纸和期刊已经变得完全数字化,可供数字阅读和下载;电视画面和广播声音可以在网络上发布,电视声音也经常在广播中使用,这使得媒体机构的工作流程发生了根本性的颠覆②;在音乐制作、电影制作、摄影实践中,我们也观察到了录制声音、静止和移动图像的数字制作程序的兴起,所有这些都在"解放"信息并使其流动性日益增强。

融合虽被归结为一个技术过程,但它带来的影响显然早已超越了技术,并与更广泛的社会领域相连。技术总是嵌入社会和制度结构并超越了单纯

---

① PRAPROTNIK T. Digitalization and new media landscape[J]. Peer-reviewed Academic Journal Innovative Issues and Approaches in Social Sciences,2016,9(2):85-99.
② VEGLIS A,DIMOULAS C,KALLIRIS G. Towards intelligent cross-media publishing:media practices and technology convergence perspectives[M]//LUGMAYR A,DAL ZOTTO C. (eds). Media convergence handbook-vol. 1. media business and Innovation. Berlin,Heidelberg:Springer,2016:143-160.

的技术,也就是"社会数字化"①。例如,当谈到"媒体"时,其涵盖了两方面:一是能够将人们联系在一起形成共同经验的技术,或一种能够传播故事、信息等的技术;二是一种组织形式,指的是机构,即媒体以及它的子部门——新闻机构、娱乐业等。由于数码化使所有的数字媒体服务都能在同一网络上传输,并在同一终端上使用不同种类的服务,服务本身也有望实现融合。如在网络上,视听服务与文本服务相结合,人们可以通过视频进行聊天、即时通信和使用网络公共服务,在线分销网络也汇成了多用途的在线商店。对新媒体的研究表明,我们所看到的是数字媒体中越来越多的媒体形式和分化,其中的每一种都可以被看作一种或多种早期类型的特征的融合,但其融合的总数正在增加②。因此,数字化带来的可能不仅仅是技术上的更迭,也给整个媒体行业以及受众文化带来颠覆性的改变。

(二)网络融合

如上文所述,技术领域的融合往往是由一项重大的创新推动的,如电脑的普及和使用,其将文字处理、电子表格和影音播放功能整合在独立的平台中。21世纪初,互联网的普及和使用进一步将这些网络终端联结在一起。

数字融合赋予媒体内容无与伦比的流动性,并成为网络整合进程的基础,进一步促进了传播方式的融合。这意味着,只要达到一定的速度和带宽,任何网络都可以用来传输所有种类的数字信号。在数字网络中,声音、文本和图像等不同类型媒体内容之间是没有差异的,因为它们都是以比特的形式传输,这就使集成不同用途的网络成为可能。

通信网络在历史上被设计为传输单一类型的信息,并往往由不同的组织管理。例如,电报和电话信号是通过不同的电缆和网络传输的。20世纪80年代初,欧洲地区出现了一个普遍的现象:垄断的电信行业巨头认为新的

---

① SASSEN S. Reading the city in a global digital age: the limits of topographic representation[J]. Procedia-Social and Behavioral Sciences, 2010, 2(5): 7030-7041.
② STOESURI T, STUEDAHL D. Ambivalence towards convergence: digitalization and media change[M]. Gothenburg: Nordicom 2007: 19-31.

服务会通过一个整合的电缆网络传输,这些公司对其进行了重新配置,使其能够毫无差别地传输传统电视或传统电话信号。因此,有线电视网络和其他通信网络就自然地被融合起来[1]。当这些网络被数字化时,这种融合过程就达到了顶峰,声音、文字和图像可以以字节的形式在不同的网络中无差异地流动和传输。这种数字融合的方式即"三网融合",指在物理网络和高层业务应用的融合,不仅在技术上做到在同一网络上开展多种服务,而且实现了在业务层面上互相交融。通信服务主体在经营中既相互竞争又相互合作,都朝着提供多样化、多媒体化、个性化服务的目标逐渐汇聚。在这样的趋势下,行业管制和政策也逐步趋向一致。

欧洲的通信环境较为统一,法律规制的壁垒较低,并且在欧盟组织的统一指导和管控之下,这为三网融合的业务奠定了天然基础。其中,英国成为最早实行三网融合的国家,为后续其他国家的实践提供了经验。1999年,英国电视网首先推出了基于互联网的视频点播服务,随后持续推进数字电视改革,固定和无线宽带电信服务迅速增长,以每周新增3万户的速度实现了全面覆盖。多样化的终端使得三网融合业务更加灵活:个人电脑能够播放广播电视,而嵌入芯片的移动电话则可以接收电视信号[2]。

我国在2010年以前的三网融合政策经历重重波折,从限制电信和广电相互进入到试点推广,直至国务院推动,才开启了融合进程。随着技术发展,从试点逐步扩展到5G牌照的发放和"一张网"时代的到来,我国三网融合实现了快速稳步推进。

从技术角度具体而言,互联网协议通话(VoIP)、互联网协议(IP)、入网点(POP)、软交换技术等技术和服务构成了网络融合的基本要素。以VoIP为例,传统的语音电信运营商注意到其可以有效地降低运营成本。同时,无线需求在很大程度上由低成本和功能丰富的手机驱动。三重服务(Triple Play)的产品(语音、视频、数据)应运而生,并使手机适配互联网协议,以为手机提供互

---

[1] BALBI G. Deconstructing "media convergence": a cultural history of the buzzword,1980s – 2010s [M]//SPARVIERO S, PEIL C, BALBI G. Media convergence and deconvergence. global transformations in media and communication research-apalgrave and IAMCR series. Cham: Palgrave Macmillan, 2017:31-51.

[2] 胡瑜熙,郑毅. 三网融合发展现状探讨[J]. 电讯技术,2008(5):12-16.

联网服务。VoIP 和无线服务的结合提高了联合管理所有网络的需求,即四个独立的平行网络:支持互联网基础设施的连接设备、支持电话系统的交换机和中央处理器以及电视网络,其中电话系统又被分为固定服务和移动服务。作为不同的服务主体和类型,所有这些网络的唯一共同特点是,它们都可以支持某种形式的互联网协议以进行互联①。

互联网技术的广泛普及极大地促进了固定网络和移动网络的融合。融合网络可以为消费者和企业市场最大限度地降低运营成本和提高边缘网络性能,但不同网络的底层协议的迭代和融合是网络融合的另一重要前提。在此背景下,软交换应运而生,其允许固定电话或移动电话通过互联网建立连接。可以在更通用的计算机上运行的软交换,代表了对使用基于硬件或固件交换机的传统通信系统的重大颠覆。至此,软交换器成为 IP 世界和传统电话服务之间的汇合点。其允许管理不同媒体形式的内容,使它们采用同一套"语言"体系进行"通话",无论是传统电缆、光纤、无线或移动网络,任何组合方式都可以提供同一套数据。如 IP 电视,将传统的广播电视转移到互联网,使手机、平板电脑、电视等互联网终端共同构成多屏观看体验的核心。随着越来越多的平台可用于内容消费,无线(IP)分配和内容来源也变得多元化,如电视就正在超脱原有的技术话语,变成一个个人可以进行视频传输的系统②。

如上所述,数字化终结了设备和网络的碎片化,在电子硬件非常昂贵的时代,诸如电视、音乐播放器等设备需要最大限度地减少功能,现今并非如此:微处理器不断发展的结果是设备在不断融合的同时保持了功能的分化,以满足用户的个性化需求。网络融合创造了一个空白的用户平台,允许将许多功能集中在一个单一的设备上,以用于家庭、企业和工业,因为最终它们都通过一个共同的网络传输。从用户的角度来看,这让用户和通信运营商之间的关系更为直接,并且设备的融合反过来又创造了获取、制造和传播

---

① MONTPETIT M J. The 2nd convergence:a technology viewpoint[M]//LUGMAYR A,DALZOTTOC. Media convergence handbook-Vol. 1. Berlin,Springer,2016:35.
② MONTPETIT M J. The 2nd convergence:a technology viewpoint[M]//LUGMAYR A,DALZOTTOC. Media convergence handbook-Vol. 1. Berlin,Springer,2016:36.

内容的手段融合:电影是用智能手机拍摄和剪辑的,新闻事件是用智能手机拍摄的,并在社交平台上发布。在忙碌的日常生活中,网络融合允许用户使用不同的设备进行连接,以保持通信活动的连续性,并进一步推动媒介化社会的进程。未来,我们可以看到的是,媒体融合技术实现全面覆盖的同时,也将迈上智能化的新台阶。以大数据为基础的判别式人工智能(如人脸识别、算法推荐等)颠覆了以"发行"为流通渠道的传统媒体分发流程,精准用户画像、定制算法内容让内容编排变得千人千面。随着以 AIGC(人工智能生产内容)为代表的人工智能技术加速迭代演进,以 Chat GPT 和 Sora 为代表的生成式人工智能技术引发了广泛关注,使得利用人工智能技术替代人类从事具有创造性的活动成为现实。目前来看,人工智能的广泛应用早已不是梦想,我们期待媒体行业能紧抓人工智能的发力点,强化创新思维和技术应用,凝聚媒体智能融合的新动能。

二、媒体技术的动态本体论

从媒体技术的视角来看,媒体本身并不是一个具体的技术实体,而是一个不断衍生变化的技术序列[1]。在广播刚刚诞生的年代,电视以"新媒体"的身份出现,其媒体形态便融合了广播技术。不仅如此,媒体的概念在麦克卢汉看来更为宽泛,即人类所有的人工制品(artifact)——无论是语言、法律、思想,还是工具、服装或计算机都是人类身体或心灵的延伸,人作为能够制造工具的动物长期以来一直致力于扩展他的一个又一个感觉器官[2]。人工制品的概念即是麦克卢汉所理解的媒体。

把语言、法律和工具同时描述为人工制品,不仅意味着它们拓展了人类的感官,同时也表明人类在此基础上构建了认知观。"人工制品"的概念具有很强的隐喻意义,它不仅仅是一个物体,更是一种思维方式。因此,人工

---

[1] DE VRIES M J. Gilbert Simondon and the dual nature of technical artifacts[J]. Techné:Research in Philosophy and Technology,2008,12(1):23-35.

[2] MCLUHAN M,MCLUHAN E. Laws of media:the new science [M]. Toronto:University of Toronto Press,1988:101.

制品不仅仅是对某物进行加工的工具,而是一种延伸。从这个角度理解媒体技术,并不意味着媒体融合是一个被泛化的概念,而是赋予了其一个理解媒体技术发展的视角。根据德弗里斯(de Vries)的说法,技术对象将在时间的顺序性中保持其本体价值,如蒸汽机作为一个技术对象并不仅仅是我们通常所说的工业产品,更是某种在动态序列中发展的发动机技术。这种"起源—顺序"(genesis-sequentiality)的概念阐释了技术本身的流动性:当西蒙(Herbert A. Simon)把蒸汽机作为一个事件而不是一个物体来处理时,他所展示的是技术实体的发展逻辑,其自身复杂性上表现出不断变异的技术特征。

麦克卢汉在《媒介定律:新科学》(*Laws of media:the new science*)一书中提出了媒体进化过程的"四元律",即对媒体技术迭代演进的诠释:①媒体使什么得到放大、提升或拓展?②媒体使什么东西过时?③媒体使什么东西再现?④当它被挤压后,会产生何种变化或逆转成何种形式?① 保罗·莱文森(Paul Levinson)将其总结为"提升、过时、再现和逆转"四个词,是对人工制品的运作和对人类与社会影响的观察②。四个原则之间的相互依存关系本身就摒弃了技术对象的独立属性,并着重强调了融合不仅仅是媒体内容被用户赋予新的意义的方式,更是每一个"新"媒体都承担着那些它要超越的东西,进而成为同一个整体的一部分。麦克卢汉在拿汽车举例时说"媒介就是信息",这句话指的不是汽车,而是与汽车相连的复杂服务基础,如公路、交通信号系统、汽车保险、机械和零件以及汽车制造③,这也说明了四个原则的隐喻性和相互关系。他认为"所有人工制品都是人的延伸,是人的身体或心理的外在表现或言语,它们是语言,它们是我们从一种形式转化为另一种形式的翻译过程——隐喻"④。

---

① MCLUHAN M,MCLUHAN E. Laws of media:the new science[M]. Toronto:University of Toronto Press,1988:94.
② 利文森. 软边缘:信息革命的历史与未来[M]. 熊澄宇,等译. 北京:清华大学出版社,2002:113.
③ MCLUHAN M,HUTCHON K,MCLUHAN E. Multi-media:the laws of the media[J]. The English Journal,1978,67(8):92-94.
④ MCLUHAN M,MCLUHAN E. Laws of media:the new science[M]. Toronto:University of Toronto Press,1988:116.

技术问题就像机械上的齿轮,在不停运转和更换中,带来了新的本体论①。技术发展的过程代表了一种动态行径,为事物本身提供了新的意义和内涵。在传播领域,"融合"一词的定义超越了人工制品本身。

通过麦克卢汉持有的生态学观点,我们也许更容易理解媒体技术远不止于技术的思想,他认为:"所有的媒介都是环境。作为环境,所有媒介都具有地理学家和生物学家讨论的与环境相关的所有效果:环境塑造了它们的居住者。"②麦克卢汉的意思是媒体没有内容,这种论断揭示了任何媒体的内容都是用户。这同样适用于任何语言,也包括住房、汽车,甚至任何种类的工具。很明显,任何媒体的使用者或内容都完全符合这个人造环境的特征。

麦克卢汉认为所有的媒体都在为我们服务。它们在个人、政治、经济、审美、心理、道德、伦理和社会等各个方面带来了广泛影响,如果不了解媒体作为环境的工作方式,便很难理解社会文化的变迁。麦克卢汉让我们更清楚地看到新世纪初技术革命给通信和媒体行业带来的改变,技术的融合使我们能够向前迈进,超越工具性,即融合不是一个只通过使用技术应用来显示的过程,而是发生在那些作为个体的用户之中,并通过他们的社会互动发生的过程。

尼克拉斯·卢曼(Niklas Luhmann)认为即使在技术融合的时代,传播真正重要的是传播过程本身,交流的非物质性让技术细节并不重要:"只有当有人看、听、读,并且理解到可以进一步交流的程度时,才会产生交流。那么,仅仅传达意义行为本身并不构成交流。"③正因如此,我们不仅应该解决与融合有关的技术的定义,更应该讨论与融合传播有关的现象。这种思路与目前传播学研究中对媒介化的讨论热潮也一脉相承。

媒介化理论试图捕捉媒体技术发展与社会变化之间长期的互动关系,作为制度化和技术化的传播手段,媒体已经成为人类生活中必不可少的组

---

① OLSEN J K B. New waves in philosophy of technology[M]. Berlin:Springer,2008:100-122.
② MCLUHAN E. Marshall McLuhan's theory of communication:the yegg[J]. Global media journal:Canadian edition,2008,1(1):25-43.
③ LUHMANN N. The reality of the mass media[M]. Stanford:Stanford University Press,2000:4.

成部分,它不仅仅是中立的信息中介,也是社会和文化变革的中介①。尤其在当前媒体饱和化的时代,媒体已不再是"社会外"的旁观者,而是在社会的内部,成为文化结构的一部分。在数字化媒体和媒体融合的全面推进下,媒体越来越多地涵盖了整个文化和社会——"万物皆媒"②。媒体化是和全球化等其他转型性社会变革过程同等重要的元过程(meta-process)③④,不仅适用于政治和民主的背景⑤⑥,也囊括了更广泛意义上的文化和社会。媒体在深度融入其中的同时,对社会不同领域的影响也愈加深刻⑦。媒体化就像一个复杂的数学模型,容纳了诸多变量:媒体的数量、多样性和覆盖面的增长;传播力在速度、存储和渗透能力方面的剧增;媒体使用时间越来越多;媒体机构和行业的影响越来越大,乃至于媒体内容和技术在生活、社会和文化等领域有了更为广泛的影响。因此,媒体融合的技术本身并不仅仅局限于技术,我们更应该以一种动态的、宏观的目光去审视其所带来的社会影响。

三、技术融合的泛在影响

大众传媒不仅作为经济系统参与了劝服和娱乐,还作为信息系统参与了社会、群体和个体层面的社会行动的维持、变化和冲突过程⑧。如麦克卢

---

① MIHELJ S,STANYER J. Theorizing media,communication and social change:towards a processual Approach[J]. Media,Culture & Society,2019,41(4):482-501.
② LUNDBY K. (Ed). Mediatization:concept, changes, consequences[M]. Frankfurt am Main:Peter Lang,2009:9-13.
③ HJARVARD S. The mediatization of culture and society[M]. London:Routledge,2013:12.
④ KROTZ F. The meta-process of mediatizationas a conceptual frame[J]. Global Media and Communication,2007,3(3):256-260.
⑤ KEPPLINGER H M. Mediatization of politics:theory and data[J]. Journal of Communication,2002,52(4):972-986.
⑥ SCHILLEMANS T. Mediatization of public services:how organizations adapt to news media[M]. Bern:Peter Lang,2012:48.
⑦ STRÖMBÄCK J. Four phases of mediatization:an analysis of the mediatization of politics[J]. The International Journal of Press/Politics,2008,13(3):228-246.
⑧ DURKHEIM E. The division of labor in society[M]. New York:The Macmillan Company,1933:164-165.

汉的观点,"地球村"通过电视传达的直接和共同经验来建立①。其结论在媒体融合时代将变得越来越间接和"媒体化",我们不仅生活在媒体世界中,也在成为媒体生产实践的一部分。媒体的个人化实践随着互联网的出现愈发显著,大众传播转变为大众自我传播(mass self-communication)②。大众自我传播与大众传播有共同的指涉,即信息被传递给潜在的大量受众,以及对媒体内容的接收是受众的自我选择。用户选择媒体内容是为了满足他们自己的需要③,以在不同的场景下选择不同的终端保持时刻"在线",如观看春晚时通过社交媒体分享观后感便是模式最明显的融合,这种使用方式已屡见不鲜;媒体设备的移动性和可穿戴趋势让它从"客厅中央"来到我们的办公桌,进入我们的口袋,最后到我们的手腕和鼻梁上;虚拟现实设备让传播越来越接近具身感受;以 ChatGPT 和 Sora 为代表的人工智能,可以理解日常交流的语言,和用户进行更为复杂的人机互动,甚至代替用户完成一些简单的工作。可见,我们接触媒介技术的方式发生了天翻地覆的变化,让我们与机器之间的互动更人性化和个性化,也让我们与不同媒体"相处"的时间更为广泛和漫长。媒体使用模式的颠覆使我们花在媒体技术上的时间大大增加,专注使用某一种媒体的时间大幅减少。

凯撒家庭基金会 2010 年的一项研究发现,8~18 岁的美国人每天花在电子设备上的时间超过 7.5 小时,而且由于多任务使用(multi-tasking),他们能够在这 7.5 小时内平均处理 11 小时的媒体内容④。中国互联网络信息中心发布的《2019 年全国未成年人互联网使用情况研究报告》显示,32.9%的小学生网民在学龄前就开始使用互联网。对山西省晋中、长治和运城 3 个城市 9 所中小学学生的调查问卷显示,城市中小学生 90%以上都会用手机上网,会使用微信、微博等社交应用,其中 62.1%的学生甚至会制作短视频。这些

---

① BORNSTEIN E. An interview with Marshall McLuhan[J]. Structurist,1966(6):61.
② CASTELLS M. Communication,power and counter-power in the network society[J]. International Journal of Communication,2007,1(1):29.
③ MCQUAIL D. The future of communication studies:a contribution to the debate[J]. Media and Communication Studies Interventions andIintersections,2010,27.
④ RIDEOUT V J,FOEHR U G,ROBERTS D F. Generation M 2:media in the lives of 8-to 18-year-olds [M]. San Francisco:Kaiser Family Foundation,2010:33-35.

统计数据突出了新的数字媒体消费模式的特征——参与和多任务使用。今天的青少年并不是被动地坐在屏幕前,静静地吸收信息。相反,他们正在积极地参与他们所消费的文化。融合也使多任务使用变得更加容易,因为许多设备允许用户在同一台机器上上网、听音乐、看视频、玩游戏和回复朋友的社交信息。

值得注意的是,融合并没有抹去旧技术,它只是改变了我们使用技术的方式。以宝丽来的拍立得、黑胶唱片为例,宝丽来曾是风靡一时的即时相机创造者,拍立得的形式本身在数码相机和手机摄影的风潮下萎靡不振[1]。然而,一些手机拍照应用程序允许用户在照片上应用复古的胶片效果,使其看起来更像宝丽来照片,与之类似的还有柯达胶卷、富士相机。它们的成像特征被花样百出的摄影应用程序吸纳,如"Instagram""NOMO""FUJI CAM"。黑胶唱片作为一种传统的录音技术,早已被时代抛弃,选择购买实体黑胶唱片的消费者实在是少数,但在线音乐平台如"网易云"推出了以黑胶命名的音乐会员服务,并且也提供部分的黑胶唱片音源以方便用户追求更为个性化的听感。

就目前的研究来看,依然很难准确地阐述媒体融合的技术如何影响文化、社会和个人。史蒂芬·约翰逊(Steven Johnson)认为,今天的电视和视频游戏是精神上的刺激,因为它们带来了认知上的挑战,并激发人们积极参与和解决问题的主动性。他嘲笑那些认为每项新技术都会使儿童变得更愚蠢的人,并以玩笑的方式告诫读者阅读书籍的危险性[2]。尼古拉斯·卡尔(Nicholas Carr)则持悲观态度,他认为通过互联网获得大量相互关联的信息正在侵蚀人的注意力,并使当代人的头脑分心,难以深入、周全地讨论复杂的想法和论点。他说,"我曾经是文字海洋中的潜水员","现在,我像一个骑着喷气滑雪板的人一样在海面上滑行"。卡尔引用的神经科学研究表明,当人们试图同时做两件事情时,他们对每件事情的关注度都很低,执行

---

[1] BERRY R. Will the iPod kill the radio star? profiling podcasting as radio [J]. Convergence, 2006, 12(2):143-162.

[2] JOHNSON S. Everything bad is good for you: how today's popular culture is actually making us smarter [M]. London: Penguin, 2006:176.

任务完成度也不高①。换句话说,多任务使用媒体带来的是低效率和低质量。

四、结　语

媒体技术的更迭是推动媒体融合的基本支撑。首先,本节梳理了媒体技术的演进语境,勾勒了从印刷时代到模拟信号再到推动媒体融合迈进的数字化进程,并就网络融合的技术层面进行了具体讨论。其次,借助麦克卢汉的论著就媒体技术的变迁阐述了媒体技术的本体论,即媒体技术同其他的技术实体一致,并不是某类技术的简单集合,就如"新媒体"的概念一样在不断演进更替,技术的融合是媒体技术本身必不可少的一环。媒体融合所带来的并非仅仅只有技术,而是整个社会遍在的媒体环境以及人与环境的互动。最后,本节枚举了几个事例对技术融合的社会影响进行了粗浅的讨论。

---

① CARR N. The shallows: what the Internet is doing to our brains[M]. New York: WW Norton & Company, 2020: 4.

第三节　媒体融合的政策背景和产业融合

媒体融合进程的发展主要是由数字化、媒体和通信市场的宽松管制以及用户偏好的变化催生的。数字化为媒体产品的创造、展示、存储和传播提供了新的机会,我们在前文已经进行了论述。除却数字化进程,政策上的放松管制也是重要一环,自20世纪90年代中期以来,美国、欧洲等西方国家均采取了电信部门自由化的改革做法,催生了信息、媒体和通信行业间的竞争结构[1]。虽然我国传统广电媒体有事业单位的部分属性,但其企业化、市场化特征也随着一系列的广电体制改革而逐年增强。2000年前后,大量广电媒体开始集团化运作,采取事业单位企业化运作的模式。因此,市场竞争之下的媒体服务供应增加了,受众和媒体消费也在不断分化。毫无疑问,媒体和通信市场的数字化和政策变化,对媒体公司所面临的竞争环境产生了相当大的影响[2]。

和其他商业机构一样,媒体市场本身的融合并不新鲜。如果书籍算作第一种大众媒体,它的商业化流通,伴随着专业的出版机构以及相应的从业人员和工作流程的出现。由于印刷是当时唯一可用的媒体技术,并没有其他部门可以被整合。此后,新媒体不断涌现,新市场也不断被开辟,多元化的媒体市场、专门从事特定媒体技术的工种类型如出版业、报纸业、电影业、广播业、电视业等不断涌现。在商业化的进程中,并购、收购等商业行为一直存在,而这种整合并不总是伴随着数字化进程。但不可否认的是,数字化技术对传媒业的影响难以忽视,其以破坏性的态势推动了整个行业的整合和分化。

---

[1] ZOTTO D, KRANENBURG. Management and innovation in the media industry [M]. Cheltenham: Edward Elgar Publishing, 2008: 19.

[2] PICARD R G. The future of the news industry [J]. Media and society, 2010(5): 365-379.

具体而言,在传播服务市场上,成熟的媒体公司长期主导着整个价值链,从创意、生产、包装、营销到最后的发行。技术进步使得生产成本大大降低,如今的内容生产者能够轻易地绕过主流媒体,独立地制作流通内容。互联网提供的开放市场促使了媒体组织通过内外部合作来整合趋同的业务领域,这不仅可以刺激规模经济的发展,在业务单元的重组中也有利于机构和业务的创新①。融合不仅涉及一个业务单元,而是涉及整个企业,这可能导致以前分离的公司之间的合作或兼并。在这种情况下,媒体融合更多指涉的是战略或产业结构的融合②。

由于媒体所有权的集中,即媒体控制权集中在少数私人所有者手中,对媒体融合积极和消极影响的探讨都无法回避所有权的问题③:首先,媒体所有权的集中可能降低媒体产品和服务的多样性,并埋没掉那些缺乏经济实力和社会地位的人的声音④;其次,由大媒体公司拥有和控制的市场驱动型媒体,实际上可以提高服务的价值、主题的多元性和贡献者的能力,并促进技术发展⑤。

在本节,我们将从"平台化"和"基础设施"的视角出发对中国和欧美的媒体融合相关政策变迁进行回顾和探讨,并将其对产业经济的影响纳入分析中。

一、欧美地区的媒体产业融合

20世纪90年代伊始,广播、电视、各类纸媒以及互联网领域,出现了一

---

① WIRTZ B W. Digital business models: concepts, models, and the alphabet case study [M]. Berlin: Springer, 2019: 124-125.
② CHAN-OLMSTED S M, KANG J W. Theorizing the strategic architecture of a broadband television industry [J]. The Journal of Media Economics, 2003, 16(1): 3-21.
③ JENKINS H. Convergence culture [M]. New York: New York University Press, 2006: 160.
④ VALCKE P, PICARD R G, ZOTTO C D, et al. Indicators for media pluralism [M]// VALCKE P, SUKOSD M, PICARD R G. Media pluralism and diversity: palgrave global media policy and business. London: Palgrave Macmillan, 2015: 121-138.
⑤ DONDERS K, ENLI G, RAATS T, et al. Digitisation, internationalisation, and changing business models in local media markets: an analysis of commercial media's perceptions on challenges ahead [J]. Journal of Media Business Studies, 2018, 15(2): 89-107.

定程度的交融趋势,从独立经营各自业务的孤立模式逐渐演变为协作、合并和联盟的形式。新世纪以来,在融媒体政策和网络媒体技术迭代的社会语境下,媒体行业的准入门槛一再降低,众多媒体机构可以携带自身独特的价值逻辑,轻松进入网络媒体的生态网络,争夺此前由传统媒体垄断的核心地位。全新的媒体形式不断涌现,颠覆性的信息生产和传播方式深刻地影响着人们的日常生活。

此种融合驱动媒介产业对既有疆域进行拓宽,也重新建构了整个行业的体制架构。更为重要的是,在传媒与相关产业之间的磨合以及对新市场业态组织结构的自我调适之中,新的业态应运而生。部分国际传媒组织在转型之路中艰难摸索,希冀从中寻找新的利润增长点,跨国、跨行业的合作成为普遍现象。在这种情境下,出现了跨国、跨行业、覆盖整个产业的媒体巨头,此类企业的发展路径对整个行业都有着积极的示范作用和推动性。此外,一些国家的行政机构放宽了法规限制,传媒行业的准入门槛不断下降,随后大量资本涌入。在政策和资本的双重影响下,电信传媒领域的融合已快速越过了亦步亦趋的试错期,演变为社会的常态。

(一)美国

美国作为世界上最大的经济体,无论是实体产业还是传媒行业都在世界经济市场中占据着重要地位。此外,由于美国传媒业强烈的市场属性和较低的竞争门槛,美国传媒业中商业并购和资产重组的现象在媒体融合进程中屡见不鲜。无论在技术层面还是市场体制层面,传媒行业在美国的演进历程都有着其独一无二的可借鉴性。基于此,中国传媒行业的融合发展,有必要去回顾和探讨美国传媒业的经验教训。

20世纪90年代,互联网技术在美国也尚未普及,但美国的报业集团已经开始实验发行在线版本的可能性,它们相继建设门户网站并提供电子版报纸的阅览服务,这种将传统媒体的内容呈现在互联网上的融合方式可以视作媒体融合的雏形。1995年,包括《华盛顿邮报》和《纽约时报》在内的数家知名传统媒体联手创建了新世纪网络公司,此事件被看作新老媒体融合的象征①。

1996年,美国正式出台《新电信法案》,其也是近62年第一个大幅修正1934年美国通信法的法令,被视为传媒、电信领域产业开始走向融合的新起点。这一法案传递出了媒体融合的明显信号,为通信和传媒行业的融合提供了趋势性航向。法案颁布后,美国的传媒行业迎来了体量庞大、规模空前并且长达数年的兼并和收购浪潮,使得传统媒体和新媒体的联合商业经营愈来愈普遍。曾经占据霸主地位的传统媒体也纷纷将触角伸入新媒体的领域,通过开设网站或者收购、合作的形式,企图抢占市场发展的新蓝海。不仅如此,传统的电信运营商和内容提供商,开始着力于对物理网络进行更新,并在此基础上发展网络电视、互动电视等新业务,并逐步向全业务的信息提供商转型。在技术的互融互通下,传统的电信行业和传媒行业都已经打破了传统的行业壁垒,并开始向对方进行渗透,以取得市场先机。总体而言,该法延续了自里根时代开始的历史性的媒体兼并,例如大型的媒体业者由1983年的近50家缩减为1996年的10家,到了2005年更是减少为6家②③。

具体来看,《新电信法案》的目的主要体现在三个方面:第一,松绑了此前所限制的媒体所有制,加强市场竞争,着重维护消费者权益;第二,打破媒体与媒体之间的壁垒,准许媒体间互相渗透,鼓励通信技术的迭代;第三,加强节目内容管理,对低俗的节目内容、涉嫌违法恐怖犯罪的内容进行了限制。虽然,1996年电信法并没有出台配套的实施细则来执行该竞争原则和处理相关纠纷,且其在实际竞争中难以操作④,然而,《新电信法案》打破了通信、传媒领域的政策壁垒,放松了对企业规模和所有权的限制,同时推动跨产业的合作与整合,这显示出美国新世纪传媒业将迎来深刻的结构性转变,这种影响不会局限在美国,其他国家传媒业的发展也会受此启发和推动⑤。

---

① 肖赞军.西方传媒业的融合、竞争及规制[M].北京:中国书籍出版社,2011:53.
② SKINNER K. Missed opportunities for substantive diversity: media diversity and digital terrestrial television in South Africa[M]//SKINNER K. Media Diversity in South Africa. London:Routledge,2022:144-160.
③ 肖赞军.西方传媒业的融合、竞争及规制[M].北京:中国书籍出版社,2011:121.
④ 郭庆光.二十一世纪美国广播电视事业新构图:《1996年电信法》的意义与问题[J].国际新闻界,1996(6):5-8,18.
⑤ 王林.1996年电信法:美国新旧通信世界的分水岭[J].中国科技信息,1996(9):48-49.

首先,有线电视行业和通信行业开始步入融合,西部电信(WD)完成了对大陆有线电视公司的收购,并购得时代华纳25%的股份;其次,他们还花费12亿美元购得了乔治亚和沃穆特有线电视公司。与此同时,老牌电信巨头美国电话电报公司(AT&T)也不甘落后,不仅收购了两家有线电视公司,还以480亿美元的高价将当时美国最大的有线电视公司远程传播有线电视(TCI)纳入麾下。这一番令世人咋舌的疯狂收购折射出了通信行业以基础设施的垄断占据市场霸主地位的表现,以及其步入内容生产和分发领域的强烈愿望。一方面,并购可以整合现有的技术和服务资源,打破既往业务利润增长乏力的困境,积极开拓新的业务类型,例如将电信通话、广播电视和网络服务打包;另一方面,通信服务商和内容商可以打通既往的分立渠道,能够直接接入用户的通信网络。

互联网的快速发展推动美国各类媒体加速整合。除了行业巨头,无数中小型传媒企业也通过业务联合经营与兼并重组的方式,充分拓展了自己的业务领地,并有效降低了经营风险。在这一阶段涌现出诸多知名媒体品牌,例如时代华纳、维亚康姆、迪士尼等。进入新世纪,美国在线(AOL)和时代华纳在资本运作下,通过资产重组成立了当时最大的传媒集团。起初,时代华纳主要专注于媒体内容,其核心任务是为用户生产丰富的新闻和娱乐内容,而美国在线则是一个典型的互联网服务供应商。两大巨头合并达成的最佳状态是,消费者只需要通过接入一个网络就能使用电话、电视、广播、互联网等综合服务,这样的业务模式不仅提高了运营商的效率,同时节省了用户的成本。这种经营模式在市场上反响良好,合并的消息一经发布,两家公司股票暴涨。

与此同时,数字化浪潮的冲击也使得部分传统媒体的经营困难重重。有数据显示,一方面,2011年全球报业广告收入较2007年下降了520亿美元,降幅比例近乎腰斩。但另一方面,全球报纸数字广告收入也在逐年增长。虽然数字广告的良好势头无法填补传统业务带来的亏空,但从发展趋势来看,传统媒体的数字化与网络化转型已成为不可避免的事实。

2009年3月,《西雅图邮报》发行了它的最后一期纸质报纸,这意味着这家具有百年历史的报纸成为第一家彻底转变为电子发行的大型传统媒体。同年5月,美国报业集团巨头甘尼特旗下的《塔克森市民报》开始停止印发纸质报纸。2013年,美国传媒领域再次传来重磅消息,有着百年历史的《华盛顿邮报》被亚马逊创始人杰夫·贝索斯(Jeff Bezos)一举纳入麾下。贝索斯的并购并没有为美国传媒产业市场数十年的深度整合画上句号,在当前互联网技术持续而猛烈的冲击下,媒体的传播方式、发行渠道、传播受众以及广告市场都已不可同日而语。因此,传统媒体一方面需要在变革浪潮中保持自身的核心竞争力,另一方面更加需要通过融合进入崭新的发展阶段。

(二)欧洲地区

不论是从经营方式还是发展规模来看,欧洲与美国的传媒业都存在巨大差异性。从发展历程来看,大多数欧洲国家都有着公共广播电视的传统,其建立依循的是哈贝马斯(Habermas)的"公共领域理论"[1],旨在为公众提供基本的媒体服务,主要特征如下:第一,媒体性质属于公营垄断的实体;第二,从制度上保证与政府间的相对独立;第三,经营收益来自执照费模式,并且主要由邮政等独立部门代收,另外有少量的广告收入;第四,欧洲的绝大多数国家都以政府或者公共组织管理广播电视,部分以法律形式出台了详细规定[2],此后这项发源于英国的制度延展到了欧陆,也对日本、韩国、澳大利亚等国产生了深远的影响。然而,广播电视毕竟不是前美国联邦通信委员会主席马克·弗劳厄(Mark Fowler)所说的仅仅是"有图像的烤面包机一样的东西",广播电视还承担着政治和文化等多样的任务,在当前的历史阶段和经济模式下,公共广播电视的制度悖论使政府放松规制成为一种历史的必然[3]。新媒体带来的冲击和市场压力,促使各国都在调整与修改公共广播制度,继而私有化、商业化和取消内容管制等改革政策相继出台。欧洲公共广播电视在过去的成功经验可以给我们当下的媒体融合提供借鉴,本节将以

---

[1] 展江.哈贝马斯的"公共领域"理论与传媒[J].中国青年政治学院学报,2002,21(2):123-128.
[2] 吴俐萍,李昕.西方传媒管理体制变迁及对我国的启示:以欧洲模式与美国模式为例[J].武汉纺织大学学报,2005,18(9):57-59.
[3] 黄斐.欧洲公共广播电视的制度悖论及其启示[J].新闻界,2013(10):77-80.

英国和法国为案例,对它们在媒体行业发展中的媒体融合历程进行梳理。

1. 英国

数字化转型带来了媒体融合的新浪潮,传统媒体都寄希望于在新的历史阶段可以借由新平台为用户提供服务。如在电视方面,实际上在20世纪末,从模拟电视向数字电视的转变已经在大部分英国家庭中逐渐出现,宽带互联网也以此成为受众接收信息内容的重要途径,英国电信公司得以成为全球第一家互联网电视公司,威胁了传统的有线电视的地位,新的收视模式让观众不再受时空之限,凭自己喜好观看节目。此种服务一经推出,网络电视频道开始呈现百花齐放的状态,整个行业快速增长。

相较于电视,报纸受到新媒体的影响更为巨大和直接。在新形势之下,报纸和互联网的融合显然已是必然趋势。《每日电讯报》率先作出了尝试,它在1994年建立了英国第一家新闻网站,并对旧有编辑部进行了全局调整以配合网站内容生产和分发的工作,实现全年全天全时段发稿,在生产报纸内容的同时,也通过其他渠道,如网站、视频、电台等体现新闻服务的自主性和交互性。《卫报》的转型更为彻底,它也由一家全国性的报纸发展为世界性的新媒体。在此轮数字化变革的浪潮中,英国绝大多数的报业集团都依靠互联网搭建起了自身的数字化平台,并在此平台上推动媒体资源的互助共享。

"数网合一"是英国传媒业的另一标志性特征,表现为信息产品和渠道分发的捆绑式服务,如将有线宽带、付费电视和固定电话捆绑是一个比较典型的做法。这种做法的最大优势是,消费者可以享受一站式的通信和媒体服务,而不用来回在不同的服务商中进行挑选,产品的聚合化也让价格相较以往更为优惠。对运营商来说,资源被聚合起来,既往的渠道壁垒做到了融通,用户普遍更具有黏性,这有助于服务商拓展更多的边缘业务,在渠道核心不变的情况下借势拓展业务版图。"数网合一"带来的另一个结果是,产业内部竞争更加激烈,市场可以提供给消费者的业务和产品更为多样化,在透明的市场环境下,自由竞争保证了媒体内容质量获得提升,并推动业务价格逐渐走低。时至今日,在英国的媒体环境中,超高速互联网、移动互联网以及智能终端已然普及,英国受众的媒体使用习惯也逐渐形成,这种捆绑式服务方式成为消费者的最佳选择。

2. 法国

在全球知名媒体大鳄中,法国的威望迪环球公司赫然在列。该公司的业务发展始于水处理,对传媒业的涉足是在20世纪80年代中后期。而在20世纪90年代,威望迪依托强劲的资本实力展开了大面积的收购行动,在成功收购法国的一家有线电视公司之后,还涉足美国市场,接连购得环球音乐、环球电影以及美国电视网。这种大规模的并购使得威望迪一举成为欧洲最大的付费电视公司、数字电视公司乃至最大的电影公司。然而,这些收购也导致威望迪的资金流动承受巨大的压力,且规模庞大的子公司和人事变动也难以被妥善处理,在经历大量的拆解、发卖和重组之后,当前的威望迪集团仅保留了环球唱片、暴雪游戏以及数家电信和移动运营商等核心资产。

总之,媒体自身发展壮大的道理无外乎两条:其一,拓展业务体量,依托于前期的积累稳步发力;其二,兼并重组,实现越级发展。回望世界传媒巨鳄的发展步伐,它们多背靠坚实的资本大山,并开展一系列的商业并购、联姻,实现快速拓展商业版图、抢占市场先机的目的。这种集中现有商业资源的发展方式,一方面是通过跨行业的融合,实现在全球范围内跨领域的信息传播中搭建多元架构的产品服务网络,以优质多元的服务体系实现对市场的占领,例如电信业与广播电视公司的整合,电视台与有线网络、互联网的融合;另一方面,同类型媒体也在互相兼并,以创建更大规模的企业。

无论是跨行业重组还是同质性的业务兼并,传媒巨头的商业版图拓展之路的核心在于融合与互补。同质资源整合巩固了既有的市场地位,拓宽了用户的范畴,在此基础上实现跨领域、跨行业的合作,能够最大化协同效果,开拓服务领域并能充分有效地降低市场的成本。在历经十多载的大规模集中化发展后,西方各传媒大国已形成一系列超级媒体集团,如新闻集团、威望迪、维亚康姆、迪士尼等,它们都具有跨媒体、跨行业、跨地域经营的特征,其全产业链条所涉及的产业既有独立性也相互依托。即便如此,超级传媒集团背后的失败经验也不容忽视,如由于决策和协调失误以及企业文化的差异,美国在线和时代华纳的联手陷入僵局,并最终不得不以分手收场等。

二、中国的媒体产业融合

从世界各大传媒集团和欧美传媒产业的发展史来看,通过商业化的并购、重组,以充分容纳不同媒体机构在各自专业领域的特长和优势,打造多元面向的媒体帝国已经是大势所趋。因此,对媒体融合的讨论不应仅仅停留于技术和文化的维度,它早已是全球视域下媒介产业需要共同面对的议题。在我国的媒介体制下,融合的步伐和政策近乎亦步亦趋,媒体政策的力量和支持对于融合进程而言不可或缺。

与欧美不同的是,中国的传媒行业必须秉持"党和人民的喉舌"的职责,坚守社会主义优秀文化和道德价值理念,弘扬主旋律、传播正能量,在内容生产中充分对社会效益进行考量,应杜绝"重市场""流量为上"的思想。然而,中国传媒业在市场化改革后,极强的商业市场属性决定了其需要自负盈亏,参与传媒内容市场的竞争,并充分采纳企业治理的思想和先进方略,摒弃"香饽饽""铁饭碗"的思想,以激活自主创新的源头活水。在这双重属性下,中国的传媒业有着"一元体制、二元运行"的独特特征,一方面,传媒业为国家和人民所有,有着极强的公共属性;另一方面,传媒业的运转一方面来自地方税收和国家财政,同时也在国家法律法规允许的范围内开展广告经营以弥补开支。但新的社会语境下,自媒体的蓬勃发展态势冲击了原有传统媒体的市场垄断地位,既往的依靠市场垄断的营收模式已经不合时宜。面对着广告营收年年下滑的现状,积极调整经营方略才是积极举措。更进一步地,随着不同媒体类型之间的界限逐渐被日新月异的媒介技术抹去,媒介机构和技术的聚合推动了产业的整合升级,与此同时也推动着行业的深度改革和体制的转型升级①。

---

① 陈敏.我国电视体制改革的路径研究[D].上海:上海交通大学,2016.

从产业政策的顶层设计上来看,党和国家对于文化产业、媒介政策投注了大量心血,力图建设新世纪的文化强国,树立国民的"文化自信"。党的十八大报告将文化产业纳入"五位一体"的建设布局中,在总纲领的指导下,一系列变革举措也应运而生,因此传媒产业的深度转型和融合发展势在必行。

对于国内媒体融合进程,无论业界还是学界都给予了大量关注,如有学者认为中国的媒体融合应该遵循"以体制改革推动融合"[1];也有学者从产品循环发展理论入手,认为传统媒体还应坚守阵地,把握网络媒体发展的瓶颈期[2],"发挥传统媒体应有的理想、尊严和职责,培养受众敬畏感,以其为核心竞争力"[3]。但无论如何,在政策推动、技术助力下,融合之态早已是大势所趋。

1996年,我国第一家报业集团广州日报报业集团建立,紧随其步伐,《南方日报》《经济日报》《光明日报》也纷纷建立报业集团。时至今日,全国不同的行政区域基本都建设了各自的报业集团,形成资源优化合并、渠道多重叠加的组织架构,充分利用有限的人力资源和经济资本发挥加乘的传播效力。1999年,无锡广播电视集团设立,成为国内首家广电媒体集团。同年,国务院发布的《关于加强广播电视有线网络建设管理的意见》明确指出"电视与广播、有线与无线合并"的总方针,在政策力量的支持下,广电产业集团也在国内遍地开花。然而,当时的产业合并多为单一的纸媒、广电媒体的内部融合,网络技术的颠覆性力量彻底改变了这一局面,时至今日,不同媒体依托网络技术进行跨平台融合的现象蓬勃涌现。

(一) 政策先行

媒体融合的第一步势必通过政策推动技术融合,虽然2001年的"十五"

---

[1] 周逵.生态与心态:中国广电新媒体平台建设与发展之困:基于对25位省级广电新媒体负责人的访谈[J].新闻记者,2017(3):43-51.
[2] 杜友君,李淑美,李人杰.产品循环发展理论视阈下电视媒体的融合创新[J].新闻记者,2018(10):93-96.
[3] 杜友君,李淑美,李人杰.受众敬畏感与电视传播力的嬗变与重构[J].新闻记者,2017(6):85-90.

计划纲要中明确提出促进电信、电视、计算机三网融合,但直至2010年1月国务院常委会会议才正式宣布加快推进电信网融合,拉开了我国三网融合的序幕①。

在三网融合从技术和体制层面打通了物理通信网络的障壁之后,2014年2月,中央全面深化改革领导小组审议通过《深化文化体制改革实施方案》,该方案明确指出,广电传媒行业应科学界定公益属性和经营属性,推进国有经营性单位转企改制,使之成为市场主体②。此后,政府连续推出了一系列举措和方略,以刺激和推进文化产业能够跨越不同领域和渠道进行融合。同时鼓励国家的主流媒体借力于最新的媒介技术,统管运筹媒介内容的生产制作平台、集成播控平台、监测监管平台;推进三网融合、OTT业务和网台融通,拓展新业态;统筹安排建设高技术含量、响应迅速、传播便捷、广泛覆盖的传媒架构体系和具有国际竞争力的媒介产业,积极探寻符合国际惯例和市场规律的营销方式,逐步建立富有国家特色且可在国际话语体系中拥有一席之地的传播系统。同年4月14日,中宣部举办了一次旨在推动媒体融合的专题会议。在这次会议上,制定了一系列全面的策略、政策和操作指南,以加快媒体融合的进程。会议强调了以下要点:将中央级主要媒体作为改革的先锋,从关键项目入手,确保传统与新兴媒体相互补充、并驾齐驱,共同实现整合发展。会议提出,应当坚持技术先行、内容为主的原则,优化媒体资源配置,创新传播手段,为媒体融合开创新局。目标是构建多元化、技术先进、传播力强大且具有竞争力的新型主流媒体,力求达到全球领先水准③。同年8月18日,中央全面深化改革领导小组的第四次会议审议并通过了《关于推动传统媒体和新兴媒体融合发展的指导意见》。会议强调,为了实现传统媒体与新兴媒体的融合发展,必须遵循新闻传播规律和新兴媒体发展规律,强化互联网思维。同时,要发挥传统媒体和新兴媒体各自的优势,实现一体化发展,以先进技术为支撑,以内容建设为核心。在此基础上,推动传统媒体和新兴媒体在内容、渠道、平台、经营、管理等方面深度

---

① 黄升民.三网融合下的"全媒体营销"[J].新闻记者,2011(1):43-45.
② 周正兵.关于我国传媒业特殊管理股制度试点的几点思考[J].中国出版,2014(19):10-14.
③ 慎海雄.媒体融合发展之路要走稳走快走好[J].中国记者,2014(5):7.

融合,努力打造一批具有竞争力的新型主流媒体,建立几家实力雄厚,具有传播力、公信力和影响力的新型媒体集团,最终形成一个立体多样、融合发展的现代传播体系①。

2014年开启融媒体建设急行军之后,2018年8月21日全国宣传思想工作会议明确提出"要扎实抓好县级融媒体中心建设,更好引导群众、服务群众",全国各地陆续开展县级融媒体中心工程的建设,这是在国家1983年"四级办台"的政策推出后,对县级媒体制度的另一项重要顶层设计。县级媒体作为改革开放以来"四级办台"制度的延伸,经历了20世纪80年代初始形态的探索,90年代的高速增长,以及进入21世纪后面临的严峻挑战。县级融媒体中心建设,在继承"四级"媒体体制建设的基础之上,探求突破基层媒体和政治传播难题的切入点,尝试将政治话语与媒体融合技术的逻辑有机结合,以使国家整体传播战略的基层实践得以顺利开展。同时,还需要对县级媒体的作用、任务和结构化功能进行调适,以让其更好地适应新政治生态和传播技术环境的需求,胜任引导风清气正的舆论环境和基层政治传播者与宣扬者的重要使命②。

2020年9月26日,中办、国办印发《关于加快推进媒体深度融合发展的指导意见》,该指导意见从重要性、目标任务和工作原则三个维度出发,阐明了媒体深度融合发展的总体要求,并从弘扬群众路线、以先进技术推动媒介发展、资源协同利用、人才培养等多个方面进行了具体规划。同时,该指导意见进一步强调了媒体在舆论领域和文化领域中的重要职责,即在国内凝聚共识、在国际上讲好中国故事。此外,同年11月26日,国家广播电视总局发布了《关于加快推进广播电视媒体深度融合发展的意见》。该意见旨在推动广电媒体的深度整合,明确了融合进程的主要目标,并设定了实现这些目标的时间框架。具体而言,目标是在一到两年内在新媒体平台和全媒体人才培养方面取得重要进展,同时强化主流媒体的引导作用,提高内容制作与分发的质量,增强信息汇总和服务能力,以及推动先进技术的应用和创新活

---

① 张君昌.媒体融合的政策背景及转型方略[J].中国广播,2014(12):9-13.
② 周逵,黄典林.从大喇叭、四级办台到县级融媒体中心:中国基层媒体制度建构的历史分析[J].新闻记者,2020(6):14-27.

力。在接下来的两到三年内,旨在关键领域实现突破性的改革和创新。整体上,广电行业的目标是逐步构建一个以内容生产为中心、以媒体科技为支柱、以创新管理方式优化组织架构的全媒体传播系统,从而长期促进广播电视媒体的全方位融合。

这两项媒体融合的最新政策,描绘了深度融合的政策蓝图,从媒体融合的阶段性目标和具体举措作出了详尽且具体的指引,划定了我国主流媒体进入深度融合的新航道。两项政策的相似之处,在于以文化竞争力、舆论引导力为核心,以人才队伍建设、高新技术采纳为驱动力,以为中国最广大的人民群众服务为最终目标。2020年的两项政策为我国媒介融合的发展历程写下了浓墨重彩的一笔,成为关键的历史节点,媒体的深度融合业已成为全行业的共识,在政策力量的支撑下,在纲领性文件的思想引领下,中国的融媒体建设势必朝着纵深、全面的方向发展。

(二)技术助力

在政策的激励下,VR(虚拟现实)新闻、写稿机器人、AI(人工智能)合成主播等技术在近些年蓬勃涌现,它们进一步和传统的内容生产模式、分发渠道相融合,为丰富受众的体验作出了突破性的变革。部分中央级媒体和省市媒体纷纷采用最新的媒介技术,如VR在新闻报道中的使用,身临其境的沉浸感和互动体验是既往的广播电视难以做到的。其中以央视为代表,央视网上线了VR新闻栏目,并根据内容分类新闻题材,根据技术手段划分收看方式,以为受众量体裁衣提供最为适合沉浸收看的新闻内容。通过正向价值观引领,以身临其境之感唤起受众的共情,充分提升了主旋律内容的传播效果,为社会的舆论引导、文化传播、价值引领作出技术助力。

AI高效低成本的新闻写作方式也即将变革新闻内容生产流程,AI主播结合人工智能领域最前沿的成果,融合智能语义处理、表情模拟和体态模拟,以低成本、高效率、高准确率的特性打破了传统人工播音的局限,并且能够及时根据受众反应调整播读效果。AI主播虽然在现阶段还难以全面取代真人主播,但其足以成为突发状况的替代解决方案,并且以前沿技术加速了传媒行业与AI深度融合的态势,推动了向智能化媒体时代迈进的步伐①。新华社、《光明日报》等媒体率先应用AI主播,并取得了较为广泛的社会影响。2015年11月7日,新华社正式推出机器人写稿项目,随后封面新闻开发出了写稿机器人"小封",并通过其客户端封面号《小封观天下》每月发稿6000余篇,其写稿的领域涉及社会新闻、财经新闻、科技文化等诸多新闻题材②。在技术的助力下,AI发展势头迅猛。尤其在2022年后,大模型支持的AI技术有着更广阔的应用前景,如人民网2023年3月发布的内容风控产品"人民审校"V3.0版。现在的最新版本,还可面向视听内容进行审核和校对。科大讯飞和星火认知大模型出品的具有配音、虚拟主播视频生产、AIGC三大功能模块的讯飞智作,已成熟应用于传媒领域、教育实践、短视频内容生产等。

(三) 人才重塑

迄今为止,媒体融合的发展步伐犹如历史的车轮不容阻挡,在媒介技术的更新迭代之下,媒介的传播渠道、媒介内容的呈现形式、媒介服务的分发样式不断丰富,随之而来的是对优秀的传媒人才的需求日益增长。然而,在传统媒体转型的阵痛期,网络媒体蓬勃的市场规模吸引了海量的传统媒体人才纷纷跳槽,这给原本完备的传媒行业人才结构带来了巨大的冲击,一方面,新技术本就让传统媒体人才与技术和时代需求脱轨;另一方面,还面临人才资源短缺、后备力量不足的困境。在全媒体、融媒体、智媒体稳步向前推进的过程中,传统媒体的原有垄断地位遭到挑战,在局促的人才发展空间中,如何保证主流媒体在舆论和文化市场中的地位不动摇已经成为业界和学界的共同担忧。

有学者通过调查发现,不同于前人研究中新闻人对"同行评价""工作环境"等精神层面因素的看重,收入成为影响广电媒体人员流动的重要因素③。

---

① 万艳,王雪梅.智媒时代AI主播的生成与启示[J].青年记者,2019(26):8-9.
② 陈荷.机器人写作的应用现状与展望:以"封面新闻"机器人"小封"为例[J].中国广播,2019(10):62-65.
③ 刘璐.媒介融合环境下广电媒体员工流动倾向研究[J].新闻记者,2018(11):75-86.

新媒体时代,传统广电的市场份额也面临各种网络媒体的用户分流,要保持用户规模以及用户黏性,传统广电节目需要充分发挥其主持人的竞争优势。基于此,有学者提出了新媒体环境下广播主持人需具备的全媒体业务素质以及身段、专业、音乐、性别等"七种武器"①。在此基础上,也有学者关注到互联网媒体丰富、多元、即时的信息特点和便捷、精准、易得的获取特点可以为主持人的采编工作提供新机会②。

在媒体技术快速更迭、媒介形态繁复多样的当下,媒体的深度融合早已成为行业的共识,无论是国家的顶层设计还是业界和学界的讨论,都在着力探索媒介深度融合的未来航向,虽然技术、政策都助力了其发展步伐,但我们也看到了目前媒介发展中遭遇到的"问题水域"。但在领航者的探路之下,我们相信媒介产业的发展一定会迎来前所未有的机遇。

三、媒体融合的平台化和基础设施化

"基础设施"的概念起源于19世纪中期,指的是城市中负责为所有公民提供某些服务的统一单位,例如道路、下水道、紧急服务和公共交通。与中国不同,大多西方国家的基础设施建设都起源于私营企业,并随后获得了垄断地位。与此同时,国家和政府也开始参与、提供、监管铁路、主要公路、邮政、电报、电话及其他基础设施,包括互联网。如三网融合,考虑到在基础设施体系中互不兼容的设备和标准,将异质系统连接到网络设备时(如不同类型的通信网络),需要建立明确的标准和规定③。全面发展的基础设施是复杂的生态,其组成部分必须不断地适应统一的规格,不然其可能会分裂成更多的技术元素或完全消亡④。

就媒体融合的角度而言,从电网到电话网络等系统都是社会中的基础

---

① 莫昱茜.新媒体时代广播节目主持人的新挑战[J].新闻记者,2015(10):87-90.
② 李琳.新媒体环境下节目主持人"采编"新释[J].新闻界,2016(18):58-62.
③ EGYEDI T,SPIRCO J. Standards in transitions:catalyzing infrastructure change[J]. Futures,2011,43(9):947-960.
④ GRAHAM S,MARVIN S. Splintering urbanism:networked infrastructures,technological mobilities and the urban condition[M]. London:Routledge,2002:223.

设施①,广播、电视、报纸等大众媒体作为社会中的公共服务机构,也具有对社会不可替代的基础设施属性。媒介融合进程使受政府垄断的基础设施向私营企业转移如在一些欧美国家对互联网服务放松管制后,媒体融合的步伐让基础网络服务成为商业、政府、工作和日常生活的一部分,以至于其对整个社会的正常运转有着至关重要的影响。虽然大多数政府在某种程度上对互联网服务提供商进行管理,如中国积极介入通信业务服务商和媒体机构,做到了服务全面覆盖和对内容质量的把控。然而,在这些基础服务被许多营利性供应商所瓜分的国家和地区,如美国,许多低收入的公民仍然被排除在外。又如有线电视公司等传统、较为单一的媒体基础设施现在正与新兴的基于互联网的网络电视平台展开斗争,花样百出的"电视盒子"允许用户按需选择媒体内容。众多海外流媒体运营商如"Apple TV""Hulu""Netflix"等已经抢占了大量的用户资源,平台获得了巨大的体量,与基础设施共存竞争,甚至取代它们。或是,基础设施开始通过平台化运营来抢占新兴的媒体受众市场。这种基础设施理想的消亡结果就是"基础设施的平台化"②,而这一切与媒介技术和市场融合的进程息息相关。

  计算机行业在20世纪90年代中期采用了"平台"一词,当时微软将Windows操作系统描述为一个平台,网景公司(Netscape Communications Corporation)将其网络浏览器定义为一个"跨平台"系统。平台是由三个关键要素组成的架构:具有低变异性的核心部件、具有高变异性的补充部件以及两者间的模块化接口。由于不用为每个新产品建立一个全新的系统,这样的架构可以降低运营和设计成本③。与基础设施建设不同,平台并不寻求通过垂直整合将其环境内部化。相反,平台被设计成可由其他行为者从外部扩展,只要其遵循相应规则。像苹果的 iOS 或 Google 的安卓系统这样的平台,

---

① HUGHES T P. The evolution of large technological systems[M]//BIJKER W E, HUGHES T P. The social construction of technological systems: new directions in the sociology and history of technology. Cambridge, MA: MIT Press, 1987: 51-82.
② GRAHAM S, MARVIN S. Splintering urbanism: networked infrastructures, technological mobilities and the urban condition[M]. London: Routledge, 2002: XIX.
③ BALDWIN C Y, WOODARD C J. The architecture of platforms: a unified view[J]. Platforms, Markets and Innovation, 2009(32): 19-44.

正是通过吸引许多独立的开发者为他们的软件生态作出贡献,而不是试图建立和销售独立的产品才获得成功。平台的标准化界面让用户易于使用,而独立开发者则受益于平台的代码库、大量的受众和营销能力。在媒体发展的进程中,互联网平台扮演了重要的桥梁角色。这些公司利用技术手段重塑了新闻领域,包括内容的创作、管理和传播方式以及相关规则。新兴的平台媒体作为传统媒体功能的继承者,整合了后者的核心优势和资源,从基本构成到外部拓展,形成了一个全面优化的媒介生态系统①。平台媒体在组织结构、传播理念、商业模式、关系界面、交互方式等方面,整合了互联网平台的技术优势和传统媒体的内容优势。

平台媒体和基础设施有一些相似之处,但它们在规模和范围上有所不同。作为日常生活的基本要素,许多基础设施被广泛使用,但一般来说,平台的建立考虑较小的规模和范围。伴随着媒体融合的步伐,平台逐渐占据了和基础设施一样的地位,尤其是那些取得市场垄断地位的平台。以社交媒体为例,这些平台融合了大量的功能,如市政服务、财务、商业营销,甚至逐步取代了传统媒体在新闻传播上的职责。如微博、朋友圈、抖音逐渐代替了传统媒体成为人们获取信息的主要渠道,"智慧城市"的建设越来越依赖私人平台来监控公共服务和城市活动,移动支付的普及也和平台密切相关。时至今日,中国人很难想象离开支付宝和微信的生活会是怎样,这表明平台媒体已经逐渐成为社会中的基础设施。然而,普遍和稳定的基础设施是社会福祉的基础,在私营平台不断涌现出令人振奋的技术的同时,它对社会生活基本需求的全面渗透也带来了潜在的政治、社会和道德风险。

四、结　语

在本节,我们从媒体产业的角度讨论了媒体融合在政策环境下是如何演进的,作为一种政治、经济现象,媒体融合在中外的不同语境之中也有不同的发展路径。虽然,中国在媒体融合、基础设施融合的道路上起步较晚,

---

① 权玺.平台媒体:构建平台化的自组织在线社会信息传播系统[J].当代传播,2017(6):90-93.

但在开放的政策环境和活跃的市场经济支撑下,中国媒体的发展也终将肩负起向全世界传递中国声音的重担。此外,从"平台化"和"基础设施"的视角中,我们也看到媒体机构作为社会运转机制中的重要组成部分所起到的广泛作用。其中,平台媒体的商业资本逐步向基础设施渗透可能带来的负面效应是值得警惕的,并且,原本承担基础设施职责的大众传媒行业、通信行业如何在平台争霸的时代破局创新也有待思考。

第二章
国内媒体融合经典案例

在2019年1月25日举行的全媒体时代和媒体融合发展的第十二次集体学习会上,习近平总书记强调,推进媒体融合,构建全媒体体系是当前迫切需要解决的问题。他指出,应利用信息技术革命的成果,深化媒体融合的进程,强化主流媒体的影响力,加固全党和全国人民团结奋斗的意识形态基础。这将为实现"两个一百年"的目标和中华民族的伟大复兴中国梦,提供坚强的精神动力和舆论支撑[①]。为加大新时代主流媒体的传播力、引导力、影响力和公信力,国内主流媒体从中央到省级,再到市县都不断调整战略,实施改革机制,加大技术投入,创新观念,使得强大的舆论体系得以建立,为实现中华民族伟大复兴筑牢了坚实的宣传阵地。纵观我国媒体的融合历程,从调整组织架构、改革生产方式到紧随技术前沿,不断为媒体融合注入全新思路,不断突破创新。

1983年,全国第十一次广播工作会议提出中央、省、市、县"四级办广播、四级办电视,四级混合覆盖",对提升传播力和公信力起到了至关重要的作用,县级融媒体中心也因此登上了历史舞台。随着互联网时代的发展,"四级办融媒"理念的出现一方面适应了新媒体发展的时代特征,是多屏传播下的必然趋势;另一方面也避免了一家独大、头部主流媒体垄断资源的现象,有助于将关注度下沉到基层民众,阻止了盲目争夺受众导致无序竞争致使县级媒体难以发展的局面产生。

2014年8月18日,中央全面深化改革领导小组审议通过了《关于推动传统媒体和新兴媒体融合发展的指导意见》。习近平总书记在此次审议中

---

① 习近平:推动媒体融合向纵深发展[EB/OL].(2019-01-25)[2024-11-11]. https://baijiahao.baidu.com/s?id=1623627024428154480&wfr=spider&for=pc.

指出,推进媒体的融合发展,要紧跟新闻传播的基本规律和新兴媒体的发展趋势。他强调应加强互联网的思维方式,促进传统媒体与新兴媒体在内容制作、传播渠道、平台建设、经营管理等多个层面的全面融合,力求打造一系列形态多样、手段先进、具有竞争力的新型主流媒体。指导意见的出台,将以往传统媒体物理整合和机械融合的自主探索演变为国家战略①。总而言之,媒介融合不再是表面上的机构合并、部门融合,而是内容、技术以及理念等层面的有机融合。

在国家"十三五"规划以及相关政策的推动下,媒介融合逐步从形态融合走向理念融合,从中央层级向地方层级推广,稳步形成了内容为王、技术为依托、平台分发的百花齐放局面。其中,中央级媒体身先士卒,打造了新型的现代传播体系,为省、市、县三级融媒体建设起到了良好的带头作用。人民日报社依托人民网,快速搭建全媒体矩阵,优先完成了媒体融合这一重要任务;中央广播电视总台全力构建涵盖网站、客户端、手机电视、IPTV、互联网电视、户外电视等平台的全媒体传播矩阵,打造了央视频、央视新闻客户端、云听客户端等自主可控、具有强大影响力的新媒体平台,实现了从形式到内容的深度融合。在中央级媒体的带领之下,各地方媒体争相挖掘本地优势,利用地方特色,打造爆款频出的新型地级融媒体中心。

省级融媒体中心对纸质媒体一直抱有较为暧昧的态度,但深知传统报业已经难再崛起。为冲破频道制度、突破块状分离的内容生产状态,省级融媒体中心致力于改革管理经营体制以及内容生产方式,一方面,在内容制作上推进报台网联动,规范全媒体标准采编流程,进一步将经验推广至周边产业群;另一方面,省级融媒体中心将管理机制调整为事业单位企业化管理。

而市县级融媒体中心作为我国媒体融合进程的后期项目,集中建设于"十三五"中后期,且得益于国家的政策规划和省级融媒体单位的大力支持。县级融媒体中心在脱贫攻坚工作中发挥积极作用,一是发挥媒体的服务意识,服务地方经济发展,围绕扶贫工作,对接市场资源;二是加强基层党建工作引领,围

---

① 徐敬宏,侯彤童.从现代传媒体系到全媒体传播体系:"十三五"时期的媒体深度融合之路[J].编辑之友,2021(1):28-34.

绕脱贫攻坚的政治使命,推动党建引领与乡村的经济振兴、文化振兴相互促进,协同共赢;三是整合政务服务,提升基层扶贫效能;四是提升民众的融媒体意识,依靠新媒体,拓展农产品的线上销售渠道,借助红人效应,推动当地经济发展,打通了基层传播力建设和脱贫攻坚的"最后一公里"。

我国之所以能够在短时间内形成四级媒体融合态势,主要原因在于我国制度化的扶持,用政策保障不断推进媒介融合进程和各级融媒体平台建设。2014年8月18日,中央全面深化改革领导小组第四次会议审议通过了《关于推动传统媒体和新兴媒体融合发展的指导意见》,标志着我国正式进入媒体融合的新时代,2014年因而被誉为"媒体融合元年"。2016年7月2日,国家新闻出版广电总局发布了《关于进一步加快广播电视媒体与新兴媒体融合发展的意见》,标志着广播电视与新兴媒体融合的进一步加速和深化。2017年5月7日,中共中央办公厅与国务院办公厅共同发布《国家"十三五"时期文化发展改革规划纲要》,目的在于通过推动媒体融合,提升新型主流媒体的舆论引导能力。2018年3月,《中共中央关于深化党和国家机构改革的决定》和《深化党和国家机构改革方案》的发布,为我国传媒体制及模式的改革与融合提供了政策保障。之后,诸如《关于加强县级融媒体中心建设的意见》《关于创建广播电视媒体融合发展创新中心有关事宜的通知》《关于加快推进媒体深度融合发展的意见》等一系列关于媒体融合的国家政策接连发布。特别是在2020年11月26日,国家广播电视总局发布的《关于加快推进广播电视媒体深度融合发展的意见》进一步促进了各级广播电视媒体与新媒体的接轨与融合速度,为"十三五"规划的成功收官提供了坚实的支撑①。

回首我国的媒体融合之路,不难发现,国家对于媒体融合的目标已经由建设现代传媒体系转变为全媒体传播体系。正如习近平总书记所强调:"全媒体不断发展,出现了全程媒体、全息媒体、全员媒体、全效媒体,信息无处不在、无所不及、无人不用,导致舆论生态、媒体格局、传播方式发生变革。"②

---

① 徐敬宏,侯彤童.从现代传媒体系到全媒体传播体系:"十三五"时期的媒体深度融合之路[J].编辑之友,2021(1):28-34.
② 习近平主持中共中央政治局第十二次集体学习并发表重要讲话[EB/OL].(2019-01-25)[2024-11-11].http://www.xinhuanet.com/politics/leaders/2019-01/25/c_1124044810_3.htm.

第一节　中央级融媒体构建媒体生态圈案例分析

中央级媒体在媒体融合之路上一直是引路人,始终深入贯彻落实习近平总书记系列重要讲话精神,特别是努力探寻"电视+"与"互联网+"的融合路径,力求在视频创作、新闻写作、用户需求、融合进程等方面各个击破,提升传播力,在广泛受众的基础上精准匹配用户需求,以最新的数字媒介技术为传播赋能,以互通联动打造多功能媒体平台,最后实现全媒体平台的融合协同管理。面对日新月异的媒介技术和剧烈变革的传媒生态,如何在媒体深度融合过程中建立传播主导地位,如何在众声喧哗中提升舆论引导能力,是中央级主流媒体必须面对的重大现实问题。本节立足媒介生态学视角,分析当前中央级融媒体的内容、传播和行业生态发生的深刻变化,用生态学思维梳理融合历程,并提出中央级融媒体构建传播生态圈、发挥生态链接力的若干路径。

一、《人民日报》:打造党媒新型舆论阵地

自党的十八大以来,习近平总书记多次强调媒体融合的重要性,并将其提升至国家战略层面,对媒体融合工作提出了明确的要求。习近平总书记在前往人民日报社进行考察时,强调了《人民日报》办报质量的重要性,指出应充分扩展其地理、人群及内容的覆盖范围,充分发挥其在舆论引导、旗帜标杆和领导方面的作用。作为党的重要机关报,《人民日报》积极响应,主动适应变化,做"党的主张的最专业传播者和人民利益的坚定捍卫者"。《人民日报》始终站在媒体变革的前沿,坚守"以人民为中心"的原则,恪守作为国家级媒体的职责,围绕政治动态、国家改革、民生关注等重大主题进行报道,

关注从国家到个体的各个层面,进一步提升了其在社会中的公信力和舆论影响力。

面对传播形势的变化,为了占领互联网信息传播的制高点,掌握舆论引导的主动权,在新时代发挥更大的作用,人民日报社积极推进平台建设、机制创新和转型升级等实践探索,以互联网思维谋划布局新闻舆论工作,开拓新的舆论阵地,逐步形成涵盖报、刊、网、端、微、屏等10多种载体的全媒体传播格局。

(一)以重大主题宣传为契机,推进媒体融合深度发展

1.聚焦核心系统阐释,突出宣传新时代党的创新理论

《人民日报》一直将深入报道习近平总书记的思想、言论和活动,广泛传播阐释习近平新时代中国特色社会主义思想视为其最核心的政治责任,坚定拥护"两个确立",坚决做到"两个维护"的思想根基。全力办好"深入学习贯彻习近平新时代中国特色社会主义思想""人民要论"栏目,推出"学习新时代""学习时间""足迹"等重大专题、专栏和互动话题,刊发《总书记心中的"国之大者"》等重点报道和《"我们现在都是在一些具有历史意义的时间节点上"》等"微镜头""微观察"报道,在平实而又生动的阐释性报道中注重开掘思想深度。

《人民日报》动员全社资源,开展了"践行嘱托十年间"和"高质量发展调研行"等全媒体报道活动,引起广泛关注。其生动全面地展示了习近平总书记在国内考察、出席重要会议及各类活动的情况,并详尽报道了习近平总书记通过"云外交"与外国领导人及国际组织负责人的会晤和通话,以及所出席的重要双边和多边活动。报道深刻展现了习近平总书记对人民、家国的深厚情感和心系天下的胸怀。在数字传播方面,《人民领袖》《领航新征程》《江河情缘》等作品备受网民关注,人民网上的"习近平系列重要讲话数据库"访问量已达10亿次。2023年,《人民日报》新推出了"习语"短视频专栏,通过这一平台展现了习近平总书记的人格魅力和思想深度,该专栏全网阅读量超过40亿次。此外,《人民日报》加强了对外宣传力度,推出了"和音"评论和《中国共产党为什么深受人民拥戴》等融媒体产品,进一步扩大了

中国共产党和中国政府在国际上的声誉和影响力。

2. 打造"新闻+服务"模式,创新主流媒体的服务能力

《人民日报》主动转变内容生产和传播意识,实践"新闻+服务"的媒介融合新模式,以主动的信息服务代替被动的内容集合化呈现,充分拓宽了融媒体时代主流媒体的发声渠道,使其更有效地发挥连接党和人民、沟通上下的桥梁和纽带作用。为了实现这一目标,《人民日报》建立了信息服务平台,以权威发布回应社会关切。《人民日报》还以多种类型的专题宣传活动传达政务信息和惠民政策,不仅起到了传递信息的作用,还畅通了社会与政府沟通的渠道,从而有效反映了公众的意见和需求,进一步加强了党和政府与人民群众的紧密联系。《人民日报》民生版开设"体验"头条栏目,推出"急难愁盼这样解决"系列报道,脚步奔向基层,镜头对准群众,内容涵盖养老、就业、托幼、医疗等多个方面。办好"读者来信"版,推出"让农民工不再忧'薪',根治欠薪话题留言征集"活动,多起欠薪事件得到快速解决。开展"筑梦未来"毕业大学生云招聘,提供职位数超20万个。

提供社会治理服务,把传播优势转化为治理效能。抗击疫情期间,《人民日报》开通"征集新型冠状病毒肺炎求助者信息"平台,发起成立"人民好医生公益援助联盟",最早推出"确诊患者同行查询工具"。组织"为鄂下单"系列公益直播带货活动,累计销量达300万单,总价值超2.5亿元。

2021年,河南省遭受连续特大暴雨灾害,《人民日报》迅速开通"河南暴雨紧急求助通道",缓解了紧迫的灾情援助难题。人民网还推出了"领导留言板",这个平台使得用户能够直接与全国60多位省级领导以及数千位市县级党政领导进行交流。通过这个渠道,用户可以直接表达自己的意见、建议和诉求。自2006年开通以来,"领导留言板"已累计收到并回复处理了448万余条群众意见和建议,这一成绩标志着它成为全过程人民民主发展的一个生动实践案例。

3. 以先进技术赋能,创意推出爆款融媒产品

科技是媒体融合发展的关键引擎之一,为媒体行业的创新发展注入了

强大的动力。习近平总书记强调,主流媒体应充分利用移动传播技术,坚定不移地掌握舆论引导、思想引领、文化传承和服务人民的传播优势地位,并需要探索如何在新闻的采集、制作、发布及反馈环节中应用人工智能技术,以全面增强舆论引导的效能。

信息技术的应用,让融媒产品更新鲜、有趣,带给了网友全新的沉浸式互动体验,精准触达用户。《人民日报》推出的H5"军装照",以好创意结合先进技术,产生了风靡一时的效果,访问量超10亿。《人民日报》新媒体还积极探索AI主播运用,在2023年全国两会期间推出了AI数字主播"任小融",如图2-1所示。"任小融"在互动H5内与近百万网友互动、聊天,受到高度关注。相关话题#人民日报AI虚拟主播#登上微博热搜榜第一,话题阅读量7000多万。随着AIGC技术的迅猛发展,《人民日报》积极把握时代脉搏,不断推动技术的更新与升级,主动吸收媒介技术发展的前沿成果,将其整合进新闻报道与产品制作的过程中,以此满足广大受众对于新颖、前沿的新闻体验的需求。

图2-1 《人民日报》AI虚拟主播任小融

(二)以讲好中国故事为抓手,加强国际传播能力建设

习近平总书记多次在重要场合强调加强国际传播能力建设的重要性,并从力度、巧度等层面给予了清晰的阐释。据此,人民日报社勇于担起主流

媒体责任,对外传播中国故事,传递中国声音。2022年,《人民日报》累计向海外推送13个语种3000多件新闻产品,在115个国家的1000多家媒体落地3.5万篇(件)次。"一带一路"新闻合作联盟成员增至101个国家218家媒体。海外版推出"外媒看中国"专版41块,海外网推送新闻产品境外落地超11万篇(件)次。《人民日报》英文客户端海外用户占比达71.2%。人民网外语频道从12个增加到15个。环球时报报道被外媒转引转载超22万篇(件)次,再创新高。人民日报社扎实推进国传项目建设,2021年度国传项目建设取得新进展,2022年度国传项目申报获批立项数量为2016年以来最多。国传技术支撑项目云平台与机房建设取得突破性进展,各项子系统建设任务全面有序展开。

针对美西方反华势力对我国的攻击抹黑,人民日报社旗帜鲜明地开展国际舆论斗争。例如,推出"美方近期种种谬论充满强盗逻辑"等系列"钟声"评论,持续办好"深度观察""望海楼"栏目。策划制作中英文海报《这10个问题,美国必须回答》《世界上没有一个地方可以复制香港的优势》等融媒体产品,在国内外产生广泛影响。

人民日报社勇于担当,做好国际传播能力提升的主推动力,全面提升国际传播效能,充分展示真实立体全面的中国、努力塑造可信可爱可敬的中国形象。在未来,人民日报社将继续强化对国际传播能力建设的整体谋划、统筹推进、督促落实,加大外媒定制推送力度,做好合作供版工作,更好地利用海外社交媒体平台传播中国声音。

(三)以两大平台打造为龙头,强化阵地建设责任

人民日报社做好融媒体矩阵建设规划,稳步推进其建设,成效显著。人民日报社以全媒体新闻平台、全国党媒信息公共平台这两大平台的打造为龙头,以工作室建设为抓手,打造多元化的传播矩阵。

1.打造《人民日报》全媒体新闻平台("中央厨房"),扛起媒体融合大旗

"中央厨房"的概念应用,是媒体融合领域一个了不起的创新,是媒体融

合发展的一个阶段性高点①。2014年,《人民日报》开始探索"中央厨房"的新闻生产模式,并于两年后将其投入正式新闻生产实践中,这种创新的模式颠覆了传统的线性生产流程,建构了新闻生产和传播的全流程多元协同的工作架构,实现了"一次采集、多样生成、多元化传播、全天候滚动更新、全球范围内覆盖"的媒介融合目标。《人民日报》"中央厨房"组织架构如图2-2所示。

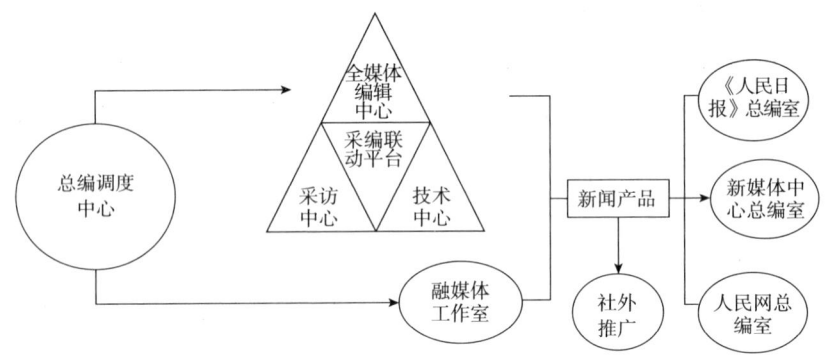

图2-2 《人民日报》"中央厨房"组织架构

作为《人民日报》推进媒体融合发展的核心平台,《人民日报》全媒体新闻平台是一个完整的、全方面的融合体系。它由空间平台、业务平台、技术平台组成,重新确立了生产运营模式的组织架构和业务流程,把《人民日报》的纸上生产优势扩展到了网上,把内容优势转化为传播优势,把文字产能转化为全媒体产能。

目前,《人民日报》已经从过去的单一报纸形态,进化为多元化的媒体阵列,包含报纸、杂志、网站、应用、微信等超过10种媒介形态。2018年,"人民号"平台正式推出,至今已经集结了超过3万家包括政府、媒体及个人运营的优质账号,构建了"四梁八柱"的账号体系。截至2023年,《人民日报》客户端用户自主下载量突破2.85亿,《人民日报》法人微博粉丝数突破1.53亿,《人民日报》微信公众号用户订阅量超5500万,《人民日报》抖音账号粉丝数近1.7亿。2022年12月,《人民日报》视频客户端"视界"正式亮相,截

---

① 陈昌凤.媒体融合:策略与案例[M].北京:中国社会科学出版社,2019:50.

至2023年下载量突破2260万次。作为《人民日报》旗下的新媒体平台,其整合了人民日报社内外的视频制作与传播资源,致力于不断激发创新活力并优化平台功能。其中,首个原创视频作品《新千里江山图》火爆出圈,深受观众喜爱和好评。

2. 打造《人民日报》全国党媒信息公共平台,全方位实现资源共享

《人民日报》全国党媒信息公共平台的建设代表着对推进媒体融合发展指示要求的全面贯彻落实。该平台连接了多样的媒介形态,打通了不同媒介平台间的壁垒,充分整合优质媒介资源,以融媒体人才建设为己任,以提升媒体传播能力为目标,致力于落实"百端千室一后台"党媒传播新模式,并构建了内容生产、传播渠道、媒介技术、人才队伍、底层数据及盈利策略协调共生的创新平台,以此引领全国媒体融合发展的新样态①。全国党媒信息公共平台中已入驻媒体机构等超400家,推送稿件量超5900万篇次。全国党媒信息公共平台业务模式如图2-3所示。

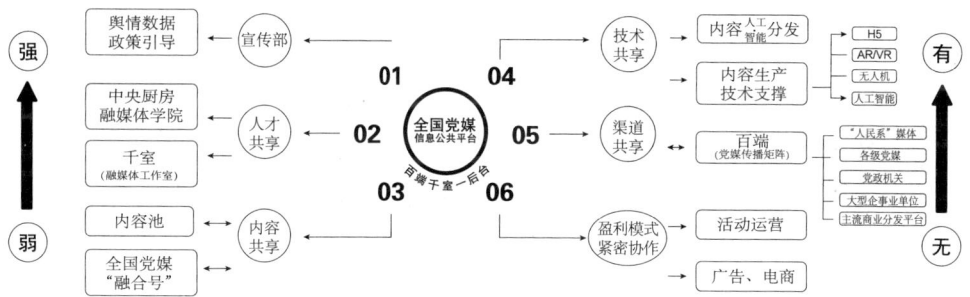

图2-3 全国党媒信息公共平台业务模式②

3. 建设融媒体工作室,充分释放全媒体内容生产力

人民日报社融媒体工作室为打破旗下采编团队的资源壁垒,充分开掘内容生产潜力,创新性地提出"四跨+五支持"机制,以鼓励记者和编辑在不

---

① 赵迪迪. 技术赋能主流价值传播 创新打造新型宣传阵地:以人民日报全国党媒平台信息流技术产品为例[EB/OL]. (2022-12-29)[2024-11-10]. https://new.qq.com/rain/a/20221229A00PP600.
② 人民日报全国党媒信息公共平台[EB/OL]. (2021-09-29)[2024-05-29]. http://www.pdmi.cn/pdmi/zdxm/qgdmxxgzpt.

同的部门、媒介形态、地域、专业领域间的跨界合作,以形成灵活的采编团队。并且"中央厨房"还为他们提供了五方面的支持,包括资金、技术、推广、运营和经营,以确保其工作开展无后顾之忧。目前,人民日报社拥有47个融媒体工作室,如侠客岛、学习小组、麻辣财经等,数百名编辑记者以项目牵头,以任务为导向,通过多方合作在新闻生产中扮演着愈加突出的角色。

(四) 未来规划

人民日报社坚持开门办报,以开放平台生产,汇聚更多适合移动端、PC端、社交媒体传播的内容产品,增加多媒体、交互式、沉浸式内容供给,放大融合发展整体效能。同时高度重视科技发展对于平台深度融合的加持,不断加大对科技研发的投入,从大数据到区块链,从基础研究到技术场景应用,不断完善自有科技体系,为加快推进媒体深度融合发展提供基础理论与关键技术支撑。在此基础上,人民日报社以国家重大需求为导向、应用基础研究为定位、学科交叉融合为特色,研发投入传播内容认知国家重点实验室达4611.68万元。实验室明确了"三个三"发展战略,即以引领传播领域行业发展、赋能传播业务创新、服务国家意识形态安全为三大建设目标,以突破行业关键共性技术、提升行业基础设施和装备水平、培养行业高水平科研人才队伍为核心任务,建立科研开发、标准规范、生态合作三大工作体系,推动人工智能技术在传播内容认知领域的突破和创新。除此以外,传播内容认知国家重点实验室发起"内容科技联盟",吸引70余家科研单位、科技企业和主流媒体参与实验室建设。传播内容认知国家重点实验室引入中国科学院计算技术研究所大数据算法,与新闻采编业务相结合打造的"人民网—中科睿鉴新闻可信度识别支撑系统"入选国家新闻出版署2020年中国报业深度融合发展创新案例。

目前,人民日报社的"内容风控大脑"技术建设基本完成,可对海量互联网内容进行智能采集、理解和深度挖掘;全部技术组件均已完成国产化平台的移植,实测性能超过国外主流产品。"内容风控大脑"对外以"SaaS(软件即服务)"等形式提供数据和计算服务,已为政府、企业、科研单位等提供从技术能力输出到专项服务的多种支持。聚合分发业务推出"CaaS(内容即服务)"平台,并在 5G 消息、鸿蒙操作系统等新兴传播渠道和应用场景积极布局拓展,目前业务使用场景不断提升,触达用户超过 6.2 亿,日均分发内容 8 万余条,实现"图文音视"四位一体,日均阅读量达到 2.8 亿。

二、新华社:国家通讯社的融合发展路径探究

2013 年,新华社成立了新华新媒文化传播有限公司,即新华社的新媒体中心,这是主流媒体首次创建的自有新媒体部门,成为新华社以后探索新旧媒体融合发展之路的"试验地"。该中心主要负责研发全媒体产品,如动漫、3D、AR、VR 等技术相关的报道,为新华社后续不断在技术创新层面深耕打下了坚实的基础。新华社整体技术架构如图 2-4 所示。

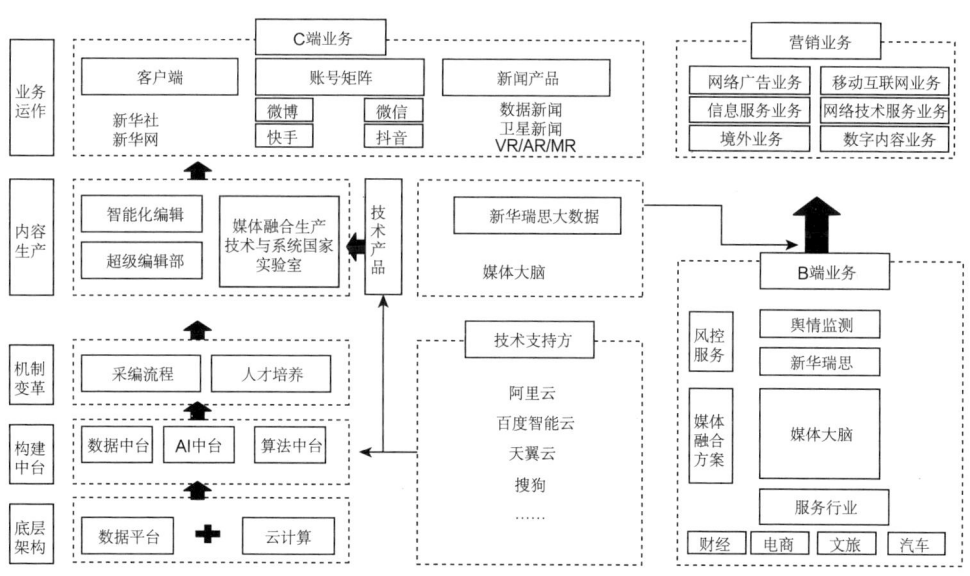

图 2-4 新华社整体技术架构

在科学技术发展过程中,新华社一直谋求创新,希冀在这场技术变革中能真正转型成功。2017 年 12 月,在中国新兴媒体产业融合发展大会上,新华社面向全球发布了中国第一个媒体人工智能平台——"媒体大脑"。2018 年 11 月,在第五届世界互联网大会上,新华社联合搜狗发布了全球首个合成

新闻主播——"AI 合成主播"①。随着"媒体大脑""AI 合成主播"等不断更新迭代,智能化编辑部于 2019 年 8 月投入运行,首次将人工智能应用到新闻编辑场景中,实现 AI 技术真正被引入新闻生产领域,一场影响广泛而深刻的媒体变革,正在新华社由点到面、由局部到整体全面推开。2020 年,新华社围绕两会议题建构智能化编辑部,致力于将 5G 技术以及人工智能技术融入现场报道中。为满足人们的身临其境感,新华社利用 5G 全息同屏技术进行访谈。这场两会议题的直播给新闻生产带来了颠覆性的变革,真正实现了新技术融入传统媒体发展路径中,创新性地发展了新闻产业,实现了"5G+8K+卫星"的多地联动直播。2020 年 12 月,新华社与中国移动签署了战略合作框架协议,将依托移动"5G+"计划,打造"5G+融媒体示范基地",创新智能化编辑的功能与职责,在采编全流程中推进智能化技术体系的完善。

(一)顶层设计推动体制机制改革

以内容优势的网络转化推动融合发展。新华社作为中央级媒体,想要在融合之路上走在前列,顶层设计上的理念革新尤为重要。首先是体制机制的创新。融合媒体并非简单的部门合并,在此之前许多领导人还停留在简单的部门合并,这里面牵扯的人事关系调动成为融合创新之路上最大的难点。因此体制机制改革须紧扣时代命题,才能引领和激励更多媒体放大正能量。

新华社对全媒报道的组织指挥体系进行主动创新,以"两大平台"实现国内和国际传播的效能最大化,同时推出了"新华全媒+"和"全球连线"两大主打产品,并以此为引领,带动采编部门和国内外分社形成一体化运作、多元联通的工作机制。此外,主要编辑部和分社积极推动全媒体转型,逐步实现融合产品的统一策划、生产和审签流程。

其次是制度上的支持。传统的新闻采写编流程容易造成人员的创新积极性不高,如何在新媒体环境下革新奖惩机制,用制度化保障融合的顺利进行很重要。新华社积极探索融合产品项目制,已支持并立项近 50 个创新项

---

① 李仁虎,毛伟. 从"AI 合成主播"和"媒体大脑"看新华社融合创新发展[J]. 中国记者,2019(8):36-39.

目,成功孵化了诸如"卫星新闻实验室"和"新青年工作室"等优质项目团队。此外,新华社还着力打造个人化品牌形象,鼓励编辑记者走出幕后,创建了张扬、徐泽宇等多个在国内外备受欢迎的"网红"工作室。实行"揭榜挂帅"创意征集制度,打破部门壁垒、突破机制藩篱,推出一批立意新、接地气、受欢迎的融合报道产品。

最后是技术和资金支持。技术创新是推动新华社融合发展的关键环节,新媒体技术的发展为新华社在传播领域能直接面向市场提供了有力支撑。媒体融合的创新发展,离不开技术的支撑。因此,新华社成立技术工作领导小组,形成以技术局为统筹、国家重点实验室为牵引、其他相关单位为主要创新主体的技术建设新格局。加大技术建设投入力度,加快构建新型一体化技术发展指挥体系,培育建强"5G融媒体传播平台"等终端产品新旗舰,牵头组建5G融媒体应用生态联盟,打造"5G沉浸式新闻"等技术领先、系统先进的平台级创新应用。加强媒体融合生产技术与系统国家重点实验室建设,聘请国际一流专家担任首席科学家,与北京大学等机构签署战略合作协议,探索打造"前店后厂"模式,运用科研技术成果服务新闻报道,为新华社和业界媒体深度融合提供有力的技术支撑。

(二)构建多元开放的数字内容生态

融合采编平台促进内容供给侧结构性改革。为迎合技术不断发展的趋势,新华社不断改进自身的平台与阵地建设,提升新华社的分发聚合能力。首先是全面创新性建设全媒体融合采编系统,新华社完成了超级编辑部4.0项目的建设,依托5G技术开发移动数据中台。在这一平台上,"新华云海"系统通过云端提供海量文字、图片、视频等信息系统,根据内容聚合智能化选取稿件,负责全流程中的采编流程;"新华云桥"系统则负责全流程中的发布流程,基于新华社的新媒体矩阵的支持,本系统成功实现了多平台同时高效发送。为了实现人机协同智能化支持,引入了"智媒助理",该助理在整个过程中提供了全方位的安全与智能管理控制。

支撑服务平台便于汇聚用户资源。对于新华社而言,拥有庞大的用户基础和大量的用户贡献,是媒体融合发展道路上的珍贵财富。为实现跨行业聚合,新华社自建的"新华号"平台上的用户近5000家,如"政务号""党建号"以及各大各级融媒体号等,"新华号"入驻用户突破1.3万,月供优质内容近10万条,有效激活正能量内容源头供给。新华社自主设计并建设的"现场云"全国融媒体服务平台,为各级政务服务机构和媒体的媒介融合提供了一步到位的解决方案。该平台旨在提升采编团队的新媒体业务能力,提升内容的传播效果和覆盖广度,并构建一种更加紧密、互联网化的"通讯社—机构用户"合作伙伴关系。

创意制作平台带动优质生产能力持续提升。新华社将优质创意与先进技术有机结合,卫星新闻等产品引领新闻业态变革,"新华全媒头条""国家相册""新青年""声在中国""民生直通车""全民拍"等一批新媒体重点栏目和产品项目形成品牌效应。2018年12月,新华网媒体创意工场正式启动,探索提升融媒体智能化水平的路径,寻求移动互联网融合创新发展的新模式。目前,该工场已建立了三大核心设施:MR智能演播厅、MOCO交互式智能视频摄制平台和生物智能用户评测实验室,旨在推动媒体技术的创新与应用。推出MR艺术舞台秀《舞动"十四五"》、创意H5《送你一张船票》、卫星慢直播《陪你跨越山海,阅尽天下》等现象级产品,将混合现实、卫星遥感、Q版动画、数据新闻等要素与正能量主题有机结合,带给网民全新体验。2021年,卫星新闻实验室成功研发了全球首位数字航天员、新华社数字记者"小诤",在神舟十三号载人飞行任务实施期间推出并受到全球关注,系列报道整体曝光量超10亿次。

(三)融合提升国际传播能力

融合发展为方向,内容创新为根本。作为具有传统供稿功能的新华社,由于其通讯社的使命需求,并不直接面向用户,被称为"媒体的媒体",如何在互联网时代下转变职能,真正地在融媒体阵地占有一席之地,将是它的重要任务。随着移动互联网时代的到来,新华社也不得不直接面向广大新媒体用户。新华社开通了英文互联网专线,即在传统文字、图片、视频等新闻供稿的基础上,由新华社编辑部门先行生产融合图、文、视频、图标等多个元素的融媒体稿件之后,再向媒体用户供稿,方便用户直接使用发稿,提高了稿件采用落地率和传播效力。除了英文,根据一国一策的战略,新华社还开通了日本专线、意大利专线等国别专线,和当地通讯社合作,提供融媒体稿件。这些稿件,同时也优先在新华社自有终端渠道上发布,比如在新华社英文客户端、新华网、新华社海媒账号上落地,推动自有终端的内容建设,利用新闻的时效性、重要性等传统特性吸引受众眼球,助力媒介融合有序推进。

国际传播中,新华社做得比较成功、时间比较长的是海外社交媒体,已经形成一个较为完备的矩阵,主要面向Facebook、Twitter、YouTube以及Instagram等平台。其中,在Facebook和Twitter这两个平台,新华社又设有主账号以及科技、文旅、体育等垂类账号。各类账号在新华社总编室指挥下,进行新闻报道、舆论斗争,各子账号和平台会根据各自需求进行差异化报道。为了统筹国际传播,现新设立了新华社国际传播融合平台,统筹协调各部门相互配合发力,具体的输出渠道就是海外社交媒体以及自有终端。

(四)创新文化服务移动化、社交化能力

疫情期间,为提升新华平台的知识赋能能力,新华社主办的新华网积极推出"新华云上学"平台(如图2-5所示),该平台结合用户需求,聚集了知识类的图文、视频、音频等形式的内容,还将传统纸媒的专栏、电子期刊等产品进行二次加工,整合课程资源共2万节左右,内容涵盖了教育、党建、文化、经济等多个领域,有效地助力我国教育事业的发展,而其创建的"新华知识创享家"则激发了知识生产、分享和赋能等多流程建设发展。

图2-5 云上学界面

为大力宣传社会主义核心价值观,提升我国优秀传统文化传承及对外传播能力,新华社没有故步自封,而是进行用户感知调研,在用户移动化及视频化爱好趋势越来越明显的背景下,打造了"新华悦听""诗人留声机"等类型的视听节目;为养成全民阅读的习惯,新华社精心打造了"社长总编来荐书""书荐天下""一人一句谈读书"等栏目,推出了"新华书单""新华好书榜"等内容。

少年强则国强。为推动我国科技事业发展,让青少年有机会接触到前端研发,助力我国的教育事业发展,新华网助力打造了专属于青少年的教育内容品牌,开设"新华科普小课堂"。为贴近青少年的喜好,新华网将前沿科技融入了故事小短片之中,以故事化和社交化凸显优势,吸引了青少年的眼球。与此同时,新华社还推动科学营、创客营等活动开展,以线上线下结合的方式为科技文化推广助力。

(五)新技术下新华社的未来融合战略

自2014年媒体融合上升至国家战略以来,各大主流媒体在技术、平台、渠道等方面都进行了持续探索,各种新媒体创意成果体现出主流媒体在高科技技术应用上已跨出了一大步。技术成为除政策、市场外,影响媒体运营的关键变量。以智能技术带动内容的创新与突破,将是媒体探索的一个主要方向。尽管当下大家高度关注人工智能等技术对媒体的影响,但专家认为,这种影响力还远远未达到临界值,万物可媒与万物皆媒是未来的趋势。未来媒体的核心竞争力是要懂得如何重建连接、获得数据,并借助人工智能等新的技术实现价值。

新华社在媒体融合发展的智能化转型中扮演了领军角色。其首先在新闻生产和传播领域实现了人工智能技术的应用,尤其是人工智能生成内容和智能化的新闻传播。不仅如此,新华社还积极扩大智能技术的影响力和覆盖面,将媒体融合中的人工智能技术引介到其他的媒体机构和政务机关,以敏锐的时代触觉带动人工智能技术的发展和落地,进而推动媒体融合的纵深发展,为媒体产业的创新发展带来了智能化的先机①。尤其是新技术和物联网场景驱动媒体深度融合发展,是新华社未来发展方向的核心要义。由新华社和阿里巴巴集团共同投资成立的大数据人工智能科技公司新华智云科技有限公司已成为国内AIGC领军企业和国家文化数字化重点企业,未来将持续在AIGC、大模型、数字人、大数据等前沿科技发力,以科技创新赋能文化产业,促进科技与文化深度融合。同时,在媒体智能化发展中,人工把关是必不可少的,为了确保智能技术的发展能够更有效地加强主流文化建设和发挥舆论引导的功能,新华社在算法开发、大数据模型建构中将主流价值观导向作为主要依循,将其进行有机整合。

三、中央广播电视总台:"思想+艺术+技术"的融合传播实践

媒体纵深融合的进程中,中央广播电视总台以战略思维为导向,优化资源配置,并聚焦于新媒体平台,以人才、技术、内容等媒体资源助力"思想+艺术+技术"的融合传播实践。这种方法不仅提升了内容的质量,也增强了技术的应用和创新能力,同时也为专业人才提供了展示和发展的平台②。2018年,在中央广播电视总台"三定"方案中,总台一共下设25个中心,其中新媒体中心就有3个(融合发展中心、新闻新媒体中心、视听新媒体中心)。随后,央视频融媒体公司成立、新闻中心组建、5G+4K+AI媒体应用实验室落地,建设总台总经理室、体育青少年节目中心、创新发展研究中心,成立总台国际传播规划局,下设9个处级部门。2020年8月,中央广播电视总台融合发展中心成立。在整合重组过程中,为了实现建设国际一流的国家级现代传媒航母的战略目标,中央广播电视总台以前瞻性的谋划和创新式的发展为基础,强调了技术创新与内容创新的紧密结合,以推动媒体的现代化和国际竞争力的提升。中央广播电视总台机构改革进程如表2-1所示。

---

① 何慧媛.抢占智能变革先机 驱动深度融合发展:新华社智能化编辑部的融合探索[J].新闻战线,2021(22):19-22.
② 搜狐网.中央广播电视总台是怎么做媒体融合的?[EB/OL].(2019-08-13)[2021-11-21].htpps://www.sohu.com/a/331336171_247520.

(一)强化思想引领,壮大主流舆论

按照《深化党和国家机构改革方案》,中央广播电视总台由原"中央三台",即中央电视台(中国国际电视台)、中央人民广播电台、中国国际广播电台整合组建。核心目的就是借助融合产生"1+1+1>3"的化学效应,从而巩固壮大主流舆论。总台成立以来,在以习近平同志为核心的党中央的坚强领导下,始终坚持以习近平新时代中国特色社会主义思想统领一切工作,锐意改革创新,壮大主流舆论,奋力打造具有强大引领力、传播力、影响力的国际一流新型主流媒体。

表2-1 中央广播电视总台机构改革进程表[①]

序号	时间	名称
1	2019年5月28日	成立总台新闻中心
2	2019年6月21日	成立总台总编室
3	2019年7月17日	成立总台总经理室
4	2019年7月18日	成立总台民族语言节目中心
5	2019年7月19日	成立总台体育青少节目中心
6	2019年7月22日	成立总台创新研究发展中心
7	2019年7月24日	成立总台欧洲拉美地区语言节目中心、财务局
8	2019年7月25日	成立总台亚洲非洲地区语言节目中心
9	2019年7月26日	成立总台技术局
10	2019年7月31日	成立总台国际传播规划局
11	2019年8月7日	成立总台影视翻译制作中心
12	2019年8月16日	成立总台英语环球节目中心
13	2019年11月9日	成立总台军事节目中心、农业农村节目中心
14	2019年11月22日	成立总台时政新闻中心

一是深化总台"头条工程"。作为宣传重地,中央广播电视总台时刻牢记政治站位,将宣传习近平新时代中国特色社会主义思想视为首要任

---

① 李霞,卓曼曼.媒介融合视域下主流媒体创新发展路径探析:以中央广播电视总台为例[J].新闻前哨,2020(1):23-25.

务。在深刻把握习近平总书记重要思想的基础上,以形式创新、传播渠道创新、策略创新等方式优化"头条工程"的传播效能。确保全台的首页、首屏和头条内容协同运作,集中发力。在"头条工程"报道中,总台不断强化"先网后台、台网并重、移动优先"理念,建立时政快讯首发机制,在央视新闻客户端、CGTN新媒体第一时间首发首推习近平总书记参加重要活动、发表重要讲话、赴各地考察调研的时政报道和独家视频,抢占新媒体舆论阵地制高点。

二是发挥"轻骑兵"作用。开辟多样化时政报道专栏,形成"总台时政"品牌矩阵集群。央视新闻客户端《时政V观》《时政新闻眼》、央视网《天天学习》、央广网《习声回响》、国际在线《讲习所》等时政品牌,围绕习近平总书记考察调研、重要讲话,准确高效传播总书记的思想、声音,将领袖风范和为民情怀全方位立体式地展现给广大受众。突出思想引领,坚持深耕细作言论评论品牌。"央视快评""联播+""时政现场评""主播说联播"等评论专栏或深刻阐释习近平总书记重要思想,或跟随习近平总书记国内考察的脚步展开伴随式报道,及时有效地引领社会舆论,着力推动习近平新时代中国特色社会主义思想"飞入寻常百姓家"。

三是提升国际传播能力。中央电视台作为中央级重要媒体渠道,除了对内传播信息,增强民族凝聚力,还需要对外传播中国声音。充分发挥"央视快评""国际锐评""玉渊谭天""海峡时评""大湾区之声热评"等品牌产品和CGTN评论矩阵的舆论影响力,一改以往"对世界说"的宣传姿态,从"沟通"和"全球"等关键词着手,传播中华民族优秀文化,传递中国声音。12集系列节目《平"语"近人——习近平喜欢的典故》在总台全媒体平台多语种立体化推出后,迅速引发海内外强烈反响,总触达人次47.98亿,触达海外受众超过19亿人次。

(二)突出艺术表达,共创精品力作

近年来,中央广播电视总台积极对传统广播电视的呈现手段进行创新性探索,借用不同艺术表达手段,挖掘中华民族优秀传统文化,将创新的内容和形式有机结合,推出了一大批融媒体产品。它们不仅提升了内容的表现力，也极大地拓宽了观众的接受范围，从而有效地传播了主流文化和价值观。

一是重要节点主动策划。中央广播电视总台在顶级媒介技术的助力下，以直播中高超的视听内容传播，完美地完成中国共产党成立100周年大会、"七一勋章"颁授仪式以及文艺演出《伟大征程》等一系列重大宣传报道任务，为党和国家盛典、人民节日奉献了史诗级视听盛宴。围绕建党百年、脱贫攻坚、乡村振兴、全面建成小康社会等重大主题，总台还策划了一系列视听艺术精品力作，这些作品从中国发展进程中的重大历史事件节点入手，以典型人物刻画、重现现实场景、还原历史事件的手段，以细腻动人的笔触生动再现了建党以来党和人民为国家发展所作出的突出贡献，这一系列作品在海内外广受好评。

二是深度挖掘传统文化。中华优秀传统文化体现在中国的文化价值观念、哲学思想、文学艺术和社会组织等层面，是构建社会和谐与推动文明发展的基石，也是当前对传统价值观念进行现代解读和应用的重要资源。总台从传统文化传承中的具象化符号入手，捕捉历史文物、手工艺、文学典籍中的文化结晶，以最新的媒介技术手段对其进行现代化呈现，以实现"思想+艺术+技术"的融合创新，用"中国美感"表达"中国故事"，向世界彰显中华文化之美、艺术之美。连续推出《国家宝藏》《典籍里的中国》《中国诗词大会》等系列文化品牌节目，推动主流价值影响力不断扩大。

三是开创新型合作模式。2021年，中央广播电视总台与浙江省人民政府共同打造的国家（杭州）短视频基地，是面向国际、亚洲领先、国内一流的主流视听新媒体平台。作为总台与杭州探索"央地联动、引领行业、共创共赢"合作模式下应运而生的融媒体节目，《中国短视频大会》深度联动杭州，以"花young"为核心词，美食、动漫、剧作、视界、探索、律动、时尚、运动八个赛道相映成趣，共同打造了一场多元文化交流、碰撞、融合的多彩短视频盛宴。2022年启动"百城千屏"公共大屏项目，组织全国各地的优质超高清视音频内容进行展播，依托拥有高分辨率、高动态范围、高帧率、宽色域、高量化比特和三维声等特点的8K超高清技术，让观众在极致视觉体验和精品节目中，感受民族精神，欣赏中国之美，增强文化自信。总台还与上海交通大学、上海人工智能实验室合作,聚焦国家统编语文教材中的200多首诗词,利用人工智能的内容生成技术推出系列动画片《千秋诗颂》。

(三)追随前沿技术,实现传播裂变

中央广播电视总台自成立以来,始终把新技术引领高质量发展作为战略布局的重中之重,以"大象也要学会跳街舞"的精神风貌拥抱数字化、迎接数字化。充分运用云计算、大数据、人工智能等新媒体技术,力图构建"5G+4K/8K+AI"的智能化媒体格局,其核心理念在于以下几个方面:首先,立足于电视实际需求,积极推进电视从高清向超高清4K的升级换代;其次,坚决实施移动优先策略,与各大网络运营商展开合作,共同构建适应5G网络环境的新媒体平台;最后,大力推进人工智能在媒体领域的应用,将传统电视媒体升级为智慧媒体。通过这些努力,中央广播电视总台不断提升电视媒体的智能化水平,不断创新方法和载体,丰富表达手段,并转变话语体系,为观众带来更加丰富、多样化的媒体体验。

在媒介技术快速更迭的语境中,总台力图通过高技术水平推动广播电视产业的发展与创新。具体而言,总台牢牢把握关键核心技术,依托国家重点实验室,主动与多家企事业科研机构合作,建立了一个融"产学研用"为一体的科技创新平台。并且,积极推进4K/8K电视演播室制作系统等关键设备的研发,多项技术已达到国际领先水平。CCTV-4K的开播、5G新媒体平台的建设、超高清与人工智能媒体应用实验室的成立等成果不断。2018年12月28日,中央广播电视总台启动了我国首个5G网络新媒体平台的建设,并与中国移动、中国联通、中国电信和华为公司等签署了共同构建5G网络新媒体平台框架的战略合作协议。2019年11月上线的中央广播电视总台"央视频"5G新媒体平台,是基于"5G+4K/8K+AI"等技术打造的全新科技视听盛宴,在全国首屈一指。2019年5月,中央广播电视总台在上海成立了5G+4K+AI媒体应用实验室。其落成对于媒体融合的智能化发展、探索媒体融合的新模式和新方向具有重要的现实意义。不仅如此,其也象征着主流媒体在媒介化、智能化社会的发展浪潮中,能够敏于抓住时代机遇,勇于尝试生产和传播的变革,在自身的重塑中不断强化影响力、公信力,对壮大主流舆论阵地、传播主流文化有着不言而喻的重大意义①。

中央广播电视总台不断走在融媒体道路的前端,作为行业标杆引领着融媒体的创新发展。2020年五四晚会,基于百度大脑领先的AI技术打造的人工智能主持人"小灵"首次在中央电视台与大众见面。二次元虚拟形象主播已在央视舞台亮相,多语种虚拟主播成为可能。在庆祝中国共产党成立100周年大会直播中,总台首次使用阿莱电影摄像机作为直播讯道,电影级镜头和最新科技的运用大大提升了电视直播的层次感、厚重感,让电视新闻像电影一样精美。在北京冬奥会报道中,中央广播电视总台首次实现了奥运会赛事的全程4K直播,并成功打造了全球首个高铁列车上的5G超高清移动直播演播室。这些最新的媒介技术应用保证了观众在家中便可以全方位地、沉浸式地感受赛事的每一个精彩瞬间。

(四)媒体融合的未来畅想

中央广播电视总台融媒体平台在服务、技术和制度上的创新实践探索是媒体融合的标准典范。总体而言,其以多功能的服务意识为平台化战略的落脚点,紧紧把握身为媒体平台在上通下达、互通有无上的"链接"能力,着力建设全区域、全渠道、全功能的信息服务平台。在服务意识之外,勇于拥抱新技术的创新精神让总台能够在瞬息万变的媒介局势下紧紧把握时代脉搏,为国家通信事业、信息安全建设添砖加瓦。最后,在党中央的政策引领下,中央广播电视总台融全国之力推动机制改革,破除信息壁垒,在媒介深度融合的道路上越走越远。

新技术是媒体融合发展创新的发动机与加速器,5G、人工智能等前沿技术为中央广播电视总台的媒体融合发展提供了新的契机。中央广播电视总台深耕细作,紧跟技术步伐,积极适应市场变化,将技术落地生根,从内容、渠道等层面推陈出新。多档融合创新节目有机融合XR、虚拟、全息、裸眼

---

① 李霞,卓曼曼.媒介融合视域下主流媒体创新发展路径探析:以中央广播电视总台为例[J].新闻前哨,2020(1):23-25.

3D、VR、AR 等前沿科技，迎合了青年一代的审美需求，为受众带来更好的视听观感和交互体验，在全网获得了一致好评。为实现高质量发展，中央广播电视总台发起并领导了"央视听媒体大模型"研究联盟，与国内顶级科研单位、大学及公司合作，专注于新技术研究、应用需求对接和全生态产业链打造。通过开发人工智能平台，利用生成式技术，为视听媒体的创新研究提供助力，以推动新质生产力的发展。人工智能工作室还将在总台的广播、电视及新媒体资源的基础上，以优质的媒体资源为训练集，根据具体的创作需求进行模型训练，以快速形成高质量、高针对性、高适用范围的人工智能平台。中央广播电视总台面对技术变革潮流，始终以变应变，以开放性的姿态接纳、适应甚至追赶技术、渠道、受众喜好等层面的变更，朝着国际一流新型主流媒体的目标迈进。

第二节　省级媒体融合经典案例

改革开放以来,我国报纸、电视等传统媒体不断开拓创新,形成了一片繁荣之势,但进入21世纪以后,传统媒体虽仍旧占有很大市场,却遭受了新媒体冲击,尤其是报纸,在生命旺盛发展的时期迎来了快速衰落期,报亭一个个关停,以往人们在地铁、公交等场所看报,现在换成了看手机。这一变化在电视的生存发展上速度稍微慢一些。

在过去10年中,中国的媒体格局随着新媒体技术的迅猛发展和商业力量的崛起发生了深刻的变革。传统的"四级办电视"模式已被打破,形成了一种包含多种媒体主体、多平台运作和多样化场景应用的新型媒体生态。在这一生态中,商业新媒体依托其强大的技术实力和市场推广能力,成功吸引了大量年轻消费者,成为影响力显著的力量。同时,面对政策的频繁调整,这些新媒体的运作和扩展也受到了明显影响。面对新媒体的兴起,传统媒体如广播、电视和报纸正经历着观众流失和用户老龄化的双重压力。这迫使它们探索如何与新兴媒体技术融合,同时维持主流价值观的传播。此外,随着受众消费习惯的改变,原本在广播电视领域中占据优势的省级媒体也在尝试通过门户网站、网络电视台、互联网电视端、IPTV和移动应用等多种新媒体形式进行转型,以适应新时代的媒体消费趋势。然而,广电行业的传统渠道优势正在逐渐减弱。在这段历程中,湖北广电、湖南广电、澎湃新闻、封面新闻等都做了非常有益的尝试,本节试图从各省级媒体和新媒体平台的建设状况、平台本身在新媒体端口的传播效果、内部组织融合的深度和广度、机构与外部组织因素进行交流和链接的能力与程度等几个层面,整体剖析省市级融媒体运营发展现状,并在此基础上提出一些策略性建议。

一、长江云:开创"新闻+政务服务商务"的融合模式

2014年,媒体融合发展战略正式上升至国家层面。湖北广播电视台(以下简称"湖北台")秉持着把握融合脉搏、探索创新路径的理念,在全国范围内率先打造了融新闻、政务、服务为一体的融媒体传播平台——"长江云",发挥平台化融合生产、平台化联动传播、平台化合作运营的优势,带动全省各地媒体依托长江云实现转型升级。长江云通过整合湖北全省主流媒体力量,实现省、市、县三级贯通联动,构建区域性媒体融合新生态,形成湖北特色的全媒体传播体系,其平台技术方案成为全国县级融媒体中心建设蓝本。2020年,湖北台落地落实媒体深度融合战略,深化体制机制改革,践行"新闻+政务服务商务"模式,依托长江云率先在全国推出垂直频道,建立了"POWER融媒大脑"融媒体生产管理机制,荣获"2021年全国广播电视媒体融合典型案例",标志着其在媒体领域迈出了一大步,实现了自主创新的媒体深度融合发展。2023年,湖北台集合广播、电视与新媒体的核心新闻生产力量,组建全新的新闻中心,焕新升级推出全新的"长江云新闻"。在媒体融合逐步走向纵深化的不同阶段里,湖北台均以其独具特色、颇有成效的做法,成为推动媒体融合创新发展的典型代表。

(一)聚焦平台化战略,开创融合模式

2014年,湖北台开启了媒体融合的发展进程,通过联合国内一流的互联网团队,运用云计算、大数据等先进技术,推出了首个"区域性生态型融媒体平台"——湖北新媒体云平台。2016年2月,湖北台以长江云新媒体平台为基础,整合了全省政务信息数据资源,构建了一个全面升级的"功能完备、运行通畅、覆盖全省、互联互通"的长江云移动政务新媒体平台。根据其功能设计,长江云平台作为全国首个将舆论引导与意识形态管理、政务信息公开、社会治理和智慧民生服务四大领域融为一体的综合性新媒体信息服务平台,实现了从单纯的新闻宣传向公共服务领域的拓展和延伸。这一创新

举措体现了实施平台战略和探索融合路径的重要意义①。

1. "1+N"模式融聚上百信息平台

在前文中,我们详细论述了媒体平台化战略本身的特征。平台化在融媒体时代已经成为传统媒体行业进行深度融合的核心战略,其可通过普适性的技术接口和信息接口,对接开发者和用户,打破了传统媒介形态的壁垒限制,同时跨越时空,成为融合聚集信息的中心管道。平台融合之前,新闻信息总是需要在各个平台逐一发布,费时费力,效率极低,共享后台实现了统一打通信息渠道。长江云以"1+N"模式,融聚了湖北省全省上百个新闻媒体平台的信息渠道,让平台的拓展性大大增强,通过技术上的架构和平台的融合实现了服务于上亿量级用户的理想。

"云稿库"是平台创新研发的一项服务,旨在为全省各级媒体提供媒体内容的去重修改。通过建立一个共享互通的"中央厨房",平台为各级媒体搭建了一个权威信息发布的资源池,有效保证了信息发布的数量和质量。其"中央厨房"的稿件生产和流通机制,在实现多平台调取、跨区域订阅,融聚信息渠道的同时,更丰富了市县级新媒体的内容品质。

2. 四大优势助力全省媒体转型升级

一方面,长江云平台化运营模式让全省媒体"抱成团,连成片,结成网",迅速构建起"信息渠道共享、采编团队共享、新闻资源共享、移动发布优先"的四大优势,不仅打破了省、市、县三级媒体在媒体融合进程中单打独斗的局面,打造出属于主流媒体自己的数据汇聚平台,更帮助了一部分实力相对较弱的市县级媒体融合发展,助力全省各地媒体实现转型升级。

另一方面,平台融合也给长江云平台的内容风控能力带来了巨大的挑战。面对庞大芜杂的海量信息,长江云采用了双重方案保证平台的信息质量:建立全省平台调度机制,以一个月为频次召开长江云平台编委会,且会议都是由长江云内容总负责人主持;建立一套比较成熟的评价系统,通过面向县、市、省三层级开展内部全平台的奖项评比激励机制来鼓励内容生产团

---

① 张建红.实施平台战略 创新融合路径[J].新闻前哨,2018,295(12):4-5.

队产出优质内容,例如战"疫"好新闻评选等。

坚守传统媒体权威地位,在多变媒介世界中服务民众,这是长江云的"看家本领",也是媒介融合发展历程中的"勿忘初心"。湖北台在媒体融合转型上创新了一种模式——"长江云"模式。这种模式从本质上来说并不依赖于某一种内容,而是在体制机制方面做文章,通过技术平台的搭建和内容管理模式的更新为全省各级媒体搭建了一个平台,这个平台可以充分释放传统媒体在内容生产和经营创收方面的活力,从而使它们在面对新媒体时代的挑战时更加具有竞争力[①]。

(二)构建多元化生态,全域融合联动

长江云不只是服务于湖北广电内部和几千万用户的新闻媒体,它积极发挥技术优势和信息渠道的功能优势,通过与数百家合作单位的联动,成功建立了平台数据池,并共同努力打造了湖北省的新媒体大数据中心,该中心融合了政务、新闻和服务功能,并覆盖了整个省份的移动网络公共信息服务系统。这一成果实现了资源共享的模式,即"前台独立、后台共享、可管可控、互助互利",同时也形成了一个良好的区域新媒体生态圈。在资源共享、最大化平台技术势能上推动政务平台建设,实现公共服务的"借梯上楼",让平台真正成为在用户心里能"想我所想、为我所用"的平台。

1."政务大厅"实现政务服务线上线下融合

长江云平台通过建立移动端的"政务大厅",集结了全省政务力量,为提升政府公共服务治理能力提供了支撑平台,湖北全省已有 2220 家政务部门入驻了长江云平台。平台设立了"云上问政"窗口,通过一键问政功能,群众可以方便地通过手机进行咨询。长江云平台后台与各地党委政府和公用事业单位实现了联通,市州政府需要解决的问题可以转办至相应的市州"云上"平台的"问政"板块进行办理。目前有 87 家云上系列使用问政系统,每天接收问政和报料信息 1000 余条,为地方党委政府和人民群众之间搭建了

---

① 顾洁,史劭翔.共享与共赢:湖北"长江云"媒体融合转型的坚守与创新:张建红副台长访谈录[J].中国新闻传播研究,2018(1):3-12.

沟通的桥梁,形成省、市、县三级贯通的政情信息资源库。

2.技术创新打通服务群众"最后一公里"

服务民生是媒体与群众建立有效联系、提升用户忠诚度的重要方法,长江云在为广大人民群众提供智慧民生服务的过程中,深挖本地市场,根据这些服务内容和行为数据,长江云得以生产制作大量优质的服务性新闻,以进一步提升媒体的吸引力。为了率先在全国推广主流媒体云平台应用于社会治理新服务,长江云积极探索了网上服务群众的方式,使数据起到更大的作用,减少了老百姓的奔波。长江云新时代文明实践平台,提供融线上接单、线下服务、群众评价等志愿服务为一体的全流程支撑,现已覆盖全国72个地区。长江云共同打造村民积分制系统,让基层群众主动参与人居环境、乡风建设等方面的工作。该系统覆盖宜昌长阳的11个乡镇68个村41569户家庭。

3.彰显责任与担当,深度参与社会治理

2020年初面对突发疫情,长江云迅速反应,通过大数据分析、5G直播技术等创新手段彰显主流媒体的责任与担当。长江云大数据舆情平台在疫情期间收集、整理、反映疫情问题线索83期、5000多条,上报中央指导组,有效推动一批批问题解决;湖北省防控指挥部和国新办在鄂新闻发布会累计举行了133场,这是在全球首次实现了中国广电5G实战应用和无接触式发布机制。长江云还积极吹响了全国主流媒体联动平台"战疫"集结号,建成了一个抗疫媒体矩阵,并发挥了强有力的平台传播作用。此外,长江云与腾讯微医合作,搭建了抗疫义诊平台,由全国55000余名专业医师24小时接诊,为170万用户提供在线咨询和心理辅导服务。

(三)推进制度化改革,开拓融合格局

随着"推进媒体深度融合"写入国家"十四五"规划,主流媒体融合发展再次提速。湖北台也加快了融合步伐,通过机制改革、商务拓展、技术升级等全渠道改革不断开拓融合新局面。

1. 做好顶层设计,推动整体转型

按照"主流新表达、传播新矩阵、垂直新生态、发展新格局"的发展思路,湖北台总编辑挂帅,各广播电视频道及职能部门成立编辑中心和运营中心,做好系统性、整体性的宣传规划和统筹部署。2021年,在长江云编委会主导下,湖北台整合全台内容生产优质资源,在长江云打造了18个垂直频道。2023年,湖北台大力推进长江云新闻客户端焕新升级,强化移动属性、视频特色,长江云新闻在全国广电新媒体矩阵排名前三。

此外,湖北台还完善全省调度机制,推动湖北省媒体融合发展。依据"一体化策划,全平台共振,立体化传播"理念,与全省各媒体运营单位联合成立名为"云上联合报道团队"的组织。该团队旨在建立符合省、市、县三级媒体融合新闻生产运作流程的常态化信息协作联动机制,以实现"多元采集、多样编辑、多种产品、多端分发"的目标。区域性平台化融合带来强大传播效应,已发起2000多场联动活动,融合省、市、县三级媒体力量,单场点击量最高达5417万。

2. 开辟商务赛道,探索垂直生态

2020年9月,中共中央办公厅、国务院办公厅印发的《关于加快推进媒体深度融合发展的意见》指出,主流媒体要"探索建立'新闻+政务+服务+商务'的运营模式",在原本的基础上新增加了"商务"这一融合方向。长江云积极响应国家政策导向,努力探索传统主流媒体向商务型平台媒体的转型,率先在全国创新垂直频道新模式。健康、教育、社区等各频道差异化发展,深度链接商业资源,全面提升长江云的变现率。2021年,大健康中心依托健康频道建设实现康养类总收入超过1.33亿元。

近年来,湖北台以互联网思维整合垂直赛道,推进内容中心制改革,同时在产业上持续延链、补链、强链,"攥指成拳"塑造发展新动能、新优势,致力于实现以频道为中心的传统传播体制向以垂直内容为中心的全媒体传播体制转变,打造大健康、大教育、大农业、大文旅等垂直内容全媒体生产和运营中心。同时,湖北台还采取"媒体+产业+互联网"的路径,打造一系列品牌,以提高品牌的辨识度,并构建一个完整的垂直内容生态链。

3. 强化数字赋能,做好产业服务

2021年,长江云打通省级平台和 IPTV 内容集成播控平台,将云上系列 App 内容和服务同步下发到全省 750 多万家庭电视大屏,推动本地新闻资讯及阳光政务信息进农村。提供智慧党建、主流思想网上传播、阳光政务、新时代文明实践、新型农民信息素养培训、乡村旅游、智慧教育、居家康养八大基础服务,结合地方产业发展实际,量身定制开发林长、路长、河长"三长"的智能化管理平台、村民积分管理平台、乡村专家人才系统、农业气象预测服务、乡村智慧医疗系统等数字乡村产业服务模块,以数字技术赋能乡村公共服务。2021年11月3日,湖北台与腾讯达成战略合作,双方聚焦智慧全媒体,在内容创作、广告合作、版权IP、大数据、云服务、城市服务、产教融合等领域加强合作,推进"产业互联网+新文创+融合媒体"纵深发展,通过生态共建、资源共享,探索科技创新力量下媒体深度融合的有效路径和解决方案,助力广电业务向教育、园区、政务等维度创新,打造传媒产业融合创新的可持续发展之路①。

长江云开创的媒体融合"湖北模式",先后吸引全国31个省市区600多批次考察和学习,被天津、河北、陕西、甘肃等省市区复制。在依托长江云平台撬动体制机制改革背景之下,湖北台在建立一套协同高效、共享开放、全域智慧、常态可行的融媒体生产与管理机制方面取得了重要进展。该机制被称为"POWER融媒大脑",以其卓越的特点在融媒体生产和管理领域发挥着关键作用。湖北台长江云移动政务融媒体平台以其创新实践和探索,不断增强新媒体的影响力和变现能力。其最终目标是打造出一种全媒体智慧新生态,它融合了技术创新、内容创优、服务创牌和运营创利的要素。这一举措推动了媒体融合从"局部破圈"迈向"整体跃升",成为行业中的标杆典范。2023年CSM省级台新闻融合传播指数显示,湖北台位居全国第三,稳居全国省级台头部阵营,融合传播矩阵总用户数超3.4亿,不断扩大主流价值影响力版图,主力军全面挺进主阵地。2023年,湖北台以整体搬迁入驻湖

---

① 曹曦晴,谢莎.媒体智能化转型的五大关键:以湖北广播电视台实践探索为例[J].新闻战线,2021(22):26-29.

北广电传媒大厦为契机,大力打造未来广电数字化底座。湖北广电传媒大厦的"大基座、大制作、大播出、大总控、大媒资、大安全"六大技术体系能统筹解决广播生产、电视生产、新媒体生产,不管是综艺节目生产还是纪录片生产,真正做到了大一统,为融媒改革持续赋能,其意义在于可真正实现技术引领内容生产的结构性变革。

二、芒果TV:内容为王的生态融媒体系

2014年4月,芒果TV正式上线。作为湖南广电旗下唯一的互联网视频平台,芒果TV以视听互动为主体,将传统的电视屏幕与网络相结合,不仅成为多元化视听内容服务平台,同时也在新媒体环境下发挥着重要作用。在经过三年时间的不断探索后,芒果TV成功找到了一条主流媒体的盈利之路,视频行业的盈利首先达到了4.89亿元。2018年6月,芒果TV进一步加快了与芒果互娱、天娱传媒、芒果影视、芒果娱乐四家公司的融合步伐,这五家公司整体注入快乐购,合并之后,芒果TV成为国内A股第一家国有持股的视频融合平台。同年7月,快乐购正式更名为"芒果超媒"。通过这一系列的整合和发展,芒果TV得以实现更大规模的资源整合,推动湖南广电集团在视频领域取得领先地位。

(一)依托湖南广电,过渡式推动创新融合

媒体融合时代,传统媒体优势不再,在渠道技术和用户迁移的大趋势下,众多流媒体平台层出不穷,增速远高于传统媒体。越来越多的传统媒体意识到,想要保持优势地位,技术和体系的变革不可避免。因此,湖南广电于2004年成立门户网站"金鹰网",主要发布资讯类、新闻类信息以及部分湖南卫视、湖南广电的视频内容,并于2014年4月将"金鹰网"与"芒果TV"改版融合升级为以"芒果TV"为名的长视频流媒体平台,致力于成为流媒体、新媒体、长视频时代的主要参与者。芒果TV与湖南卫视同属于湖南广电旗下,而芒果TV把众多湖南卫视制作的拥有独立版权的内容,只放在芒果TV上进行网络传播,通过互联网进行其生态价值的重新诠释和变现。湖

南卫视种类繁多、制作精良、受众广泛、竞争力强的视频内容,也使得芒果TV的前期发展得到了有力支撑。与此同时,芒果TV还积极搭建独立于湖南卫视之外的内容创新生产体系。得益于湖南广电在体系搭建方面的深厚积淀,芒果TV在短期内便搭建起了一套健全的独立体系,迅速壮大自身,站稳了脚跟。芒果TV以视听互动为核心,将网络特色与电视特色融为一体,成为"多屏合一独播"、跨屏和自制的新媒体视听综合传播服务平台。其迅速崛起,在国内视频网站中名列前茅。之后,芒果TV开始不断谋求创新发展,包括培养和招录众多创新型、复合型人才;制定一系列创作激励策略,制定科学高效的项目审查程序;积极打造火热IP,产出优质节目、剧集等视频内容;加紧拓宽传播渠道,积极搭建手机端、电脑端、智能电视、IPTV端以及面向全球用户的海外App等多种传播渠道和平台;协调协商与信息技术、通信技术等相关市场上实力强劲的企业之间的合作共赢,成功地过渡式推动了自身的创新发展和媒体融合。

(二)广纳创新人才,严管内容审查

1. 独特高效的人才激励制度

芒果TV对人才尤其是新媒体复合型人才有着强烈的需求,其对接人才的广度和层次也处于全行业领先水平。首先,芒果TV坐落于湖南长沙这样一个传媒业发达、文化产业欣欣向荣的城市,本就对怀揣艺术、创作、传媒梦想的年轻人极具吸引力。同时,芒果TV还与很多高校有着青年人才的联合培养计划,如作为芒果平台后备青年力量的重要输出来源的青芒计划,以及专门筛选和培养管理人才的青年CEO平台,这些渠道都源源不断地向芒果平台输送高素质青年人才。在人员素质提升方面,芒果TV延续了芒果生态的人才制度培养优势,即高度市场化、高度自主权。高度市场化一方面是指充分以市场需求为导向,严格按照观众的喜好进行内容产出的策划和制作模式;另一方面是指采用市场化的激励策略,积极投入资源,大力鼓励新人创新,针对一些创意新颖、可行性高的项目方案,通过芒果生态独有的、专业化的体系支撑,使得员工的创意和理念能够在一个非常高效的环境之中快速地成长成熟。高度自主权则是指在项目通过后,在进行和实施的过程中给予该项目的主要创作者如导演、编导、策划等高度的自主性,让他们能够尽情地去表现新潮的想法、独特的创意,极大地把握项目的特色和内核。另外,芒果 TV 还坚持不断完善对创作者的回馈机制,采用科学透明的竞争性价值回馈机制,让创作者在努力创新付出的同时可以很清楚地预估自己在节目或者内容成功之后能够获得多少价值回馈,这样的机制保证了员工的安全感和获得感,在内容创作层面给予了创作者尽可能充分的保障。

2. 多方参与的内容审查程序

芒果 TV 的所有项目内容都坚守着自身党管国企的定位,在立项之初就高度管控,注重主流正向宣传和社会价值责任担当,同时去除政治立场、意识形态等方面的风险。除此之外,每个项目在立项后均要经过多方参与、公开透明的评估审批,创作团队和所有的利益相关方,包括广告商、会员、平台、技术多方共同参与进行打分评估,最大化地使一个项目在运作前期便获得尽可能多的考量,从而将项目中期可能出现风险、意外情况的概率降到最低。一旦项目敲定,芒果 TV 会给予主要创作者本身高度的话语权,高度尊重一线创作者的需求及理念,使创作者在其项目推行的过程中可以大展拳脚,尽情创新,将自己的创意和想法付诸实践。项目结束后,芒果 TV 还会组织多方人员对项目进行实时复盘,通过市场反响度、观众口碑、经济效益等判断其完成度如何,提取有益的实践内容,同时吸取相关的经验教训,查漏补缺,进而不断完善之后的每个项目的内容,提高之后每个项目的运营运作和内容搭建水平。

(三) 贴合主流需求,打造独有 IP 内容

作为以湖南广电为主体的网络媒体平台,芒果 TV 毋庸置疑地肩负着主流宣传的使命,不仅要做大做强主流宣传,还要坚持提供优质的、符合主旋律的、正能量的视频内容。因此,芒果 TV 对于打造 IP 内容也有着不同于其他视频平台的策略和要求,无论是以商业价值变现为主的 IP,还是以主旋律、正能量宣扬为主的 IP,芒果 TV 都要求其内容核心要做到能够切实反映社会情绪,响应时代发展的呼吁。无论是综艺内容还是影视剧集内容都必

须切实符合市场需求,能够引起受众共鸣,符合整个社会主流价值观念和价值取向,从精神层面以及情感层面上都做到全面贴合主流大众的需求。同时,芒果 TV 还严令禁止打造依靠不良噱头、流量炒作甚至是擦边球内容博取热度的 IP 内容。

在这样的严格要求下,芒果 TV 开始持续稳步发力,不断加大对创新内容产出方面的投入,吸纳了一大批年轻、有创意的人才,在内容产出方面积极创新,打造出了一系列知名 IP。基于健全的创作体系和湖南卫视的内容产出经验,芒果 TV 创新式地采用对海量的视频数据进行结构化处理的方法,深度学习用户行为,分析他们的特征和喜好,例如用户的性别、爱好、年龄、关注的明星,喜爱的综艺、电影、电视剧种类等,通过收集并筛选海量的数据,进行深层分析,从而发现用户的关注点、兴趣点,分析出用户的娱乐需求,再综合市场前景等方面,精准地作出内容决策,打造专属 IP,取得了一系列的良好效益。诸如《爸爸去哪儿》《明星大侦探》《妻子的浪漫旅行》以及一些完全诞生于芒果 TV 创作体系的《乘风破浪的姐姐》《披荆斩棘的哥哥》等火热 IP,都是基于芒果 TV 的用户信息结构化处理打造而成。正是芒果 TV 这种结构化处理视频数据进行 IP 定位的方法,使得其旗下众多的综艺节目在定位之初就能够做到有的放矢,赢在起跑线上,持续破圈,收获良好的口碑、经济效益和极高的关注度。除网络综艺外,芒果 TV 还不断寻求其他视频内容板块上的发展,如自制短剧、网络电影等,持续加大创新力度,积极投入,以期打造出特色鲜明、体系成熟、观众买账的视频内容板块,进而带动和提高芒果 TV 平台自身的广度、知名度和观众认可度。

(四) 实施渠道融合,积极寻求合作

一方面,因为芒果 TV 一直以来注重视听内容及平台的交互化和互动化,因此在渠道融合方面,芒果 TV 持续发力,在视听内容的多元化终端分享上持续努力。其中最重要的就是充分利用湖南广电在传统媒体时代的优势,整合湖南卫视丰富的视频资源和芒果平台创新自制的优质内容,以内容这一核心竞争力作为芒果平台实施渠道融合战略的有力抓手。芒果 TV 不仅与湖南卫视之间进行视频资源的互通互传,还利用两者的优质视频内容持续推动与手机端、电脑端、智能电视、IPTV 端以及面向全球用户的海外 App 等多个不同渠道之间的融合发展,甚至可以说芒果 TV 的渠道布局基本上已经涵盖了所有主流媒体形式,联通了国内外的多种渠道。这种多端持续共同推进的渠道融合战略,不管是在目标用户覆盖、增强宣发力量还是在提升品牌影响力上,都对芒果生态融媒体系产生着积极正向的作用。

另一方面,随着技术的更新迭代,视频内容的表现形式和创作方式也在不停地更新升级,因此芒果 TV 从 2016 年开始就在持续地进行长期战略布局,不断谋求提升与外部组织进行交流和连接的能力。早在传统媒体时代,以湖南广电为主体的芒果生态就是一个高度开放的体系,长期以来与多方市场上的主要参与者都有着良性互动。具体到芒果 TV,其与市场上众多行业的佼佼者都有着密切的合作互助关系,以与中国移动的合作为例,中国移动现在是整个芒果超媒仅次于湖南广电的第二大股东,芒果 TV 还和中国移动下属的子公司"咪咕"有着非常密切且成功的市场化合作。同时,芒果 TV 也早已与网络通信、移动通信设备方面的龙头企业华为签订了战略合作协议;此外,还和上海科技大学成立了应用研究室,用以研究传播新技术、5G、VR 智能等新兴的技术性产品,走在一众视频融媒体企业创新技术发展的前列。

就芒果 TV 自身而言,之所以能够做到与多种视频渠道端、多家技术领先企业之间合作共赢,其核心优势在于自身优质化的、难以复制的、受众广泛的视频内容,这显然与芒果 TV 自湖南广电和湖南卫视沿袭而来的"内容为王"的发展体系有着密不可分的关系。芒果超媒董事长蔡怀军回应融媒体发展前景时提到:用户时间和注意力是长视频和短视频争夺市场的关键,现在要与直播抢夺时间,这就需要将长视频的内容和价值发挥到最大。不论媒体如何发展,独特的、优质的、符合受众需求的传播内容都是极其重要且占据主导地位的,至少目前看来,这样一套极具湖南广电发展特色的发展策略为芒果 TV 生态融媒体系的建设提供了不可或缺的助力。

三、"一张网"与"三步走"——技术赋能下的浙江融媒实践

2022年以来,浙江积极探索媒体平台化发展改革,最大化利用技术赋能来推动全媒体传播体系的建构,并在实践中逐步形成了极具浙江媒体融合发展特色的"三步走"战略。浙江省分别通过创建"浙江宣传"微信公众号、设立传播大脑科技公司以及搭建"潮新闻""Z视介"两大传播平台,以"三步走"打通用户、内容和运营的战略理念与技术赋能来推动构建全省媒体融合"一张网"模式,积极探索移动互联网时代媒体融合的创新路径。

(一)"三步走":深度媒体融合的战略进路

1."浙江宣传":以价值主张打造内容精品

2022年5月,由浙江省委宣传部创建的"浙江宣传"微信公众号正式上线。截至2023年12月底共发稿1200余篇,拥有"学习在浙里""解密档案""浙江风物志"等多个话题分类。"浙江宣传"公众号凭借"说人话、切热点、有态度"的价值主张,创作了大量得以"破圈"传播的内容精品。值得一提的是,公众号所发文章的阅读量几乎篇均"10万+",成功做到了内容精品的典范。其中,《"人民至上"不是"防疫至上"》《历史不会浓缩于一个晚上》《要想处置"舆情",先要做好"事情"》等文章收获了广泛的好评。可见,"浙江宣传"的成功实践为新型主流媒体创新话语表达方式、推进媒体深度融合、增强新闻舆论传播力引导力影响力公信力提供了珍贵启示与可行路径[①]。

2."传播大脑":以高水平传媒技术创新引领媒体深度融合

2023年1月,由中共浙江省委宣传部指导,浙江日报报业集团、浙江广播电视集团、浙江出版联合集团、浙江省文化产业投资集团四大省属文化集团携手成立的传播大脑科技公司在杭州揭牌。作为一个新型互

---

① 浙江宣传为什么会火?媒体融合改革先行先试,三位一体缺一不可[EB/OL].(2023-03-15)[2024-11-11].https://baijiahao.baidu.com/s? id=1760399640464974388&wfr=spider&for=pc.

联网公司，采用"国有控股、市场运作、资本参与"的模式运行的"传播大脑"，其目标是明确的。它旨在将浙江省内媒体传播技术的支持模式从小规模工作室转变为大团队协作，并通过建立一个能够承担"技术集成中心、数据交互中台、融合传播中枢"的多功能媒体融合平台，来支持技术共享和生态共建，借助移动互联网的新思维和技术推动浙江媒体的深度融合发展①。"传播大脑"架构如图 2-6 所示。

图 2-6 "传播大脑"架构图

3."潮新闻"与"Z视介"：以用户协同构建两大平台

2023 年 2 月和 4 月，由浙报集团和浙江广电集团分别打造的重大新闻传播平台——"潮新闻"以及重大文化传播平台——"Z视介"相继面世。"潮新闻"通过整合"浙江新闻""天目新闻"和"小时新闻"，成为浙江全媒体传播体系的主力。它采用"移动优先、内容为王、流量为上"的战略，开创性地实施"自设议题、快速制作、纵贯三级"的策略，致力于打造一种高质量、一体化、可持续的新型内容生产和传播生态。经过半年多的运营，目前"潮新闻"下载用户数达 6000 万，注册用户数超过 900 万，日活用户数突破 50 万②。

---

① 周俊杰,张宇宜.媒体要做主流,先要成为技术流：浙江省媒体技术统一平台"传播大脑"在探索中前进[J].青年记者,2023(7):68-70.
② 钱伟刚,徐园.技术赋能打造融媒新格局的浙江实践[J].中国记者,2023(9):66-68.

(二)"一张网":打通技术生态的全面联动

"传播大脑"作为浙江省媒体融合的动力中枢,推动建设全省媒体融合"一张网"架构,并致力于构建以潮新闻客户端为"主力舰"、省市县主流媒体为基础的省域一体化传播格局,以期实现全省主流新闻媒体"对内抱成团、对外一张牌、系统一盘棋"的目标。

1. 重构融合技术底座

2023年,"传播大脑"在成立之初就大力推进融合技术平台的改革,将浙报集团的"天目云"和浙江广电集团的"新蓝云"两朵媒体技术云合二为一为"天目蓝云"融媒平台,并在此基础上打造浙江省媒体融合"一张网",解决了全省媒体技术平台和业务长期割裂的问题。"天目蓝云"以两种服务模式来服务全省媒体。其中,公有云业务主要向区县融媒体中心、各级党委政府组成部门及直属机构、集团企业、学校和行业客户等提供媒体融合的平台服务;而混合云业务是向省级媒体、设区市媒体、省外大型行业客户等提供媒体融合的平台服务[1]。两种服务模式共同构建"一朵云"的技术,形成"一张网"的物理连接基础。平台两云合并与前期浙江日报报业集团三端合一的内在逻辑相似,都是"以减法做加法",在数量的减法中,做大影响力的加法。两云合一,是通过技术平台做大的方式,将服务集约化、集成化,让省市县媒体的数据、用户、内容、流量、影响力等要素更加融通[2]。与此同时,"传播大脑"也在为省级重大新闻传播平台"潮新闻"积极构建技术底座,如在后台专门开设"省媒互通"模块,为其建立每日重点选题共享机制[3],也是旨在以"以减法做加法"的内在逻辑加大聚合三端资源、用户和功能。

---

[1] 传播大脑官网[EB/OL].(2022-2-13)(2023-11-12)https://www.commind.cn/.
[2] 黄云灵,汪驰超.专访张志安:以减法做加法 "天目蓝云"支撑智慧传播[N].浙江日报,2023-03-28.
[3] 内容战队,出列![EB/OL].(2024-02-19)[2024-11-11]. https://mp.weixin.qq.com/s?_biz=MzA5MzAxNjE5NA==&mid=2707594185&idx=1&sn=1121f1122a7bc85c58bda34dba43e304&chksm=b4f262248385eb32ad9a0e9ec4b877bb9404597b76bc8bf4bdc1a27527864c28a7e8fa72ffb1&scene=27.

2.开拓"一张网"应用新场景

随着以"天目蓝云"平台为核心的"一张网"铺开,站在技术驱动融媒传播的"大风口","传播大脑"通过物理的网线连接与延伸,正逐步串联形成以媒体技术统一支撑平台的形式,提供"策、采、编、审、发、管、评"全链路业务解决方案与数字化应用场景拓新。第一,"一张网"联通宣传管理与内容生产。"一张网"与省委宣传部的舆论引导在线平台这一信息化系统进行了有机连接,因此相关的管理数据(管理要求)可以通过"一张网"上传下达,"一张网"可以实时将真实的数据汇总到宣传部,以保证"融媒指数"与"舆论引导指数"等数据的时效性。第二,"一张网"供给优质内容。首先是将优质内容向"潮新闻""Z视介"等平台供给,这是一种"内容频道化"的共享方式。其次是精选稿件推荐,这里分成两类:一类是市县媒体的稿件通过"一张网"向省级平台供给;另外一类,是将非新闻类稿件通过"专题库"的形式向全省的市县媒体共享,如把一些美食、运动、旅游等时效性与实用性不强的稿件聚合在不同频道中,实现媒体共享。第三,"一张网"助力多渠道分发。一方面,市县媒体的内容通过"一张网"以"自下而上"的方式让省级平台帮助放大传播,如自身的平台、央媒或商业网站平台等;另一方面,通过"一张网"联动区域化运营的方式使省级平台与市县媒体互相联动,以带领流量的提升,形成双赢。第四,"一张网"聚合流量变现。以"洪泽"这一产品为例,旨在通过流量聚合提升商业溢价能力,通过数据挖掘优化变现效率等,打通流量变现全流程,如通过提供一站式流量数据对接服务,建立流量快速变现、分成通道,使省内各级媒体产品的流量数据得以便捷、准确地接入平台,形成平台规模效应,挖掘并释放流量增量价值[①]。

3.赋能融媒产业发展

通过在内部建设"一张网","传播大脑"已经与浙江省内的11个设区市建立了战略合作关系,这一合作涉及资金、技术和团队力量的共同投入,旨在形成强有力的协作网络,共同推动资源共享。这一策略不仅加快了全媒

---

① 金春华.浙江媒体融合"一张网"建设启动[N].浙江日报,2023-03-29(2).

体传播体系的建设,而且显著助力了全省媒体的融合发展及传媒产业的进步。同时,通过这种合作,"传播大脑"能够有效地将服务扩展到省内外,进一步推动媒体资本的市场化运作。在外部市场"一盘棋"的拓展方面,"传播大脑"通过明确的五大业务方向——数字融媒、数字传播、数字文化、数字增长、数据智能来探索和拓展省内媒体市场、特定行业市场以及全国市场。公司利用其先进的智能中台技术和丰富的媒体矩阵资源,不断深化和扩展其商业价值,从而在竞争激烈的市场环境中保持领先地位[①]。

(三) 智能变革思维的创造性运用与探索

作为体现改革精神、创新思维、平台逻辑的重大融媒传播平台,"传播大脑"的媒体实践推动构建了智能化数字媒体,并积极探索着更深度的融合变革。

首先,"传播大脑"作为主流媒体的有力支撑,在新一轮数字化变革中取得了主动性与引领性地位。从内容分发的角度来看,算法重构了影响力制造的底层逻辑,这也使得内容分发环节在影响力制造中占据了核心地位。智能传播技术的革新与应用,也将深刻影响数字化媒体的发展以及媒体深度融合的趋势,推动传播新变革的发生。从这个意义上来说,媒体要尤为重视战略性安排的部署,快速、系统、高效地完成重大智能传播平台的设计与构筑。同时更加系统、深刻地把握和跟进智能传播技术的成果转化及发展趋势,并对其进行创新性、适应性地运用,方能在新一轮数字化变革的潮流中获得主动性,并拥有竞争力。

其次,"传播大脑"引领了对智能传播技术的成果转化与融合应用创新。传感技术在传播领域广泛应用以来,极大地增强了媒体的感知传播能力。这种进展促使交互式传播成为一种更为关键的传播手段和形式,并且显著提升了体验式传播的优势。此外,这种技术的运用使得传统的阅读、观看、听觉等单向传播模式转变为多维度的互动传播形态,进一步适应了实时、个

---

① 余旻佳,林露涵,张宇宜.媒体融合改革之战 浙江技术"护卫舰"传播大脑启航[J].传媒评论,2023(2):9-11.

性化的用户体验需求,展现出全新的发展方向。总的来看,"传播大脑"创新性地使用前沿智能传播技术,并对现有成熟技术进行高效性、系统性整合,探索性地跨界运用多方领域的技术成果,以推动融合应用产品及场景的创新。

最后,"传播大脑"有效提升了主流传播体系的竞争力。从发展的眼光来看,媒体终将成为枢纽型媒体,亦即成为信息服务与社会服务的重要信息中枢,或是社会生产体系的重要中枢环节,而不只是一个分支领域。如今新生勃发的"传播大脑"不仅成为浙江新闻宣传系统的智能技术底座与智能传播平台,为浙江新闻传播体系构建赋能,更有潜力成为更大区域政治、文化、经济、社会运行的协同平台与枢纽形态,从而进一步有效提升主流媒体融合传播的影响力、公信力和竞争力①。

四、"内容+运营"双驱动下的澎湃新闻

作为上海报业集团改革后的第一个成果也是最重要的成果,澎湃新闻一问世,就成为业界和学界关注的焦点。澎湃新闻站在了新旧媒体融合的风口之上,在传播内容、传播渠道、传播战略等层面都有颠覆性的变革,其市场性整合资本的方式,为中国传统媒体的转型提供了思路。澎湃新闻常务副总编辑李嵘针对此曾言,澎湃新闻作为国内最早、最彻底地从传统媒体成建制整体转型而来的一家新媒体,将朝着"更加彻底的全媒体化、更加新型的平台化"的目标前进。

澎湃新闻在"内容为王"的定位下,专注政治思想领域的内容生产,致力于利用追问与跟踪实施深度报道,构建移动端、互联网、纸质等平台的媒体矩阵,其媒体融合实践为新旧媒体的融合之路掀起了一股"澎湃之风"。自2014年7月23日正式上线以来,澎湃新闻每年都会在周年庆时推出一项新业务,也时常可见一些小变化、微创新,主要是以创新来带动新媒体以及整个队伍保持求变求新的状态。

---

① 陆小华.以智能变革思维透视并赢得智能变革先机[J].青年记者,2023(5):84-86.

(一)原创报道"硬核化"

在新媒体时代,短平快的视觉审美趋势不仅在大众间悄然盛行,还影响着各地市融媒体中心的内容生产方式。短视频的兴起让许多主流媒体试图在这一市场中分一杯羹,它们为了迎合大众审美,不惜丢失以往"内容为王"的主阵地,转而向短视频内容生产方向发展。在这期间,澎湃新闻坚守内容阵地,始终认为"打天下"一定靠的是内容,优质的内容生产恰巧是新媒体迅速发展的时代所欠缺的,也是时代的刚需。"澎湃人物"这一栏目的点击量完全能阐释这一问题,证明碎片化阅读时代人们对深度内容依旧渴望,如《疫情中的"少数"》(阅读量3万+)、《去巴基斯坦娶亲的男人们》(阅读量10万+)等。澎湃新闻对于国内重大事件的报道从不缺席,从疫情防控到洪灾,一旦有热点事件发生,总能第一时间看见澎湃新闻记者的身影,也正因此,澎湃新闻产出了一系列优秀的报道。在融媒体技术发展的催生之下,澎湃新闻虽表现形式近乎于传统报纸,但从新闻客户端的总体设计来看,其已经摒弃了传统的新闻生产方式,主要表现在:客户端中的新闻产品没有提要,图片和标题占的比重较大,对受众而言,在视觉上形成了较大冲击力。正如编辑程娱所言:"图片好,这也是对好新闻的要求。做App,如果图片具有较大的信息量,可以帮助用户更好更快地判断是否要点进这条新闻去看。同时,澎湃新闻的标题比较长,也比较详尽,这和纸媒标题不同。在信息碎片化时代,这种方式也比较符合快餐式阅读的特点,既照顾到用户在首页浏览筛选的效力,又不会让用户错过他感兴趣的内容。"这一创新点也体现了澎湃新闻对内容创作的深耕。

澎湃新闻与各大平台的合作主要通过版权协议合作的方式开展,这也是澎湃新闻创收的来源之一,之所以能够创收,也完全依托于澎湃新闻优质的内容生产。通过借助平台的力量,澎湃新闻原创内容的传播能收到更好的效果,而对于平台来说,利用澎湃新闻提供的内容可以吸引受众,这是一种双赢。实际上,澎湃新闻的平台化建设除了自有平台,还借助现今发展态势越来越好的各大新媒体平台,如微信、微博、抖音等,进行内容的聚合与分发。当然,在自有平台和全网平台上分发的内容会根据平台的受众特征而有所不同,以此实现全媒体发展,在增加内容深度的同时,加大平台的互动化程度,提升澎湃新闻内容的到达率和影响力。

(二)筑牢国际传播阵地

面对新媒体技术快速发展和形势变化带来的挑战,澎湃新闻"守正创新"并始终坚持"四化",即平台化、主流化、生态化、全球化。平台化,即澎湃新闻不满足于起初的以原创内容为主,向着建设开放性体系的目标坚定前行,澎湃新闻在实践中总结出,开放性作为互联网内容的一个基本特征,是媒体在技术洪流中一直需要面对的问题。主流化,即澎湃新闻要守好主流媒体阵地,不做小报、小网,不丢掉原有的宗旨与定位。生态化指的是,在整个生态链中,澎湃新闻致力于上下赋能,向上下游产业链拓展能力。全球化指的是,做一个全球性媒体是澎湃新闻一直以来的长远目标。对于"四化"中的全球化建设,澎湃新闻自创建以来都将其摆在融媒体建设目标的首位,将传播中国声音作为使命与担当。2016年4月,澎湃新闻团队精心打造的英文新媒体项目"第六声"(Sixth Tone)正式上线,这是当时中国第一家全数字英文媒体。定位于向海外社会讲好中国故事,"第六声"通过深入和充满人性视角的原创报道,展现中国普通人在现代化进程中的经历、思想和面临的挑战,以及中国改革发展中的成就、变化和思考,产出的作品已在国际上斩获多项新闻大奖。在数年的积累下,"第六声"迅速吸引了一批西方知识精英和青年读者的关注。目前,其海外主要社交媒体平台上的粉丝总数已突破60万。同时,西方主流新闻机构、记者同行、西方中国问题著名专家学者、智库和高校、权威国际组织等,也时常推荐、引用、转载"第六声"的原创报道。

(三)首创时政类内容交互式运营模式

澎湃新闻在媒体融合探索中一直注重社交化平台的建设,并在此基础上创设了新闻问答的交互式运营模式,消除了时政新闻应有的严肃性,提高了大众参与时政、主动了解时政的积极性。澎湃新闻立志成为"中国第一个新闻问答产品",通过互动使新闻内容不断更新。澎湃新闻在网页、客户端、微博微信等设置了追问与跟踪两个新闻功能,这些功能设置一方面利用互联网资源实时更新新闻数据,减少人力物力资源浪费;另一方面通过用户点击跟踪,实时了解新动态,增强了用户黏性,满足了用户对新闻内容快速更新的需求。从澎湃新闻的时政问答功能和跟踪功能设置,可以明显看到国外经验的本土化创新性转化,看到美国《赫芬顿邮报》的影子。在传统媒体的运营中,该报在贴近用户上追求极致。视频直播过程中,澎湃新闻直接邀请用户、专家作为节目嘉宾进行点评或者讨论,而实时滚动的字幕则是台下受众参与的重要渠道,他们可以利用互联网在该字幕屏上发声,主持人可随时挑选有价值有意义的问题进行点评,真正让受众参与到整个视频制作中。澎湃新闻在传统媒体向新媒体转型之际,抓住了社交化、交互性等多样特征并将其纳入转型改革的重要方略中,将"用户至上"融入了澎湃新闻生产的各个环节。

澎湃新闻借助新媒体平台进行的追问和跟踪功能拓展了新闻内容的获取渠道,改变了传统媒体新闻以记者为桥梁,与政府、企业或者社会团体进行对接的传统采集模式。新闻追问功能的开发一方面通过提升受众的参与感提升了新闻的关注度;另一方面拓宽了新闻内容信息源的广度,真正满足了新闻对真实性的需求,彻底改变了新闻的信息源头,让受众参与的模式在澎湃新闻的新浪微博账号上体现得较为明显。

澎湃新闻的新浪微博平台已有3000多万粉丝。站在国际传播的立场,澎湃新闻实时跟进报道相关时事新闻。2022年2月25日,有关"俄军坦克已抵达基辅周边,俄乌双方正在激战"的新闻通过连线避难所中国留学生,采取了直播形式,直播间的观看人数近500万。新闻直播让人们真实地感受到了战争现场的状况,比文字更能产生共情,相关话题每3小时更新一次,阅读量均超过100万。

(四)内容风控模式创新

互联网的迅速发展一方面拓展了内容生产的获取和发行渠道,另一方面增加了内容生产的风控难度。传统的广播、电视、报纸将内容生产和传递的渠道拓展到了新媒体之外,传统媒体的公共属性迅速扩大,内容传播涉及的范畴更为广泛。针对内容生产的风险,国家出台了一系列政策、法律规范,以期保护虚拟空间的创作生态。多维度的规章制度主要围绕着技术配备、过程监管、队伍建设等层面进行。然而在新媒体场域中,不同平台用户生产的内容、形式都各不相同。在传者和受者、内容生产者和内容接受者的身份不断对调的情况下,有关音频、视频、文字等内容的生产质量良莠不齐,以致网络暴力、内容低俗、谣言等现象频发。在人人皆可成为自媒体内容创作主体的时代,优质内容输出比例越来越小,带来了内容生发破坏力和杀伤力的隐患。内容种类繁多、数据海量以及不断提升的时效要求等,对内容风控提出了更高的要求。

新媒体技术的发展提升了内容风控的难度,降低了内容风控的效度。目前存在的第三方内容风控服务通常分为以技术为主的智能审核和以人力为主的精准审核两种类型。然而,这两种服务都有其自身的局限性。面对互联网内容数据量的增长和内容安全的监管要求,内容风控市场已经积聚了巨大力量,澎湃新闻已经逐渐形成了规模较大的基于第三方内容监控的风控市场。内容审核行业处于发展初期,具有专业化、规模化、产业化趋势,产业规模将伴随互联网内容产业发展持续扩大[1]。

在媒体融合发展过程中,澎湃新闻在内容风控领域的探索既能提升平台影响力,拓宽业务渠道,也能满足自身内容风控需求。前面提及澎湃新闻定位在时政和思想类的内容生产,因此,在政策导向把控和解读上,澎湃新闻一直走在全国前列,其监管标尺逐渐上升为行业标准。澎湃新闻风控的行业标准的实施,不仅表明其具备新闻预判流量点的能力,还能净化网络环境,提升网民对政策指令的认知程度。自新媒体平台上线以来,借助于澎湃新闻高素养的人才队伍,澎湃新闻的原创新闻质量和数量均得以大幅度提升,从原有的传统平台400多条到现今的上千条,再到政务和媒体平台的上万条内容。内容不断增多从侧面反映了内容监控的任务量在不断加大,因此,澎湃新闻利用自有技术与头部技术企业的合作,打造了基于

---

[1] 李建华,林祥,马颖华.信息内容安全管理及应用[M].北京:机械工业出版社,2021:6-16.

"人工+智能+制度"的具有自主知识产权的风控体系。澎湃新闻在内容审核行业上的天然优势,尤其是在时政新闻审核上的优势,稳固了其在行业领域的核心地位。

面对新技术衍生的新困局,第一,澎湃新闻从顶层设计层面建立了完备的制度机制,其持有互联网新闻信息服务许可证、广播电视节目制作经营许可证等专业证照,可为内容风控提供专业领域的有力支撑。第二,在人才队伍建设上,澎湃新闻在前后十余年的丰富媒体实践中不断进行人才培育,尤其是培育人才的内容风险管控能力,风控人才的储备是澎湃新闻持续发酵高价值时政新闻的重要因素。第三,全过程性把控是澎湃新闻能独树一帜的重要原因。在原有的局部把控的基础上,澎湃新闻完善了内容审核全过程。为了提升内容审核的质量和效率,澎湃新闻采纳了从二级到四级的分层审核流程,并整合了自主研发的智能技术平台与人工审核团队。这一系统能够全天候(7×24小时)监控图文、视频和音频内容,确保能够及时发现并处理风险内容。多级审核流程使其能够深入分析和审查各类媒体内容,保障审核工作的准确性和可靠性。第四,建立语料库,对敏感词汇、多用词汇、专业词汇等进行分类库存,方便样本对比,利用大数据进行数据库的实时更新。第五,不断优化升级研发平台。在自有技术的基础上,澎湃新闻为提升风控能力,除了培育人才队伍,也不断借助头部技术企业进行人工智能研发与利用,以此提升平台的风控智能化处理能力,比如在自然语言处理,语料库增量,图片与视频、音频等内容的升级上,尽量与人力协作,达到最佳风控效果。

五、封面新闻:布局未来的"智"式媒体融合

2015年10月28日,由四川日报报业集团打造、《华西都市报》融合转型的新型主流媒体——封面传媒正式成立,并开启了"互联网+媒体"新征程。封面传媒旗下的核心产品——封面新闻客户端,于2016年5月4日正式上线。同年6月,该客户端获得国家互联网信息办公室颁发的互联网新闻信息服务许可证,业务种类为"互联网新闻信息采编发布、转载服务"。封面新闻成为全国

范围内第二家、西部地区首家获得一类互联网新闻信息服务资质的新闻客户端。封面新闻 App 在 2018 年首届中国新媒体年会上荣获国内十大"最具影响力主流媒体新闻客户端"的称号,与人民日报社、新华社等一同获得该殊荣,同时封面新闻在西部地区成为唯一获得此称号的媒体。截至 2020 年 12 月 22 日,"世界媒体 500 强"公布了 2020 年度的排名,封面新闻位列第 344 名。这已经是封面新闻连续第 8 年成功跻身"世界媒体 500 强"榜单。

(一)顺应媒体融合趋势,积极创新发展

封面新闻诞生于《华西都市报》,《华西都市报》是 1995 年 1 月 1 日起由四川日报报业集团主管主办的中国第一家都市报,彼时一度引领了中国报业的都市报发展潮流。2014 年,习近平总书记主持召开中央全面深化改革领导小组会议,会上讨论并通过了《关于推动传统媒体和新兴媒体融合发展的指导意见》,将媒体融合发展提上了日程。彼时的《华西都市报》已经感受到了新型媒体蓬勃发展带来的压力,为了扭转自身在互联网媒体发展时代日益被动的局面,顺应媒体融合的潮流趋势和新技术新时代的发展,2015 年 10 月,四川日报报业集团正式打造出了由《华西都市报》融合转型而成的新型主流媒体平台——封面传媒。四川日报报业集团对封面传媒寄予了厚望,期待借由封面传媒平台开启集团新发展阶段"互联网+媒体"的新征程。

封面传媒成立后便开始了大刀阔斧的改革,从纸质版转变为电子版、传统编辑部改为智能编辑部等众多方面着手,对互联网媒体时代的种种新技术、新形式进行全方位的学习和吸收。在与《华西都市报》融合路径的选择上,封面新闻选择并实施了"121 战略":第一个"1"是指一支队伍,除却《华西都市报》夜间版面的编辑和发行人员,其余人全体转到封面新闻,做到以封面新闻为主平台、主阵地;"2"是指双引擎战略驱动,实现封面新闻和《华西都市报》的双品牌引领,把"技术+内容"作为标志性符号,打通两个品牌的资源优势、人才优势、技术优势共用共享;第二个"1"是指一体化运营,包括组织和管理架构、项目策划、考核机制等在内的一体化运营。这种创新式的融合发展路径,破除了传统媒体和新兴媒体间的壁垒,真正实现了媒体融合从"相加"到"相融"。

如今,《华西都市报》从纸媒品牌成功转移主阵地,并通过优厚的待遇吸引招纳了众多高素质技术人才,完成了团队的组建。同时封面新闻还坚持以前沿科技为核心驱动,以原创为显著特征,借助数据挖掘、机器学习与写作、兴趣推荐算法,确立了"移动优先、视频优先、故事优先"原则。通过一系列融合战略的落地实施、智媒体建设的不断深入、全场景内容新生态的建立,封面传媒取得了良好的成绩,截至2019年,封面新闻用户规模显著提升,总用户数超过了4200万,同时经营业绩也显著提高,收入同比也取得了大幅增长。

(二)现代技术驱动,打造新型"智媒体"

封面新闻自上线起,就致力于重构移动互联网时代的传播形式和媒体样态。为了避免出现单纯地把报纸搬上手机这样换汤不换药的问题,同时在互联网传媒战场建立自己的特色,封面新闻高度重视使用创新技术在传播中的运用,坚持将数据驱动作为首要发展战略,实现技术与内容双管齐下。在新技术的支撑下,封面客户端实现了为每一位用户提供沉浸式视听体验的人工智能传播,封面新闻也成为独一无二的"智能+智慧+智库"的三智媒体,以现代技术手段丰富便捷新闻生产传播全过程。

2016年,封面新闻投入机器写作领域,同年12月完成设计并上线了编发机器人"小封",并由"小封"完成了其首条新闻的编发工作。2017年10月,封面传媒经过不断努力,终于在自主研发技术上取得突破性进展,"封巢"智媒体系统在封面传媒正式上线启动使用,这一新型人工智能媒体融合平台包括"AI+媒体"、全网采集等技术,宣告封面传媒正式进入智能化新闻生产阶段。而在"封巢"系统上线后,传统编写人员被编发机器人"小封"替代,"小封"成为封面新闻的新式员工。"小封"展现了出色的工作能力,每日投稿量平均超过300篇。它的作品涵盖医疗、体育、财经等多个领域。尤其值得一提的是,在世界杯期间,"小封"所创作的新闻稿件数量超过了600篇,并且总阅读量超过2亿。除了编写新闻,"小封"还具备多种媒体工作的协助功能,如资料的梳理、收集以及敏感词汇筛选等,真正实现了人机互联,但这也从另一个层面上给采编工作人员带来了巨大压力。此外,"封巢"系统还以数据为核心,通过内置的四大系统——抓取全网线索、可一键派发的热点监控系统,急速获取、按需定制的全网采集系统,一次生成、多样分发的内容管理系统,全网流量监控的自动化传播检测系统,人工智能被植入现有新闻生产的全过程中,实现了新闻生产传播的智能化、交互化以及科技化。

2018年,封面新闻着手实施平台深度融合发展,并坚持以新型媒体为发展方向。为了实现这一目标,封面新闻制定并实施了"121战略",即《华西都市报》与封面新闻"一支队伍、两个平台、一体运营"。封面新闻成为主阵地、主平台、主驱动、主战场,推动《华西都市报》与移动互联网平台的有机融合,让主力军进入舆论传播的主阵地。

2018年5月,封面新闻发布了其4.0版本,此次升级重点在于打造融合"视听读聊"的综合媒体平台。第一,"视"。封面新闻将视频内容放在战略核心位置,显著增加了视频新闻的生产数量,确保视频质量高,视觉效果吸引人。平台特设了"直播"和"30秒"两个特色视频板块,并在各个频道广泛整合视频内容,实现了全方位的视频化传播。第二,"听"。除了视觉内容,封面新闻也加强了对听觉媒介的创新性开发,自2017年初探索音频新闻后,2018年正式推出了"听封"音频板块,并在所有频道推广"播报摘要"功能,支持用户点击语音播报按键,快速进入听新闻模式,进一步丰富了用户的新闻消费体验。第三,"读"。用户在使用封面新闻App时,除了浏览平台自动推送的内容,还可以通过搜索,进行新闻内容的筛选和选读,极大地提高了用户的使用体验。第四,"聊"。基于封面新闻独创的智能机器人"小封"以及与微软合作打造的机器人"小冰",用户可以在封面新闻App中进行人机互动,满足了部分用户在现代社会进行情感交流的需求。正是基于新技术的迅速发展,封面新闻做到了用户体验的"视听读聊"全方位智能化覆盖,显著提升了平台的效益和传播力。此外,封面新闻还从智能技术、智慧内容、智库运营、智媒新基建四个维度持续发力,尤其在内容生产、分发和媒体管理运营等环节,推动媒体融合纵深化,并辅以配套的建设目标,即重视技术引领、加强技术投入、建强技术团队,"智媒体"成为其技术驱动努力下的定位。

(三)打造媒体矩阵,布局泛内容生态平台

封面新闻除了依托于自身打造的封面新闻客户端,还在微博、抖音、微信、论坛等互联网平台上申请设置专属栏目,建立同款频道,同时还一直致力于打造全面一体的媒体矩阵,包括封面直播、封面视频、封面数据、封面云商、封面号、封面舆情、封面智库、封巢智媒体、封面微博、封面微信等众多业态矩阵产品,形成了全覆盖的强大移动传播矩阵,提高了在受众群体中的传播力、引导力、影响力和公信力,收获了业界的普遍肯定。

面向不同年龄、不同职业、不同需求爱好的广大用户群体,封面新闻布局泛内容生态平台,做到了最大限度的用户群体全覆盖。第一,封面新闻客户端。封面新闻客户端作为《华西都市报》深度融合与转型的载体于2016年5月正式上线,用户年龄多为20~35岁。封面新闻客户端通过有效创新,积极与年轻用户群体进行衔接,产出相关新闻内容,不断向着联通"亿万年轻人的生活方式"方向发展和完善。第二,封面视频。封面视频的发展策略"视频优先"引领了封面新闻全面的视频化转型。该平台积极发展其5G智媒体视频实验室,并利用AI技术,致力于成为新闻视频、MR视频以及媒体视频云应用技术标准的开发者与领导者。在直播领域,封面新闻通过引入AI主持人和创新技术,增强了直播内容的丰富性和观众的参与度,提升了直播效益,巩固了其在国内媒体直播生产领域的领先地位。同时,封面新闻在构建产品矩阵的过程中,重视用户数据的深度分析和应用,不断完善用户画像,积极探索用户社群关系,通过数据多维可视化建设,扩大企业客户数据库和物联网数据的应用场景,从而提供更优质的服务并加速用户增长。第三,封巢智媒体。封巢系统是封面新闻自主研发的智能融媒体生产系统,是封面平台的内容生产、运营操作主系统。通过不断地研发优化,如今的封巢系统已经实现了新闻产出全流程的智能化,做到了高效人机协同生产,真正意义上打造出了封面智媒体加工厂。第四,封面号。封面号是封面传媒利用移动互联网产品——封面新闻所建立的内容分发平台,旨在强化专业机构的声音,为用户提供多样化的原创内容。该平台主要面向青年群体与政务人士,用户可以通过此平台上传并发布信息,与其他用户进行信息传播和互动交流。平台的设计目的是提供一个开放的交流平台,促进信息的共享和知识的传播。

新媒体的迅猛发展固然打破了以传统报业为代表的旧主流媒体的大好形势,但同时也加速了传统报业等主流媒体进入新媒体、融合发展的进程。在全媒体时代下,一如《华西都市报》在内的主流媒体必须敢于创新,积极推进媒体平台、媒体渠道的融合,确定接轨发展潮流、面向未来的发展方向,《华西都市报》的积极创新就提供了成功、生动的案例,造就了封面新闻的崛起。面向未来,封面传媒定下的目标是打造"引领人工智能时代的泛内容生态平台",从80后、90后这些第一批接触网络的用户群体的精神需求出发,在人工智能、大数据以及虚拟现实等先进技术的支持下,联通媒体、电商和文娱三个领域,创造新型智能融媒体生态平台,吸引并造福亿万年轻用户,完成封面媒体平台与世界的全面连接。

第三节　市县级媒体融合经典案例

习近平总书记在 2018 年 8 月召开的全国宣传思想工作会议上明确提出"要扎实抓好县级融媒体中心建设,更好引导群众、服务群众"。建设县级融媒体中心对于搭建基层百姓与党委政府沟通的桥梁具有积极意义,它能够将基层问题解决方案直接反馈给基层,切实推动基层宣传思想工作的强化。此外,建设县级融媒体中心还能够加速农村脱贫发展,为农村精神文明建设提供技术保障和支撑,并帮助解决"三农问题"。它为农业产业化和市场化提供了平台,加速了农业与市场的对接。自从《关于推动传统媒体和新兴媒体融合发展的指导意见》发布以来,市县级媒体融合发展已经进入爆发阶段。县级融媒体建设已经在全国范围内扩展开来。统计数据显示,近 95% 的县区至少拥有一种融媒体平台,超过一半的县区具备了多元化的融媒体平台。这些平台的主要内容包括政务、农业、文化和交流,与乡村振兴政策相互呼应,助力乡村发展。目前,县级融媒体中心试点工作进展顺利,已经基本完成了预定目标,有些地区甚至超额完成了任务。北京市是率先建设的例子,已经建成了 16 个县级融媒体中心。截至 2019 年 6 月底,福建省(84 个)、天津市(16 个)、江西省(100 个)以及新疆(85 个)的建设工作也取得了显著进展。截至 2019 年底,上海、江苏、浙江、湖南、湖北、广东、广西、四川、贵州和吉林等省、直辖市、自治区实现了县级融媒体中心全覆盖。在实践中,县级融媒体中心试点建设根据高效率的指挥和工作系统产生了几种模式:一是报系模式,二是广电系模式,三是合作模式,四是公司系模式。

县级融媒体中心运营的基本经验是:传播机构有变,党媒属性不变;体制机制有变,方向导向不变;技术手段有变,服务宗旨不变;创收模式有变,价值取向不变。① 各地在加强建设新闻传播主业的同时,还在积极探索运营新模式,努力将融媒体中心打造成为综合性信息服务平台。这些平台不仅旨在树立政府的良好形象,也致力于为民众发声,建立党和群众间的沟通桥梁。融媒体中心成为推广主流思想舆论、服务公众生活及连接新兴媒体应用的重要阵地。本节选取了苏州广电、绍兴、红星新闻、长兴、赤壁、尤溪等地融媒体中心建设作为案例,剖析县级融媒体建设立足本地民生,发展"在地政治,助力政府治理"的路径,以及县级融媒体在"原创、精品、深度、本土"等层面提升传播力、影响力和舆论引导力的方略。

一、从"相加"到"相融"——赤壁融媒体中心的创新路径

(一)"相加":传统发展模式的逻辑闭环

2018年融合之路开启后,赤壁广播电视台转型改称赤壁市融媒体中心。赤壁市融媒体中心深刻意识到要确保县级融媒体中心在新闻传播中有效地发挥作用,并在基层市场站稳脚跟,关键在于以下几个方面:首先,中心需要紧密关注并了解当地受众的需求和偏好,以此来调整和优化内容输出;其次,增强与受众的互动,利用现代化的传播工具和平台,提高信息的覆盖率和触达效率;再次,培养专业的新闻采编和技术团队也是提升新闻质量和传播效果的关键;最后,实施有效的监测和反馈机制,以确保内容的及时更新和准确性,同时调整策略以应对不断变化的媒体环境。"2017年以前,赤壁广播电视台虽然管理运营了多个媒体平台,但媒体仅仅只是简单地相加,没有发挥'1+1>2'的效果。"赤壁广播电视台党组成员、赤壁网站站长周琴介绍说,电视台、广播电台、网站、报纸等多个部门,各有各的采编流程,各做各的媒体产品,采编业务部门存在采编岗位设置重复、资源利用不充分等问题,造成了资源浪费和效率低下。对此,赤壁市融媒体中心摸排现有情况,从以下几个方面查找原因,实现发展中的自我救赎。

---

① 张君昌.我国县级融媒体建设现状调查及发展路径思考[J].北方传媒研究,2019(5):6.

1. 形象弱点

形象包括外在形象和内在形象,一方面,赤壁广播电视台转型之后遇到的第一大难题,就是其外在形象没能与身处的舆论阵地身份相匹配,配套的摄像机、编辑器、传播设备等硬件设施没能适应时代发展需求,许多记者外出采访遇到的尴尬局面就是用摄像设备拍摄的视频可能不及现有手机拍摄的画质水平,遭到了很多被拍摄者的质疑。另一方面,县级党委政府与人民群众对赤壁广播电视台的认同度较低,其内在形象也不佳。某工作人员描述当时的尴尬境地时说:"老百姓对我们也不是很认可,因为我们没有用这个窗口履行自己应该有的责任,没有做出什么东西来。频道可能会有一些广告,但这仅仅是为了创收,让工作人员有饭吃,也不是他们接受的一些东西,因为正能量不够……本来是人民群众的一个窗口,这个窗口自己都不擦亮。"

2. 生产断点

由于受众精准固定,内容生产的本土化十分关键。从赤壁市以往的内容生产来看,围绕时政领域生产的内容较多,比如领导开会、调研等,其余内容更多的是电视剧转载等,依托于本土资源围绕地方经济社会发展和人文素质提升的内容少之又少。正如采访时,赤壁市融媒体中心工作人员所言:"你不考虑用户的需求,盲目生产低劣的产品出来,谁需要新闻垃圾产品?"而导致内容生产出现断点的原因则是人才队伍改革不够彻底。首先,基层工作人员没有转变"等""靠"的思想观念,失去了主动策划的能力和为人民服务的意识,因此内容生产没有办法贴近老百姓生活。其次,基层工作人员专业能力缺失,县级媒体较难留住专业人才,人才引进非常难,原因一是县级城市的生活环境、教育环境等各种环境不足以吸引人才;二是县级媒体盈利能力较弱,微薄的广告收入并不能留住人才。而现有人才结构性缺失,工作人员长期没有外出交流学习,他们已有的专业知识结构难以满足现阶段市民群众对新闻信息的更高需求,特别是在新媒体环境下短视频内容的冲击之下。

3. 保障痛点

机制保障一直影响着县级媒体的健康发展。在新媒体环境下,配套的人才机制、组织架构等适应不了全面深化改革的需求,事业编制一定程度上保障了人才的"铁饭碗",却使工作人员失去了创新能力和动力,缺乏内生动力成为县级媒体发展的瓶颈。县级资源本就稀缺,以往广播、报纸、电视三张皮,往往三家媒体各自为战,一方面造成了资源浪费情况较为严重,尤其是人力资源浪费;另一方面,面对市场狭小等问题,三家媒体抢夺资源,容易造成恶性竞争,媒体运营进入恶性循环模式,以致产生"1+1<2"的效果。

技术保障成为弱项。在没有任何改革之前,地方的信息化和技术化的应用对于内容生产和传播能力建设的支撑作用发挥不足,仍停留在传统的广播和电视上,但受众的喜好已经转变到手机等移动端来,小屏的内容生产和经营思维还未出现,更不用说"三屏"联动的融合方式。这一现象背后的逻辑在于"还没有考虑到我们的对象在哪里、用户在哪里,还是照老一套搞生产,那不行"。

因此,需要通过技术化和信息化的改造,把主力军真正引进现在的主战场,即以手机屏、电脑屏、电视屏等移动端为支撑的新型主流媒体。

(二)"相融":形成集中统一的传播优势

媒体融合,融的是观念和思路,合的是内容和技术,而非简单的物理捆绑。如何才能打破固有的体制机制和思维定式,产生"1+1>2"的化学反应?破题从打破部门壁垒开始①。

1. 整合八大平台,构建一个中心

"我们打破了原有的以媒体属性来设定部门的建制体系,按照做强宣传主业、做好社会服务、搞活经营发展的思路对机构进行重构和优化。"赤壁市融媒体中心策划编审部负责人马春霞介绍说。2018年,在赤壁市委、市政府的大力支持下,赤壁市融媒体中心诞生,该融媒体中心集结了电视台、广播

---

① 姜晓晓,王金晶.赤壁:县级融媒体建设的鲜活样本[J].政策,2019(5):36-39.

电台、赤壁报、政府网、云上赤壁App等媒介终端,将其整合为一,形成"一中心八平台"的"1+8"宣传矩阵,如图2-7所示①。比如信息采集过程中,实现图片、视频以及文字同时抵达智能采编平台("中央厨房"),然后根据各个平台需求各自编发内容,实现用户群的精准推送②。

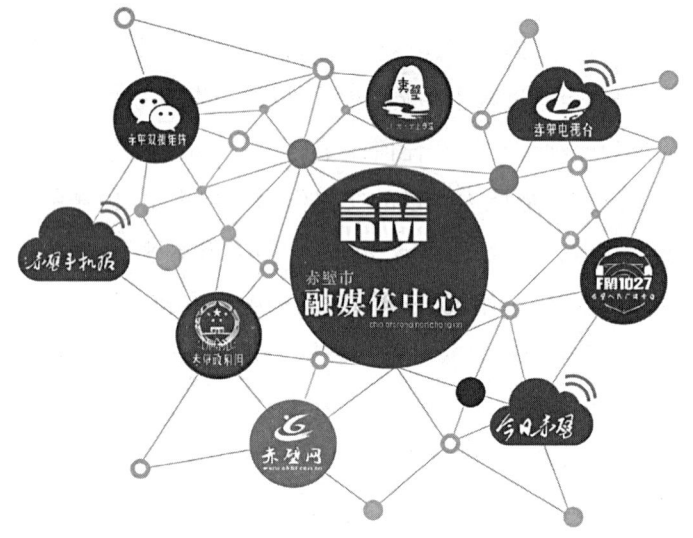

图2-7 "1+8"宣传矩阵③

作为咸宁市第一个县级移动客户端,依托长江云打造的"云上赤壁"手机客户端,是融媒体中心的"旗舰阵地",整合广播、电视、网站、报纸等全台媒体资源,借助"云上赤壁"移动终端,建立了"头条""湖北""咸宁""赤壁""视听""视频""两微""政务""服务"等栏目和中心工作专题,全方位推送新闻、政务、社会事务资讯,初步实现了传统媒体与新兴媒体在形式和内容上的融合。

---

① 周叶美.县级媒体融合发展的突围之路分析:赤壁市广播电视台媒体融合建设[J].现代商贸工业,2019,40(34):30-31.
② 姜晓晓,王金晶.赤壁:县级融媒体建设的鲜活样本[J].政策,2019(5):36-39.
③ 周叶美.县级媒体融合发展的突围之路分析:赤壁市广播电视台媒体融合建设[J].现代商贸工业,2019,40(34):30-31.

2. 打造"一次采集、多种产品、多媒体传播"的融合流程

赤壁市融媒体中心虽为国家级试点单位,但为了节约成本,没有新建融媒体中心大楼,而是在原有广播电视台办公大楼的基础上稍作完善,投资200多万元建设了指挥调度中心与智能采编系统,实行轻资产模式运营①。融媒体中心借助底层技术的信任机制,为提高效率,方便规范化管理,所有"策、采、编、播、发"等流程都需要在系统内完成,一方面便于资源整合,另一方面方便留痕,对工作量核算和流程具象化有极为重要的作用。

赤壁市融媒体中心打破报纸、广播、电视、网站、新媒体采编部门相互分割的藩篱,推出全新的内容创作机制。比如重大新闻事件的报道极为考验融媒体中心的团队运行能力,融媒体中心第一时间进行选题策划,并迅速调动全媒体团队奔赴现场采集图片、文字和视频信息,通过新媒体平台第一时间将资料传送至采编系统。这一流程中,"云上赤壁"抢时效性,做到新闻首发,树立信息权威,提升平台的公信力和传播力;其他平台则根据个性化需求,对内容进行深度挖掘和补充,既避免了以往内容同质化严重的现象,又满足了各个平台受众的个性化需求,构建起"新媒体首发、全媒体跟进、融媒体传播"的传播格局。在湖北省103个县级云上平台中,"云上赤壁"以各项综合指数的亮眼表现,从2018年至2023年,连续6年获得长江云平台最佳运营单位②。

3. 创新"新闻+"传播模式

媒体融合发展,离不开对功能和定位的考量。"要发挥主流舆论场的作用,关键是更好的传播形式和更优质的内容。"赤壁市融媒体中心主任彭志刚说,"县级融媒体中心的优势除了集聚媒体资源,还在于根植基层、深耕本土。"

为政务服务。赤壁的融媒体平台,不仅第一时间提供资讯,满足人们的知情权,为了服务于民,还搭建了网上办公的政务服务桥梁。该市通过"新闻+"的模式,比如"+政务""+问政"以及"+服务"等新型政务模式,真正地

---

① 张雪霖."轻资产、重功能":中西部县级融媒体中心建设模式探索:以湖北省赤壁市融媒体中心建设为例[J].中国媒体发展研究报告,2020(00):44-56,200.
② 姜晓晓,王金晶.赤壁:县级融媒体建设的鲜活样本[J].政策,2019(5):36-39.

满足了群众办事"最多跑一趟"的需求。目前,已有31个政府部门和17个乡镇(办、场)进驻"云上赤壁",网上办事、查询、医疗、教育等功能一应俱全[①]。近年来,赤壁市融媒体中心通过科学设置服务类别,不断丰富服务内容,优化提升服务功能,让指尖上的便民服务达到5大类61个具体服务项,几乎涵盖了"衣食住行业教保医"等方方面面,比如查公交、供电服务、供水服务、燃气服务等,贴身服务市民群众,进一步增强了"云上赤壁"移动端的用户黏度。为打造"指尖上的政务服务中心",主动感知修复群众与政务之间的需求沟壑,赤壁市融媒体中心利用平台打造疑难解答、医疗报销、申报审批、投诉处理等一站式服务,创新了"四单"模式,如图2-8所示:"市民群众下单+媒体平台派单+单位部门接单+纪委监委督单。"月均收到留言信息102条,回复率达到100%,处理办结率达到98%以上。针对近年来的疫情防控工作,融媒体中心全力配合举办新闻发布会7场,累计浏览量34.2万;策划的"欢送云南援助赤壁的英雄们凯旋"内容,浏览量44.8万;策划的《最美的他们》系列报道获长江云"战疫"好新闻二等奖;打造的咸宁问政赤壁专场浏览量128万。

图2-8 "四单"模式

为经济服务。赤壁市融媒体中心利用自身优势资源,打造融媒体中心流量池,除了提供疫情期间新闻、政策等便民信息,还为赤壁经济发展推波助澜。"赤壁融媒体"抖音号和赤壁电视台视频号,利用短视频的传播特征,围绕"赤壁青砖茶"策划了许多选题,比如2021年赤壁青砖茶签名体验官全

---

① 姜晓晓,王金晶.赤壁:县级融媒体建设的鲜活样本[J].政策,2019(5):36-39.

球征集活动、赤壁青砖茶产业发展大会、"复兴万里茶道,共筑'一带一路'"等活动,借助吉克隽逸、王东等红人打造"红"茶品牌。除此以外,融媒体中心还针对当地的猕猴桃、小龙虾、鱼糕、腊肉、莲藕等进行宣传策划,致力于依托本土化产品,服务地方特色经济发展,配合央视、人民优品、中国农业国际合作促进会开展直播带货3场。

为文化服务。推进"新闻+文创"产业发展,赤壁市致力于更好地服务群众,在做优新闻产品、提升服务水平的同时,积极组织开展各类群众性文化、公益、科普活动,力争达到"做文明赤壁人,建文明赤壁城"的服务宗旨。丰富群众文化生活、强化为民服务功能,增强融媒体中心自我造血能力。坚持以内容策划为主轴,小屏直播为途径,一方面依托邻里文化策划社会公益活动,丰富业务生活;另一方面开展节庆活动,使融媒体中心在传播传统文化、弘扬民族精神上增强"自我造血"能力。2019年1月3日至9月24日共直播39场,月均手机直播活动3场,最大点击量超过50万。

(三)"共创":人才引进培育的创新机制

自推进融媒体中心建设以来,赤壁市将融媒体中心的人才问题提升为人才战略问题,首先为吸纳人才进入融媒体中心建立激励机制,比如改善以往"退一补一",人才招聘基本建立在"有退出才会有人才进入"这一机制上的编制问题。市委市政府积极鼓励全额财政供养,在政策扶持下,每年面向全国招考3次,赤壁市融媒体中心主动与湖北省的各大高校对接,现有6所高校在此挂牌建立了实习实训基地。

其次,为培育现有人员,赤壁市融媒体中心与国家主流媒体合作实施人才培养战略,比如定期定额选送人才到人民日报社、新华社跟班学习,针对融媒体建设、融媒体内容创作以及融媒体账号运营等方面进行专项学习。为全面提升县级融媒体中心的创建能力、媒介内容运营能力等,湖北省委省政府依托长江云平台,打造了线上培训系统,赤壁市融媒体中心几乎组织全员参加培训,提高业务技能和新媒体素养。赤壁市融媒体中心还开设"融媒大课堂",旨在加快新时代媒体融合工作,对中心的采编播从业者开展形式多样、内容丰富的新媒体业务知识培训,进一步提高从业人员的综合素质和业务能力,提升新闻宣传和新闻通联队伍的整体水平。"融媒大课堂"主要邀请在采编一线具有丰富经验和较好影响的实战派人员,也会邀请一些自媒体行业较为成功的运营团队来开展业务培训,让融媒体中心从业人员真正在思想理念上实现从"相加"到"相融"的转变。

二、构筑传媒生态圈,破圈市场研发——长兴县级融媒体中心创新路径

2011年4月15日,长兴传媒集团成立,意味着长兴县正式踏上了县级融媒体建设的征程。2018年,中央宣传部主办的县级融媒体中心现场推进会在长兴县召开,将长兴的融媒体中心模式作为示范样板在全国推广。2019年,全国首个《县级融媒体中心管理与服务规范》市级地方标准批准发布并开始实施[1]。2020年,长兴传媒自主研发的"融媒眼"智慧平台获评国家广电总局媒体融合成长项目,同年7月,长兴县入选国家广电总局全国广电基本公共服务试点县。2021年,作为全省唯一县级融媒体中心入选中央网信办互联网新闻信息稿源单位。2023年,获评国家广播电视总局广播电视媒体融合先导单位。目前,长兴县融媒体中心拥有移动端用户超700万,其中客户端212万、抖音250万、快手243万。"掌心长兴"客户端是浙里办同源发布的首批试点,也是其中唯一一个县级融媒体中心客户端[2]。

(一)紧跟时代趋势,调整人才机制

自2011年起,长兴传媒集团从思想观念上主动转型,强化互联网思维,积极向新媒体靠拢,明确媒体融合转型的总体思路。在过去十年的媒体融合发展过程中,长兴传媒集团在内容运营方面经历了从全媒体到融媒体,再到智媒体的三个主要发展阶段。这一演变不仅体现在技术和平台的革新

---

[1] 长兴传媒总编辑万字长文揭秘县级融媒之道[EB/OL].(2019-08-1)[2024-11-11]. http://home.gsdata.cn/news-report/articles/2755.html.
[2] 全省县级唯一!长兴县融媒体中心亮相中国网络媒体论坛[EB/OL].(2021-11-25)[2024-11-11]. https://baijiahao.baidu.com/s?id=1717402065299563595&wfr=spider&for=pc.

上,也反映在其经营策略的转变上——从传统经营方式,到平台化经营,再到数字化经营。这些变革标志着长兴传媒集团在适应新技术和市场需求方面的积极进步和调整。为了顺应技术发展的需求,长兴传媒集团改革了人才聘用机制。自实行事业单位企业化运作以来,长兴传媒集团坚持采编经营分离的原则,不断推动新闻事业和产业经营的同步发展,实现互为补益、融合共生。为了更好地适应媒体融合发展,长兴传媒集团还积极探索适合的运行机制,包括架构设置、岗位设置、流程设计和薪酬匹配等各项制度的科学性、合理性和先进性。2020年4月,长兴传媒集团再次进行了编委会架构调整,撤销了新媒体部,实现了全员打通和全员新媒体化,下设采访部、编发部、外联部、音频部、视频部、特技制作部、应用保障部以及服务部等8个部门,真正将传播重心转移到了移动端。2023年1月,长兴传媒集团在移动优先原则上又强化运营概念,8个部门也演化成为时政经济部、社会民生部、对外运营部、移动运营部、音频运营部、研发运营部、创意运营部、广电技术部和宣传服务部,进一步拓展了内容创作、传播和转化的链条。

(二)搭建融媒体中心运行中枢神经,抢占技术高地

1.打造"融媒眼"智慧系统

长兴传媒集团在已基本完成全媒体平台资源、人力以及流程融合的基础上,为打通媒体平台,实现资源共享、信息互通、统一发布,以及后续统分考评、媒资二次利用等方面的创新,选择基础框架最为接近长兴传媒集团实际需求的第三方产品,并对其进行功能模块的改造和定制,完全根据长兴传媒集团融媒体流程设计板块和架构,最终成功研发了"小而美"的融媒技术平台——"融媒眼"智慧系统。截至目前,该系统已经过多次迭代完善,能满足融媒体运作流程下广播、电视、报纸、网站以及"两微一端"的业务操作需求,实现指挥端、PC端以及移动端三端融合,随时随地为每个岗位、每项流程及时顺畅地执行提供保障,新的生产模式取代了过去的块状生产模式,构建了一个网状联合、信息共享、产品各异的生产模式。该系统还预留了功能板块和链入端口,以便在未来为满足新的需求时进行升级和优化。此系统曾获得2018年第二届十大创新案例、2017—2018年度全国十佳融媒体以及

2019年国家广电总局评定的优秀成长型媒体融合项目案例等多项荣誉。

2. 完善与新媒体技术对接

为适应不断变化的新媒体技术,"掌心长兴" App 的日常运维,需要软件开发技术、广播电视技术、服务器运维技术等多种技术相互协助,特别是软件开发技术,在进行 App 服务新增和升级的过程中不可或缺。目前"掌心长兴"团队已自主完成了多个平台建设及多项应用开发,积累了综合型客户端的开发经验,在由浙江省广电局和浙江省网络视听协会组织的 2019 年浙江省网络视听奖项评选中,"掌心长兴"团队荣获年度技术与产品创新团队奖项。

(三)强化资源运营,做大模式输出

1. 以用户需求为核心

长兴传媒集团不断进行产业转型和升级,其造血能力强劲,整体营收年复一年地稳步增长,2020 年实现了总收入 2.61 亿元,2021 年创收 3.06 亿元,2022 年创收 3.21 亿元,2023 年创收 3.33 亿元。在长兴传媒集团脱颖而出的关键策略中,以用户需求为中心是一项决定性的法宝。在媒体融合的道路上,长兴传媒集团积极主动寻求媒体资源,跨界融合、培育新兴项目等工作稳步推进,如对会展、教育、生活、经济作物、茶文化、乡风等项目实施"媒体+"策略,最大化地满足人们对经济发展的需求以及文化传播的政治需求。

长兴传媒集团于 2015 年初开始筹划大数据相关产业。为推进智能化、信息化服务,长兴传媒集团先后成立慧源公司、科技公司等大数据公司。这样的大数据投入获得了良好效果,在技术研发上取得县级融媒体中心的领先地位,截至目前,长兴传媒集团组建"数智"团队,拥有 25 项软件著作权,覆盖人工智能、人机交互、数据治理、云计算和智能识别等数字经济的核心领域,研发 30 余款数字化产品,累计落地 300 余个项目,实现掌心客户端的全自主研发与运维,数智团队获得"2019 年度技术与产品创新团队""2021 年浙江省网络视听数字化改革创新团队"等荣誉称号。大数据产业的发展不仅为智慧农村建设铺陈了良好的信息端口,也增加了当地的财政税收。据统计,2020年,智慧信息产业平台创收首次突破1亿元,同比增长53.26%;2023年创收1.32亿元,已迅速成长为长兴传媒集团三大支柱产业之一。同年,慧源数字经济发展有限公司入选国家级高新技术企业名单。

2.做大模式输出,做强技术服务

县级地区的人才队伍有限,人才难引进、人才难留住现象较为严重。因此,在注重培育人才、提升人才的专业技能的同时,长兴传媒集团一是注重"请进来",成立融媒学院,定期邀请全国各界的知名人士进行培训,现今举办近百次,培训学员6000余人,为推动本土化的新媒体人才队伍建设作出了巨大贡献。二是注重"走出去",为了开拓新媒体人才的视野并避免孤芳自赏的情况,长兴传媒集团先后与全国近50家单位达成协议,双方人员可进行阶段性的互换交流,目前已与河南滑县、云南蒙自、浙江三门等地实现融合模式的输出。

长兴传媒集团通过其核心应用"掌心长兴"客户端积极拓展新媒体业务,并在技术研发领域取得了丰硕成果,成功实施了超过30个政务和民生相关的项目。这些项目中,尤其突出的"文明诚信码"已经覆盖了全县多个乡镇和社区,广泛整合并应用于各种民生活动。此外,平台还成功开发了"最多扫一码"和"平安配送码"等创新系统,均被选为省级数字化转型的优秀案例。同时,长兴传媒集团还建立了"长兴党员分类管理"系统,该系统作为全国重点试点项目之一,为党员管理提供了高效的数字化解决方案[①]。

(四)与本土文化接轨,传播长兴故事

1.搭建社区服务平台

首先,在新媒体平台方面,长兴传媒集团积极配合浙江省新闻客户端统一埋点工作,客户端各方面的数据全部经过埋点统一推送到省平台上,省平

---

① 王晓伟,薛雅敏."融"出来的长兴模式[EB/OL].(2019-03-28)[2024-11-12]. https://www.sohu.com/a/304379308_114731.

台建成后,主题类内容可以达成资源共享以及统一发布。同时积极探索政务服务的新渠道,主动对接浙里办,并于2020年底成为首批浙里办同源发布试点单位之一,目前已同步上线超过300项浙里办服务,用户在客户端也可以直接享受户籍、社保、交通等各类别的政务服务。

其次,长兴传媒集团着力打造城市综合服务门户。围绕百姓吃、穿、住、行、游、购、娱,自主研发民生应用30多项,包含"掌心商城""掌心外卖""掌心社区""开店宝""消费券""文明诚信码""一点就灵"等多个应用场景。打造"指尖"支付系统,基于机关、企事业单位餐补的统一管理,进行数字消费模式定制开发,激活了2个多亿餐补资金,撬动了近1个亿的市场资金,集合了289家单位、538家商户,成为本地版"支付宝",并在此基础上,进一步拓展了商城、外卖等其他服务应用。此外,还根据本地需求量身定制研发"工会福利""公证二手房"等一批应用,其中"公证二手房"联合公证中心搭建二手房交易平台,推动降低佣金,促进市场规范,得到了广泛关注。

最后,长兴传媒集团以平台为桥梁共享资源。2022年,长兴传媒集团联合全省38家县融单位策划发起"山海1+1接力大连麦"异地新闻直播行动,获得浙江新闻奖重大主题报道一等奖。2023年,策划发起"我家门前有条河"异地新闻直播行动,联动"学习强国"浙江学习平台、全国20家省级学习强国平台及百家县融号,直击各地全面推行河湖长制以来河湖治理新成效,展现各地"河畅、水清、岸绿、景美、宜居"的生态文化画卷。

2.助力长兴乡村文化振兴

长兴传媒集团每年策划举办各类大型活动300多场,其中大部分是与企事业单位、乡镇村联办,比如以"文化搭台、经济唱戏"为宗旨,立足长兴生态特色、乡村特色,依托丰富山水和物产资源,持续策划举办吕山湖羊节、林城镇梅花节和小浦古银杏节等各类农事节庆活动,形成一乡一节、一月一节、一品一节,并强化对上对外联动,有效提高了本土农事节庆的知名度和市场竞争力,加快推动乡村振兴,促进共同富裕。长兴传媒集团对农精品活动层出不穷,获得了县领导、乡镇部门及社会各界的一致好评,累计获省级大奖36项,其中《"帮扶在行动"媒体助农增收大型公益活动》《"乡村厕所变形记"》《寻找金扁担》《寻找金种子》《进击吧！乡村造梦师》《加油,乡村合伙人》等18部作品荣获浙江省广播电视对农一等奖。融媒体中心的策划创新能力声名远播,多次受邀为湖州、南浔、广德等地策划相关活动。

3. 弘扬本土传统文化

在传播本土传统文化方面,长兴传媒集团推出各具特色的乡镇村级春节联欢晚会、在长兴紫笋茶进贡1250周年举办紫笋茶文化节、在世界读书日举办《徐阶传》首发仪式、在长兴解放日连续多年举办"铁军红流""红旗美如画"等大型融合式直播活动,开展"五彩雉城 韵动之城"雉城街道首届城市文化旅游节启动仪式、"百县千碗 食在长兴"地方特色菜评比活动、雉城街道纳凉晚会、吕山湖羊啤酒节、"馆里的夏天"少儿文化活动、长兴县志愿者服务云博会、全民健身日等等,还多次参与央视《中国传奇节》拍摄。

除此之外,短视频、H5、VLOG、全景VR等也都是长兴传媒集团经常采用的文化传播形式,比如《早餐长兴》《宵夜长兴》《年味长兴》《长兴古墓笔记》《长兴国宝》等作品,传播了当地老百姓熟悉的饮食文化及民俗文化,引起了强烈共鸣。

(五)紧跟技术变革步伐,创新运营模式

长兴传媒集团突出融入新创意、新技术、新手段,强化H5、短视频、音频等融媒体产品的打造,前期成立的世相工作室、沈韬工作室,陆续推出了一批优秀作品,如《跑腿小妹》《陪读妈妈》等有故事、有温情、有能量的典型人物短视频,如《早餐长兴》《年味长兴》《人间正道》等季播类短视频,如《历史的回望》《长兴声音日历》《星火燎原》等音频作品,引发了广泛关注和讨论。其中,2022年创作的100集融媒广播课本剧《星火燎原》入选国家广电总局中国梦主题原创百件优秀作品,是全国两家获奖的县级融媒体中心选送作品之一,同时获评浙江省广电少儿节目奖一等奖,出版的同名实体书籍成了校园爱国读本。2023年启动《村风沉醉的夜晚》系列广播微剧的制作,通过对不同村落的独特故事进行戏剧化创作,展现长兴乡村动人的人文温情。

面对新形势的变化与冲击,长兴传媒集团的发展思路坚持以下四点:一是塑造主流阵地新格局。践行党媒职责使命,不断提升主题报道的影响力和吸引力;大兴调查研究之风,以媒体的独特视角阐述全面振兴的时代意蕴和新闻价值,打造一批以调查研究不断提高深度报道水准的典型范例;以互联网思维、全媒体视角审视和谋划新闻宣传的内容、对象、方法、手段,创作适合移动传播、社交传播的短音视频作品。二是开启政商服务"元时代"。在2023年已开发上线的场景应用的基础上,不断强化线上运营工作,深耕指尖场景,逐渐拓展成为本地城市一卡通;研发运营更多支撑型项目,加强一体化设计,提升项目转化能力;培育"开店宝""工会福利""元管家"等新应用场景,通过双数融合与数据运用,新建更多应用场景,服务智慧城市。三是探索数据运营新路径。积极稳妥开展长兴县公共数据授权运营工作试点,探索公共数据政府授权、市场运营、支撑保障和安全监管工作机制,在绿色金融、优化营商环境、医疗康养等领域先行先试探索;按照公共数据授权运营管理办法申请授权运营,率先加大与银行、保险公司等金融机构的服务体系整合,创新公共数据在金融领域的应用场景。四是完善人才强企全流程。充分结合自身实际加快建立与完善业务工作执行标准,明确职责分工、规定流程、制定操作规范和监督机制等,以确保各项业务的规范化和标准化,不断加强内部控制;通过岗位赋分模型,开展员工岗位价值评估,建立中层岗位届中回头看制度,加强对中层干部的阶段考核,进一步优化薪酬体系,突出实绩导向。

三、苏州广电:融合建构智慧型全媒体生态体系

苏州广电是苏州市广播电视总台的简称,作为一家极具现代性特征的传媒集团,苏州广电传承了传统媒体的经营理念,坚守主营阵地,依旧以广电和报业系统为主营业务,致力于通过新媒体实现文化产业的转型升级。苏州市广播电视总台于2002年1月1日正式运行,是由原苏州电视台、有线台、人民广播电台、有线网络及原吴县广播电视机构等整合而成。作为区域最具影响力的主流媒体,苏州广电拥有11个视频频道(其中5个为总台运

营,6个为江苏有线运营)、7个广播频道、4份报刊和1个移动电视频道,覆盖了报纸杂志、互联网站、移动客户端、网络电视、移动电视等在内的多元化全媒体平台,受众覆盖苏州主城区及周边地市,共2000多万人口[①]。苏州广电搭建"云+网+端"的数字平台,打造以互联网为基础阵地的全新主流媒体,以"苏周到1+N"多级平台建设为抓手,推动大数据在各业务领域的深度运用。

(一)推行"小融+中融+大融"的融合创新模式

融合新媒体有三个层次:发布端融合的小融、生产端融合的中融和营销端融合的大融[②]。将传统媒体已有的资源进行分发,打造传统媒体渠道与新媒体渠道并驾齐驱的协同局面,做好"两微一端"的媒体矩阵,这是发布端的小融。苏州广电的融合并未止步于小融,而是进一步融合生产端,即中融。

为了做好生产端的中融,苏州广电邀请人民日报社的"中央厨房"原设计师,依托苏州广电现有资源,成立"中央厨房"式的新闻集成中心,推动各个采编单元的有效融合。除此以外,苏州广电为深入学习《人民日报》的新闻生产经验,与人民日报社达成了战略合作。在人民日报社的协助生产之下,苏州广电在内容生产端实行"中央厨房",打破传统的采集、编写、分发这一线性流程,文字、视音频内容交互生产。在"中央厨房"的支持下,苏州广电打破了内容和营销的二元化格局,围绕全媒体战略,从用户需求出发,以产品为导向,实现内容、推广、营销的垂直化运营[③]。

例如,策划执行市政府3场"我为群众办实事——苏周到"新闻发布会。围绕"关怀模式""一码通""扫码乘地铁"等25项功能,撰写文案、脚本、文稿、材料近10万字;拍摄涉及新闻发布会宣传片、功能宣推片近30个;投入内容制作、技术保障、运营推广人员近百人;各级12345政府公共服务热线平

[①] 苏州广播电视总台简介[EB/OL].(2017-04-27)[2024-11-12].http://www.csztv.cn/doc/2017/04/27/56086.shtml.
[②] 王晓雄."五个转型"看融媒:苏州广电融媒转型的探索与思考[J].中国广播电视学刊,2017,320(11):23-25,75.
[③] 王晓雄."五个转型"看融媒:苏州广电融媒转型的探索与思考[J].中国广播电视学刊,2017,320(11):23-25,75.

台接听"苏周到"相关服务诉求来电9739件,每件诉求都做到限时办理、审核答复、协调督办,并汇总形成日报、周报、月报。

(二)发展在地政治,助力地方政府治理

1. 内部裂变创"苏南样本"

浙江是智慧城市建设最具有代表性的省份,苏州广电积极加入省属战略体系,服务本土建设智慧城市。从宏观层面来看,苏州广电积极和市政府的大数据局协同工作,致力打造全方位全过程高效的城市级移动服务总入口 App 项目。在中观层面上,苏州广电选择苏州工业园区、张家港、吴江和昆山作为试点地区,以推动县级融媒体中心和新时代文明实践中心两个中心的建设,积极探索县区媒体融合的范例,形成"苏南样本"。而在微观层面上,苏州广电积极推进智慧社区的布局。以枫桥街道为例,该地已成为江苏省基层政权建设和社区治理工作会议观摩的项目之一。苏州广电承建运维城市生活服务总入口"苏周到"客户端,截至2021年8月,苏州广电累计对接了近400个业务系统,上线344个服务事项,对接江苏政务服务网办事指南3797项,接入各县级市(区)"十全十美"特色服务事项45个;发放3轮6000万数字人民币消费红包;完成核酸检测预约登记,累计登记人数超1740万,注册用户达到1070万。

2. 跨界融合增强内容生命力

对于地方媒体而言,想要搭建新平台,精准获取关注度和流量较为困难,但如若将融合的视野放置在流量平台,全网分发融媒体产品,则可以极大地增强内容的生命力,提升传播力。

首先,苏州广电通过和头部主流媒体共同组织融媒活动,邀请党媒专业人士指导实现跨越式发展。较为经典的融媒活动是早在2017年党的十九大前夕,苏州广电为服务地方的政务公开,与《人民日报》公共平台联合发起的"喜迎十九大,全国党端联动再出发"融媒行动。"广州参考""看苏州""澎湃""上观""嘉兴禾点点"等数十家党媒客户端累计采编推出报道和产品200余篇,其中图文报道150余篇、短视频近20个、创意H5十多个,还出品了各会址纪念馆 VR 全景产品 7 个,取得了总阅读量突破 2000 万次的好成绩①。苏州广电借鉴了《人民日报》的"中央厨房"模式,并邀请他们的调研团队入驻,作为咨询顾问参与了整个体系的搭建。双方意识到要以"中央厨房"建设为突破口,通过平台相融催生新机制,人员相融再造新活力,渠道相融赢得新用户,做好党政机构、公共服务和本地文化这三大领域②。

其次,苏州广电与抖音、快手、B 站、微信视频号等 26 家互联网流量平台建立合作伙伴关系,共同推进区块链技术在党媒传播中的应用。此外,苏州广电还与湖北长江广电传媒集团、新疆广播电视台、广西日报传媒集团、城市联合网络电视台、常州广电等 76 家省内外媒体合作开设账号进行试用,发布了 13.5 万条视频和图文内容,总浏览量超过 435.7 亿次。该项目因其在媒体融合领域的杰出表现,获得了江苏省媒体融合优秀案例成长项目奖。

最后,为提升内容生产能力,推动内容生产理念的全面转变,苏州广电本着"以我为主,为我所用"的积极心态,选择与优质的短视频平台进行战略合作。"二更"有着极为优质的内容生产模式,在新媒体上得到了许多网友的称赞,尤其是成功吸引了年轻受众的眼球。2016 年,苏州广电积极展开与杭州"二更"公司的合作,筹建子品牌"更苏州",短视频工作室的搭建为苏州广电提供了较多优质内容,专业化、互动化的精准内容投入赢得了一批年轻受众的喜爱。比如 2017 年 1 月苏州广电推出短视频《红白羊肉情缘》,短短一周时间,全网播放量近 2000 万,此后"更苏州"出品的《豆浆驿站》《姑苏秀郎》等优质短视频,全网点击量均超 1000 万③。2020 年,在统筹抗疫防控和复工复产的重要节点,苏州广电目光如炬,抓住了大众关心的要点问题,组织策划了 SBS 短视频《一个人的生产线》,这一短视频区别于以往的宏大叙事,聚焦小人物的故事,微末叙事的方式释放了巨大的正能量。"看苏州"客户端首发即刷屏,阅读量很快超过 1300 万;《人民日报》、新华社、央视新闻

---

① 李修利.优质内容创新表达驱动媒体融合发展:以苏州广电短视频新闻生产为例[J].新媒体研究,2021,7(10):63-65.
② 媒体"奥斯卡大奖"揭晓! 苏州广电融媒"中央厨房"荣获中国传媒年度最具价值品牌[EB/OL].(2017-11-18)[2024-11-11].https://www.sohu.com/a/205128298_351257.
③ 李修利.优质内容创新表达驱动媒体融合发展:以苏州广电短视频新闻生产为例[J].新媒体研究,2021,7(10):63-65.

三大央媒微信同步采用,学习强国全国平台首页"人物"专栏播发,达到了前所未有的传播效果。

(三)以"原创、精品、深度、本土"为抓手,快速提升传播力

近年来,围绕建党百年、党史学习教育,苏州广电承制中宣部和中央总台的"沿着高速看中国""唱支山歌给党听"主题快闪(苏州篇)、"对话:万亿城市新征程·苏州"等重点项目;创作的短视频《百年雪松见证革命火种诞生》被人民网转发,微博话题阅读突破1亿次。除此以外,苏州广电深耕本土发展,服务于本土民生、文化等全方位需求。

1. 全方位呈现苏州文化特色

20载经年传承,苏州广电积累了具有自主版权的江南文化影像素材约6500分钟。其中,有国际传播类《锦绣纪》、纪录类《梦行水上》、文献类《逐梦小康》、专栏类《君到姑苏见》,也有乡土教材类《苏州史纪》,以视听艺术阐释人文传统,唤起大众文化共鸣;《"苏州史纪"争霸赛》成为中小学生涵养心灵的电视综艺,"思政"季播节目《今古话苏州》《百家讲坛》等呈现了丰富的地方文化特色与苏州的城市精神。围绕江南文化主题的各类视听佳作,获得过中国新闻奖、中国电视纪录片十佳十优作品等多项国家大奖。

2. 深耕便民服务

在全国政务服务客户端中,苏州广电率先提供特色服务资讯供给"周知"板块,开设"穿衣指数""教育指南""逛吃逛吃""网红打卡""一路畅通""寻医问诊"等6个与百姓生活息息相关的栏目,创新呈现方式,以服务视角随采随播,做强攻略导航,打造贴近百姓生活的融合服务平台。据统计,上线10个多月来,"周知"板块关注热度稳定攀升,端口访问数据从上线首月的排名第五,逐步攀升至第三,目前已有6个月排名稳定在第二位,"周知"板块提供热点生活服务资讯万余条,总点击量过亿。

为打通"基层传播最后一公里",苏州广电两年前上线的"住枫桥"App智慧社区平台至今迭代至3.0版本,注册用户26万(枫桥街道常住人口16.8万,户籍人口7.6万)。近年来,辖区内幼儿园、小学新生预报名,中小学校园

缴费,中高考优秀成绩奖励申请、发放以及社区垃圾分类功能均可通过"住枫桥"线上完成,"住枫桥"成为江苏基层政权建设和社区治理示范项目。《人民日报》报道称,江苏苏州枫桥街道办事处开发的"住枫桥"App,融党史党建、精神文明建设、便民服务、社区管理、医疗教育等为一体,让居民不仅能够实时了解本地新闻及资讯,还能足不出户在家办理业务,真正实现"最多跑一次"的政务目标,苏州广电真正实现了社会综合治理线上和线下的融合。

3. 赋能智慧城市建设

城市的智能化程度是城市核心竞争力的重要表征和体现,尤其是在浙江省,许多大型互联网企业作为支撑,为省内城市的智能化建设打下了坚实的技术基础。正是在这一背景下,苏州广电借助融合契机,以高瞻远瞩的顶层设计方案,构建了主流融媒体的大体系。这一体系的建立,实现了资源共享一体化、内容聚集平台化、内容分发渠道多元化、内容风控协同化、内容投放精准化的全过程参与。苏州广电加快推进一批具有标志性的项目和示范性工程的建设,以点带面,努力实现突破。苏州广电在运用互联网思维来扩展"新闻+政务服务商务"功能的同时,在战略层面始终以党建为引领,在智慧城市建设中积极将"党建+"的思想理念融入其中。例如,"看苏州"客户端下载量已经超过300万次,"无线苏州"客户端下载量达到370万次,"名城苏州"微信公众号的粉丝数已经超过130万人,总台新媒体的用户总数超过4600万。通过这些新媒体客户端,苏州广电实现了高效的信息传播和民意的高效沟通。

四、"两块牌子、一套班子"——绍兴市传媒中心运营模式探究

中央级媒体在媒体融合改革的上半场中,凭借其在理念、资金、技术、人才等方面的优势,不断提升自身的传播力和影响力。相比之下,县级媒体则抓住了发展机遇,借助政策支持,专注于本地市场,为地方提供服务,并且焕发出了新的活力。然而,地市级媒体承受着来自中央、省、县三级主流媒体以及众多网络媒体的挤压,不改革就可能面临"腰部坍塌"的问题,甚至可能

面临巨大的"空心化"风险。为了应对这一冲击,绍兴市于2019年4月23日整合了原绍兴日报社和原绍兴广播电视总台,正式成立了绍兴市新闻传媒中心(传媒集团)。传媒中心成为绍兴市委直属事业单位,而传媒集团则成为绍兴市政府直属的国有文化企业,运行模式为"两块牌子,一套班子"。地市级主流媒体在地方党委政府中扮演着至关重要的角色,不仅是信息传递的关键纽带,也是连接政府与民众的桥梁。随着传媒行业的迅速发展和舆论生态的巨大变化,地市级主流媒体面临着前所未有的挑战和转型压力。这种情况下,推动这些媒体的融合改革,以适应新时代的媒体格局和传播方式,已成为一项紧迫的任务。

传统媒体时代,"渠道为王",传统媒体依托广播、电视等渠道资源,独占广告资源,但自媒体时代的到来,颠覆了"渠道为王"的市场环境,抖音、快手催生了一批批本土的自媒体公司,地市级媒体的优势资源变劣势。只有做到"内容为王",精准切入市场,才可能从根本上解决一些保障上的问题,实现地市级媒体的良性循环。

(一)政府赋能下的现代传媒基地建设

2021年1月5日,绍兴传媒中心大楼开工,它是浙江省首家地市级融媒体中心大楼,同时也是绍兴市"十四五"率先开工的首批重点项目。项目总用地面积约2.92万平方米,设计总建筑面积约13.77万平方米,总投资12.5亿元,后期技术装备投入预计为2亿元。建设内容主要包括广电演播中心、技术配套用房、高层微波机房以及公共设施用房等。项目主体结构采用了"双塔"形式,由裙楼和南北塔楼组成。南侧群组主要用于演播制作区,而北侧群组则主要用于配套服务区。建成后的绍兴传媒中心大楼(如图2-9所示)兼具指挥调度、新闻编发、节目制作、综合演播等功能,不仅是镜湖新区的新地标,也将成为绍兴全市最强"新闻大脑"和最优发布平台[1]。同时,其也将成为绍兴市标志性文化工程和全省领先、全国一流的现代传媒基地。

---

[1] 起高楼了!浙江省首家地市级融媒体中心大楼开工[EB/OL].(2021-01-05)[2024-11-11].https://baijiahao.baidu.com/s?id=1688032579063983799&wfr=spider&for=pc.

图 2-9　绍兴传媒中心大楼

为推进市级新闻媒体深度融合和一体化发展,绍兴市在方针政策的引领下,以市场经济为主要导向,纳入企业化管理、考核、监督等规范化工作流程,破除了以往因为"铁饭碗"思想导致的人员工作积极性不高、创新性不足等问题,引入了全过程化考核以及相应的奖惩机制,大大提升了工作效率。除此以外,绍兴市通过合并绍兴日报社和绍兴广播电视总台,成立了绍兴市新闻传媒中心,这是一家市委直属的正县级事业单位,旨在集中力量提升新闻传播效率。同时,为了有效管理经营性资本,绍兴市进一步整合了绍兴报业传媒集团和绍兴广播电视传媒集团,组建了绍兴市传媒集团有限公司。这家公司是市政府直属的国有文化企业。通过实行"两块牌子、一套班子"的管理模式,绍兴市新闻传媒中心与绍兴市传媒集团有限公司共同致力于推动媒体资源的优化配置和整合,加快融媒体中心的发展,从而更好地服务于市民,为市民提供多样化的媒体内容。

(二)打造"越牛新闻"平台,守牢民生阵地

作为绍兴市重点打造的新闻生活类城市应用客户端,"越牛新闻"平台的口号是"越 new,越精彩"。为提升平台公信力,绍兴市将其作为第一移动新媒体平台和市委市政府唯一官方新闻客户端。该平台以民生为主,辅以时政、市场等内容。

"越牛新闻"平台取得了优异的数据,实现了超常规、跨越式发展,让整

个传媒中心为之振奋。该产品上线仅一年多,用户量便从12.6万骤增至420万,跻身全省乃至全国新闻客户端前列,并荣登"中国媒体客户端最具影响力50强"。2020年,"越牛新闻"客户端的营收连续两年增长,年度营收130万元,许多市民表示:"用'越牛新闻'一年多了,每天翻翻'越牛新闻'成了一种习惯,软件本身的设计很好,文字、图片分配合理,让人一目了然,滑动操作也很顺滑。如若某些栏目小编的文字能更有深度,而不仅限于赶更新的进度,相信这款软件会更受欢迎。"

绍兴市有别于其他地市融媒体打造方略,以守牢新闻主业为底线,实现从内容编审、全网分发、互动沟通到协同管理、数据分析"一站式"管理;提前制定年度主题报道安排,重要报道一盘棋谋划、一体化实战、项目化推进;坚持"常态化学习+订单式培训"相结合,提升队伍政治素质和业务能力[①]。实施"网微端一体化"改造,移动优先。除了量身打造的"越牛新闻"App客户端,在微信公众号、微博平台以及抖音平台等多个平台上统一使用"越牛新闻"注册账号,针对不同平台实现内容快速分发。比如,"越牛新闻"客户端打造了"众志成城战疫情"等多类疫情专题,针对市内外的疫情情况进行即时播报并时刻提醒市民注意防护。该专题自开设以来,为平台用户增量近200万,实时更新数据得到了市民的一致好评。"越牛新闻"同时上线的短视频账号"越牛新闻",主要围绕疫情进行短视频创作,内容囊括了全国疫情实时情况、市内交通运营、快递运营、救治情况、帮扶情况等,最高获赞量2万多。截至目前,该短视频平台粉丝量近30万。"越牛新闻"客户端的成功,缘于扎根本土的准确定位以及细致的战略部署,下一步,"绍兴样本"应转变为可复制、可推广、可持续的"绍兴范本",为全国其他还处于迷茫或困境中的机构提供新思路。

(三)着力搭建为人民服务的平台

绍兴市立足宣传阵地,将党政部门信息与融媒体中心进行资源整合,打

---

① 绍兴台打造市级媒体融合"新样本"[EB/OL].(2020-12-10)[2024-11-11]. https://www.shaoxing.com.cn/p/2841332.html.

造时效第一、全面第一、真实第一的资讯平台,落实政务服务平台的技术对接问题。绍兴市在不断转型升级的融合过程中,始终坚守"内容为王"这一基本理念,围绕党政工作,将其作为中心工作和核心内容,并实时调整内容生产形式,以迎合年轻受众的喜好。结合报纸、广播、电视和新媒体平台的发展定位、受众群体以及传播特点,通过以下方式对内容进行采集和供应的差异化。一方面,推出具备情感和温度的深度报道,以满足读者的情感需求;另一方面,突出互联网传播的特点,推出专业性和原创性的短视频新媒体产品。绍兴市采取以上方式,旨在实现传播效果的最大化①。"越牛新闻"的用户量逐年增长,通过政务、文创、旅游、体育等方面的内容生产,为本土经济注入了新的活力,在有高额营收回报的同时,带来了城市发展的多重发展机遇。

绍兴市融媒体中心贯彻落实以人民为中心、为人民服务的理念,内容生产围绕百姓的衣食住行以及教育、医疗、乡风文化建设等民生问题,不仅丰富了平台信息资源,还真正地将为人民服务落到实处,增强了老百姓对平台的依赖性。绍兴市融媒体中心在体制机制上的一系列突破,实现了由"物理融合"向"化学融合"的跨越。听民声、解民难、化民怨,监督政府部门履职尽责,在基层社会治理中发挥"减震器""稳定器"的作用,关心百姓生活,便捷社会服务。

(四)首创政法融媒体中心

绍兴市始终以民心为导向,围绕人民群众需求,从体制机制、人员配置、技术平台等层面进行创新,实施内容风控措施,避免涉政类敏感话题和突发事件出现,从内容生产源头杜绝不实炒作和谣言传播,着重关注民生、服务群众。

为推动平安建设,展现队伍形象,把控虚拟空间内容生产,绍兴市融媒体中心围绕社会治理现代化过程中的先进典型展开工作,有效推动形象宣传,提升公信力。同时,建立绍兴市政法融媒体中心,该融媒体中心分三级

---

① 吴君."广播电视媒体融合先进经验"系列报道:三[J].广播电视信息,2020,27(8):11-27.

制管理,级别按照行政级别进行划分。中心旗下一级平台有"古越剑"微信公众号、《平安绍兴》月刊、平安绍兴网、《政法在线》电视栏目一系列媒体矩阵,并即将开通微博、今日头条、百度号等。二级平台则由微信公众号"绍兴普法""平安柯桥"、官方微博"绍兴法院""绍兴公安"、今日头条号"绍兴检察"、网站"平安诸暨"等组成。新媒体矩阵有效地应对了内容生产和传播过程中的政法问题和舆情问题,提升了融媒体中心的传播力、影响力以及公信力。

在融媒体中心建设方面,绍兴市一直强调"瘦身健体、突出主业"的重要性。该市以机构融合为基础,以人员融合为根本,以内容融合为关键,以管理融合为保障,坚守新闻底线,以民生为中心,探索融媒体发展的道路,率先开展了改革。下一步,他们将致力于深度融合,秉持"忠诚担当、守正创新、力争一流"的理念,加快打造绍兴传媒集团成为绍兴地区领先的主流媒体集团、浙江省内的全媒体集团,并跻身全国具有影响力的地方媒体集团之列[①]。

五、"红星力量"构建主流价值影响力版图——红星新闻建构新型主流媒体策略

2017年1月,为紧随智能科技发展步伐,《成都商报》以移动端为主体,打造了新型主流媒体——红星新闻,红星新闻在新冠疫情报道、自然灾害报道等内容中反应迅速,坚持挖掘深度,其原创内容多次被新华网、澎湃新闻、人民网等转载。坚守"内容为王"理念的红星新闻以其独有的锐度、深度和温度突破了本土市场,走向全国,赢得了受众青睐,成功逆袭为"2020年中国报业深度融合发展创新案例"。

(一)新闻立媒,造"红星现象"

从2012年下半年开始,我国报业发行量与广告市场呈下滑趋势,许多纸

---

① 市级媒体融合改革的"绍兴样本":绍兴市新闻传媒中心(传媒集团)[EB/OL].(2021-07-20)[2024-11-11].http://union.china.com.cn/zhuanti/txt/2021/07/20/content_41622403.html.

媒进入寒冬,不少媒体被迫放弃纸媒,但也有部分媒体开始破界结网,在价格、品质、模式等各个方面进行升级。许多媒体选择跟随受众求新求快的审美特征,放低姿态,摒弃了以往媒体挖掘深度的准则。在这一时代背景下,《成都商报》提出"办一张网络时代有阅读价值的报纸",重新定义新媒体时代报纸功能,力求向受众展现实在的价值。2017年,《成都商报》孵化了红星新闻,红星新闻创建之初,区别于其他区域性融媒体中心,以做国内最大的内容原创平台为目标,打造全国性时政类新媒体。为达到这一目标,红星新闻坚持以"原创""深度""评论"作为自己的核心竞争力,坚守"内容为王"的核心理念。以"红星云"融媒体平台为技术依托,构建了"一端"(红星新闻客户端)+"四微"(《成都商报》微博微信、红星新闻微博微信)+多媒体传播(平台订阅号)的分发矩阵,系全国性新闻类头部新媒体。截至目前,红星新闻用户数超5000万①。红星新闻移动端界面如图2-10所示。

红星新闻自运营以来,多次拿下独家重磅消息,靠的是求证现场,还原真相。2017年,红星新闻发布了《广州动物园关停24年马戏引发讨论:到底该不该驯化动物做表演?》这一深度报道,报道开篇写道:

图 2-10　红星新闻移动端界面

> 虽然都是和动物打交道,但马戏表演者与动物园有不同看法。前者认为,自己驯养动物没有什么不妥,"那是我们指着吃饭的家伙,我们甚至照顾得比动物园更用心"。然而,在后者看来,"驯"本身就是落后的,它包含了按照人的思维进行改造的意思,正是因为这种理念上的分歧,他们的"分手"成为必然。

开篇点题,将该篇深度报道的主旨点出来,探讨的并不是动物园关停问

---

① 集团媒体矩阵[EB/OL].[2024-11-12]. http://www.cmgchengdu.com/industry/staff2.html.

题,而是人与动物的相处问题,换言之,探讨了对驯化动物这一行为的多维理解,记者从演员、马戏团团长、动物园协会等层面进行深入调研,多方举证,力图向民众全方位呈现观点,引导民众思辨。2020年,新型冠状病毒引发的疫情不断肆虐之时,红星新闻围绕当时民众最为关心的治疗药品,策划了一档题目为《新冠病毒解药何来?一场中国医药界的隐形"战疫"》的深度报道,该报道首发后被腾讯、新浪等各大媒体和相关网站转载。该篇报道围绕医药知识,从医生、科研工作者、公众等多方视角进行报道求证,层层推进,逻辑推理思维缜密,满足了公众的信息知情权。2018年,红星新闻发布了深度报道《滴滴顺风车的1183个日夜:异性社交的野心与原罪》,全篇报道以第三人称视角客观冷静地从滴滴管理者、司机、媒体、执法机关、企业等视角出发,多维度回溯了滴滴顺风车进入社交功能的"原罪"。

(二)独树一帜,精细化栏目制作

在融媒体建设的道路上,许多融媒体中心以全、满为核心要义,在App运营中设置大量栏目,试图囊括日常生活的各个方面。比如今日头条有70多个,腾讯新闻有90多个,深圳头条有30个,东方头条有近60个[①],内容包含了时政新闻、民生、财经、经济、娱乐、游戏、星座、情感、健身、亲子、育儿、深度等,栏目设置烦琐,导致主题不够突出。而红星新闻App目前设置了时政、热点、财经、评论、都市、四川、大运、"一带一路"、文化、极美成都等栏目,栏目设置清晰,主要观照四川的本土发展和时政要闻。

红星新闻主打"深度+评论",大量的原创报道是其立身之本。当新型冠状病毒肺炎疫情在全国范围内暴发后,红星新闻快速响应,自武汉封城前夕开始,在短短10天内发布了超过2000条相关新闻报道,确保了公众能够及时获取到准确、全面的第一手信息。红星新闻派出记者实地调研,进行深度报道或者发表新闻评论近100条,这样的实时推送打破了全国新媒体的原创纪录。红星新闻通过提前构建新媒体矩阵,在此次疫情报道中维持了内容的高效运转。得益于内容的实时推送和多平台推广,红星新闻形成了意见

---

① 崔卫阳."红星新闻"现象及做好主流新媒体的思考[J].科技传播,2020,12(7):65-66.

领袖和主流舆论的集群,有效消除了信息不确定性引发的恐慌。在这一特殊时期,红星新闻发挥了传统媒体不可替代的作用,在众多媒体中凸显了独特的影响力。

(三)抓话题做"吃瓜群众",创多维内容生态

红星新闻利用微信平台创建了"#红星评论"话题,该话题榜正如红星新闻的简介"观点有趣、行文至软、理性有力",紧跟热搜榜单,关注的话题与民众的话题侧重点如出一辙,阅读量均破万,如"张庭夫妇旗下品牌涉嫌传销,该好好查查电商微商乱象了""'重庆姐弟坠亡案'生父情人均获死刑,泯灭人性者不值得司法救赎""毕业论文写薇娅何必焦虑,讨论空间反而更大""精神残疾女孩被利用低俗直播,主播和平台都难逃责任"……从以上话题来看,一是紧扣了民众最为关心的张庭涉嫌传销、薇娅被罚款、残疾人做直播带货等热门话题,但红星新闻未人云亦云,反而在事件爆发过程中,试图引导大家从更为理性的视角去看待事件的社会背景以及带来连锁反应的可能性。二是话题内容与年轻人的喜好息息相关,为了能入局新媒体竞争,抓住中青年这一新媒体的首要受众群体的眼球,红星新闻独创新锐的报道风格,首先是在标题制作上下功夫,比如"毕业论文写薇娅何必焦虑,讨论空间反而更大",从标题上来看,区别于其他媒体围绕薇娅事件紧追不放,红星新闻另辟蹊径,结合大学生们关心的论文选题大做文章,角度新颖。三是界面排版,一改以往严肃的新闻风格,在公众号文章排版时,图片较多,较为吸引眼球。

红星新闻利用本土得天独厚的人文历史和自然地理资源,依托创新环境高度发达的"网红"城市——成都,围绕成都打造了许多文化专题。红星新闻的成功并非偶然,战略上,红星新闻敢于冲破空间的藩篱,打破区域性媒体发展局限,以巴蜀文化为基础,进而向全国辐射,进入全国媒体的第一阵营,真正做到"新闻发生了,红星在现场"。内容上,红星新闻没有人云亦云,随意转载网络热点博人眼球,而是走原创之路,利用深度内容引发人们思考,其另辟蹊径的深度新闻报道模式为全国新闻改革树立了典范。红星新闻的成功也印证了,在新媒体时代,虽然求快求新是立身之要,但内容为

王、深度挖掘依旧是立身之本。

(四) 创新运营机制,提高传播效率

红星新闻在融合方面的突破不只在其背后的行业制度,还在于平台的运营机制。一方面,红星新闻通过资源整合以及运营分级的相关机制,构建了一种良好的全媒体运营生态,在资源整合和内容生产阶段,制定统一标准,并作为行业标准落实到各个地市,紧接着依托强大的新媒体平台矩阵实现内容发放,有了强大的制度和机制作为依托,红星新闻从未出现过资金短缺、人才不足、技术落后等问题。红星新闻的不同平台通过分级运营模式实现了独立经营权的授予,允许各入驻机构自主管理。客户端实行属地管理,运营主体的选择和决策权归当地党委和政府,确保了经营的独立性和地方性特征。这种模式增强了各平台的自主性和灵活性,有助于更好地适应和服务于当地市场的需求。报社编辑中心首席编辑杨勇认为,媒体的发展,从全程、全时再到全息媒体,技术的不断革新,给媒体的传播带来了改变。网站新闻的传播形态,让"点击量"这个词一直影响到现在,预示着我们的受众具有了选择性。而融媒体传播形态在兼具传统媒体传播形态的同时,让融媒体较之以往又产生了一个最大形态——"移动",造成了现在的媒体都对App趋之若鹜,随时可以选择性点入。目前,红星新闻通过云端技术将源头内容进行聚合,每天汇聚各类成稿、音视频素材、各单位报道,这些素材供平台各端口共享使用。通过独特的分级运营,各单位既具有独立产稿的能力,又能借助平台资源扩大覆盖面,提高传播效率。

另一方面,红星新闻成功打破了技术壁垒,实现了顶层内容的互通和新媒体技术的共享。这一进步促成了不同层级和类型的媒体在内容与技术方面的融合,有效整合了资源,增强了媒体平台的整体功能和服务能力。这样的策略不仅提升了媒体内容的多样性和接触率,还促进了技术创新和应用的广泛传播。通过MGC(Machine-generated content)和融合化的平台运营提升内容生产的品质和效率。人工智能在红星新闻的工作链条中发挥了至关重要的作用,以往人力采集新闻可能出现时效性不强、重复采集造成人力资源浪费等问题,人工智能减轻了人力工作的强度,同时,开放的技术服务端口,让进驻企业和单位可以共享技术与资源。为保障该技术的有效运行,红星新闻还配备了专业的技术服务人员,全天候提供技术服务。

凭借强大的运营分发能力,红星新闻强势挺进了主战场,占据了新媒体融合的高位。艾瑞首席分析师李超在《2019年中国互联网新闻资讯价值研究案例报告》中,以红星新闻为例,勾勒了其背后的"用户群像",并表示,"媒体价值的一个很重要的指标,就是它打动自己独有用户群的能力。从调研数据来看,红星新闻用户中,高学历、高收入人群集中度较高,用户对红星新闻满意度较高"[①]。

---

① 宋莉.5G环境驱动新闻媒体内容与分发精细化场景化运营[EB/OL].(2019-12-30)[2024-11-11]. https://baijiahao.baidu.com/s? id=1654344101219165874&wfr=spider&for=pc.

第三章
海外媒体融合研究

第一节　引领前沿，追求创新
——美国媒体融合发展的经验与启示

早在20世纪70年代中叶，国外媒体就已经开始探索融合创新之路。随着计算机和网络技术的持续发展，国外媒体的融合也逐渐从"简单相加阶段"走到了"深度相融阶段"。纵观美国媒体的融合历程，在完成组织机构的调整与生产方式的变革后，它们并未止步于此，而是紧随技术前沿，不断地为媒体融合注入新思路，实现新突破[①]。

在媒体融合的起步阶段，改变过去的媒体组织机构是前提。在美国，无论是报业还是广电业，媒体组织机构的融合过程中都彰显着"数字化"与"资源共享"的理念，它们通过部门重组以适应数字化的新闻生产流程，并利用新型的资源共享平台提高资源的利用率，从而实现新闻生产的同步化与全球化。例如CBS就曾将广播部调整至"新闻中心"旗下，共享"中央DESK"中电视新闻频道、网站、移动客户端的资源；《华尔街日报》通过合并《华尔街日报》与"道琼斯通讯社编辑部"形成了蜂巢式的办公结构，将内容采编置于统一的全球数字采编平台下，形成一个整合的全球性工作空间。人工智能时代，新的岗位与部门被催生。如美联社的数据部门和技术专家进入编辑部后成为重要的成员，推动了人工智能技术在新闻生产过程中的融合，也促进了媒体组织机构的不断完善。

除了组织机构的融合，美国媒体还将"数字共享"的理念应用到了信息的采集与处理上。早期探索阶段，仅有少数拥有多媒体技术的采编人员率先参与到信息采集融合事务中。2010年后，由于各媒体大力引进信息采集

---

① 李薇，江春风. 国外媒体深度融合的主要方式及变迁[N]. 中国社会科学报，2021-11-08(7).

技术人员和对在岗的采编人员进行技术培训,美国媒体信息生产和新技术的深度融合得以飞速发展。如美联社就让智能机器参与对数据、文字、图像和视频的初步处理,以解放新闻从业者,提高生产质量。2020年,面对新型冠状病毒爆炸式增长带来的海量信息,普通的采编手段很难输出高质量的分析报告,《纽约时报》则通过新闻编辑室的技术人员实现了"病毒追踪"和信息搜集与处理的自动化,最终在人工的辅助下成功将复杂的数据转化成了可视的数据网络,并将其分享给其他网站,持续为公众提供着最新的疫情信息。

媒体组织机构融合和采编融合后,文字、图片、音频、动画、视频、虚拟现实等多种传播符号呈现的叙事文本出现在同一载体中成为可能,将这些叙事文本整合成完整的故事进行定向传播也成为可能。此外,社交媒体和短视频平台的快速发展也为传统媒体带来了新的机遇与挑战。因此,到了媒体的叙事形式与内容深度融合的层面时,新媒体传播成为美国各大媒体的关注重点。在电视领域,美国媒体不仅积极入驻新型的社交平台,还针对网络电视用户打造专门的流媒体平台,以实现资源的高聚合与再生。早在2014年,CBS就推出了互联网影音服务品牌"全渠道",为网络用户提供各类热播剧目与新闻节目,CNN也宣布在2022年第一季度推出新的流媒体服务CNN+,加深用户在视频领域对其新闻产品的依赖。对报纸而言,用户媒介使用习惯的变化对新闻媒体的信息呈现方式提出了更高的要求,想要深度融合产品形式与内容,打造全新的融媒体新闻产品是关键。早在2012年,《纽约时报》就在传统的新闻报道中融入了多媒体交互技术,通过视频、图片、3D模拟动画等技术为用户描绘新闻现场,带给用户强大的视觉冲击。美联社也在2016年就生产了许多虚拟现实新闻和全景式新闻,还在新技术的帮助下将历史影像资源带入大众的视野,带给用户全新的交互体验感。美联社在2023年与OpenAI的合作也推进了生成式AI在新闻领域的应用。

近十年来,美国媒体深度融合的成效逐渐显现。传统的线性采编组织形式已经被全面替代,技术也促进了内容与形式的深度融合。另外,一些带有年轻血液的新媒体平台的诞生,更是将互联网基因嵌入了信息生产中,使传播的广度、力度、深度都大大提升,其内容的鲜活性和长效性都得到了增强。美国媒体深度融合进程中的经验,如实现了以融媒体采编系统为基础的网状式组织架构建设,创新了以融合信息产品为核心的"一次采集、数次创作、多次分发"的采编全流程,以市场信息需求为导向快速培养了大量全媒体内容制作团队,等等,都是值得广泛借鉴的。不过,美国媒体组织架构建设受技术驱动市场思维影响,削弱了主流媒体的信息把关能力,使得新闻的真实性和权威性遭受质疑[①]。因此,我们一方面要学习美国媒体融合的先进之举,另一方面也要注意在本土化的过程中坚守新闻传播的原则与信念。

一、美联社:通讯社的智能化变革

美国联合通讯社(The Associated Press)成立于1846年,是美国最大的通讯社,合作伙伴有1700多家报纸、5000多家电视和广播电台,其在全球有243家新闻分社,在120个国家设有办事处。作为一个相对独立的政治经济实体,美联社始终随着社会环境的变迁不断革新其新闻报道方法和宣传手法,以满足受众日益变化的口味和兴趣,在美国甚至全球媒体领域中获得了极大的声誉。

智能媒体时代,人工智能和通信技术的发展对新闻生产与传播产生了重大影响,新闻行业的内部结构和内容生产也发生了巨大变革。美联社从2013年开始大力推进技术革新,通过智能化创新实现新闻生产领域的提速提量与提质提效。近年来,美联社致力于追踪人工智能技术前沿的成果,创造性地开发了更多新闻应用场景和新鲜的新闻产品,引领着媒体的智能化发展。

(一)技术与人才的智能化融合

随着语音交互、算法推荐、智能写作等技术的不断发展,国内外媒体纷纷开始瞄准新闻生产的智能化创新,并结合自有资源制定了人工智能时代的技术融合策略,从组建机构、配置智能装备、培育智能人才出发,不断地尝

---

① 李薇,江春风.国外媒体深度融合的主要方式及变迁[N].中国社会科学报,2021-11-08(7).

试将新兴技术应用于新闻实践。美联社不仅采用外部合作与自主研发相结合的模式来实现智能技术突破,还调整了岗位设置及人才培养方式以适应智能变革,全方位地实施了智能技术融合的策略。

1. 技术更新促进生产智能化

2014年以来,美联社将智能机器的应用作为重要的战略发展方向,采取"以外部合作为主、自主研发为辅"的模式推进智能写作。为了满足记者新闻采集的新需求,美联社自主开发了一系列高技术软硬件,投入新闻生产中,如2016年打造的机器学习算法成功应用于帮助推算竞选结果。虽然美联社在智能技术的开发上投入了不少精力,但其新闻生产上的智能化更多是靠与专业的科技公司的合作来实现的①。

首先,美联社与人工智能领域的新兴企业积极合作,实现自动化生产部分新闻。面对生产力不足的困境,机器辅助新闻生产应运而生。美联社为了将众多记者从烦琐的初级任务中解放,选择与自动洞察公司合作,借助该公司"语言大师"这一智能语言生成器实现了新闻采集的智能化。该机器的强大兼容性可以通过自动化技术对各种渠道的信息、数据实现规模化的处理,利用算法运算使数据的可视化成为可能,并通过云技术实现内容的即时发布。与传统的新闻采集相比,机器辅助新闻能够更快、更精准地处理庞大的数据与信息,并且能够辅助人工完成对数据的深度挖掘,提高新闻生产的品质与深度②。随着生成式AI在新闻领域的深度应用,2023年7月美联社与ChatGPT的开发公司OpenAI达成协议,授权OpenAI使用美联社部分新闻存档,美联社大量的新闻报道将有助于提供训练ChatGPT等人工智能系统所需的海量数据,而OpenAI则向美联社提供技术与产品。

其次,美联社还和科技公司合作以引进最新的技术。例如,在与数字地球公司的合作中,美联社曾经利用其卫星图像为东南亚渔业公司奴役劳工的调查报道提供关键证据;美联社还与在线新闻机构Spectee合作,利用人

---

① 新华社"人工智能时代媒体变革与发展"课题组,何慧媛. 国内外媒体应用人工智能的现状及影响[J]. 中国记者,2020,554(2):4-9.
② 徐健. 人工智能助力美联社新闻生产变革[J]. 传媒,2019,294(1):58-59.

工智能和专利技术有效减少其在搜集、分析社交媒体用户所发布的视频图像等非文字类资料上花费的时间①。为了更好地实现图片领域的智能化处理,美联社还与谷歌合作,对社交媒体平台上的照片、视频进行识别,并在使用前进行智能化整合,梳理后进行使用②。正是通过和科技公司及新兴企业的密切合作,美联社的智能化进程才能顺利而快速地开展,通过高效率地引进新技术来解放人工,为用户提供更多元的新闻内容。

2.调整架构实现人才智能化

新技术的引进不仅促进了美联社新闻生产方式的转型,还推动了人才配置的调整。为了搭建起更科学的人才架构,美联社从岗位设置和人才培训两方面入手。

岗位设置方面,首先是引进高端技术人才,如美联社任命贾斯汀·迈尔斯(Justin Miles)负责开发实现自动化的新闻编辑工作的软件,他还负责数据分析板块,引领全社了解机器学习、自动化等其他先进技术,保持对机器促进新闻生产的关注;其次,美联社调整了新闻编辑部的人力资源构成结构,增强了技术人员的地位。如数据科学家和计算记者进入编辑部后成了重要成员,推动了人工智能技术在新闻生产过程中的融合,加快了技术融合的脚步。

人才培训方面,数字化转型下员工的工作方式被技术颠覆,美联社每应用一项新技术,都会对员工进行培训。结构式培训旨在通过技术研发公司的上门演示让员工了解并熟练操作智能机器,非结构式培训则是普及新的人工智能知识,通过报告会或博客的形式帮助员工学习③。

(二)数据与产品的智能化生产

随着媒体对人工智能技术的引进与应用,新的媒体业态不断催生,新闻

---

① 新华社"人工智能时代媒体变革与发展"课题组,何慧媛.国内外媒体应用人工智能的现状及影响[J].中国记者,2020,554(2):4-9.
② 徐亚新.智媒时代短视频新闻视觉传播研究:以四家世界性通讯社为例[D].兰州:西北师范大学,2021.
③ 新华社"人工智能时代媒体变革与发展"课题组,何慧媛.国内外媒体应用人工智能的现状及影响[J].中国记者,2020,554(2):4-9.

媒体也致力于开发全新的智能化生产路径及新闻产品,利用机器和科技扩展新闻媒体的发展空间。

1. 数据驱动内容生产

在新闻生产过程中,数据的加入不仅促进了数据新闻的发展,还助力新闻工作者和其他行业的从业者更全面地把握市场需求。2017 年,美联社与麻省理工学院社交机器实验室推出的智能分析平台 Cortico 合作,对特朗普(Trump)上任前 100 天的网络数据进行解析,以获取大众对此话题中不同问题关注程度的区别以及大众的反馈态度,以此了解受众,用数据驱动新闻内容生产。通过机器学习与数据分析,美联社洞察了公共话语随着时间演变的潜在来源,如意见领袖的意见在网络中的影响力、平台疲劳和新奇感的消失、发布时间与关注度的联系等,这些都帮助美联社用数据透视市场,深入洞察网络中受众的心理与行动,从而把握受众对话题的兴趣点,精准化生产。

2018 年,美国新闻学会和美联社公共事务研究中心合作进行了一项研究来调查订阅报纸的人的动机。这项研究发现,大约 60% 的受访者的订阅动机是希望获取本地新闻,31% 的受访者是为了支持本地新闻,订阅后的读者中 78% 的人表示他们倾向通过报纸获得可靠、准确的事实。通过这项研究,美联社针对性地生产了大量受众想要获取的本地新闻故事,有效实现了订阅数据增长。

为了增强新闻的可读性和渗透性,美联社和 Graphiq 技术公司达成合作。该技术公司拥有超过 2500 亿的数据点,其庞大的数据库以智能化和可视化为亮点,帮助新闻工作者在面对复杂数据时能够从容处理,可视化的数据也进一步激发了其探索数据的意识。自 2016 年双方签订正式的合作协议以来,该技术公司为美联社量身打造了专属的新闻信息数据库,使美联社具备了借助数据库和智能化数据处理工具的能力,并实现了新闻数据的高效处理与可视化[①]。

---

① 徐健.人工智能助力美联社新闻生产变革[J].传媒,2019,294(1):58-59.

2.智能时代的产品创新

人工智能既是帮助记者识别引人入胜故事的助手,又是内容创作的可靠合作者。此外,技术的应用还为新闻产品的创新提供了新的路径,新闻工作者可以花费更多时间学习新技术,并将新技术与传统新闻内容相结合,打造出更符合受众消费习惯的新式产品。

人工智能在新闻行业的应用首先催生了许多新的新闻呈现形式,如 VR 新闻、无人机新闻、AI 新闻等等。自 2016 起,美联社已经生产了许多虚拟现实新闻和全景式新闻,包括各类与灾难相关的虚拟新闻产品,受众可以在虚拟新闻产品中体验到极具现场感的受灾情况。此外,美联社也设置了直播平台,以实时呈现突发性事件和重大事件的现场,如 AP Live Choice 能同时在三个频道进行不同新闻事件的现场报道,极大地提升新闻报道的渗透性效果[①]。

美联社除了创新新闻呈现形式,还利用新技术促进了视频化的发展。2017 年,美联社开始使用 Wibbitz 自动生成视频平台鼓励用户生产内容,以加强与用户的联系,丰富社区内容。美联社还利用自动化视频创作平台和 Rivet 的音频制作功能打造最新的新闻报道,供各类个人设备、智能屏幕和公共展示场所的多用途使用,进一步扩展了其视频内容的覆盖面[②]。

作为世界公认的一流通讯社,美联社不断跟进人工智能技术的发展方向,通过对先进技术的应用建构了智能化新闻采集与生产的新格局,其在 2023 年与 OpenAI 的合作也是美国主要新闻媒体与 AI 公司达成的首批官方新闻共享协议之一。美联社自我研发与对外合作相结合的发展方式、对高技术人才的引进与培养等都是值得学习的[③]。

---

① 徐健.人工智能助力美联社新闻生产变革[J].传媒,2019,294(1):58-59.
② Eastern Standard Time:Wibbitz and Rivet Smart Audio Partner to Scale Production of Multimedia News Stories with AP Content[EB/OL].(2018-11-14)[2023-07-14]. https://www.businesswire.com/news/home/20181114005536/en/Wibbitz-Rivet-Smart-Audio-Partner-Scale-Production.
③ 徐健.人工智能助力美联社新闻生产变革[J].传媒,2019,294(1):58-59.

二、《纽约时报》：技术革命下的角色变更与生产转向

《纽约时报》(*The New York Times*)1851年创刊于美国纽约，是美国高级报纸、严肃刊物的代表，长期以来在世界范围内有着极大的影响力、良好的公信力和权威性。随着信息技术的进步与市场环境的转变，传统报刊媒体已在新兴技术和新需求的影响下走向转型，以"技术融合"为出发点，带动"内容生产"和"分发渠道"的融合。新闻媒体不再只是信息生产者和传播者，还是知识的管理者和社会数据的搜集者，其媒体角色的内涵变得更加丰富。

(一) 从信息传播者到信息管理者的角色变更

各类新技术的融合为传统媒体对信息的处理与储存带来了更多可能，《纽约时报》在"大数据"思维的影响下通过对信息技术的应用率先搭建起了自己的数据库，极大地提高了新闻生产效率，也扩展了内容创新空间，实现了从单一的"信息传播者"到综合的"信息管理者"的角色转换。

1. 编织独家数据网络

《纽约时报》累计发表超2000万篇文章，海量的文章是其独一无二的知识资源[1]。技术融合为这些"无形资产"的"有形化"提供了方向，《纽约时报》选择通过数据网络实现对知识资源的"建库"与"检索"。

时光机(Times Machine)。目前《纽约时报》已经实现了索引库的全面数字化，来自世界各地的用户都可以在《纽约时报》官网使用"时光机"检索"《纽约时报》索引库"中的报道资料。新闻工作者在采集新闻中需要查阅大量的企业档案、政府文件等资料，调查记者也会通过各种途径搜集整理许多宝贵的资料。这些信息储存进《纽约时报》索引库"后，新闻工作者查阅资料将会变得非常容易，从而极大地提升了新闻报道写作的效率，为新闻专题

---

[1] 郑忠明，江作苏. 新闻媒体的知识管理：另一种角色期待：以《纽约时报》创新实践为例[J]. 新闻记者，2016，399(5)：27-37.

的创新带来了新的灵感。Times Machine 首页如图 3-1 所示。

图 3-1　Times Machine 首页

《纽约时报》注释语料库(The New York Times Annotated Corpus)。为了提高知识库的数据利用率,《纽约时报》先将知识库中的"知识"转换为立足于语义网技术的"元数据",建立起《纽约时报》注释语料库后,再把知识库开放给网络用户检索。语料库中大多数文章都由图书馆的工作人员手动汇总和标记,为了更好地完善语料库的建设,《纽约时报》还为数据库的研究人员建立了一个社区网站(如图 3-2 所示),便于其进行反馈和讨论[1]。

文本编辑器(Editor Project)。在构建知识库的语义网元数据的同时,《纽约时报》每天都在生产新的文章,为了提高数据库构建的效率,新闻在生产的过程中需要为入库做准备,即被赋予元数据,这部分由人与机器共同完成[2]。当记者在文本编辑器中写作时,每个单词、短语和句子都会被发送到网络上,以便机器处理完该文本后再将相关元数据发送回编辑器界面,并对记者进行指导,即注释的短语会即时在文本中突出显示。当记者完成写作时,他们可以轻松地查看建议的注释,从而减轻工作负担,并同时完善数据库的建设。

---

[1] The New York Times Annotated Corpus[EB/OL].(2008-10-17)[2023-07-14]. https://catalog.ldc. upenn. edu/LDC2008T19.

[2] 郑忠明,江作苏.新闻媒体的知识管理:另一种角色期待:以《纽约时报》创新实践为例[J].新闻记者,2016,399(5):27-37.

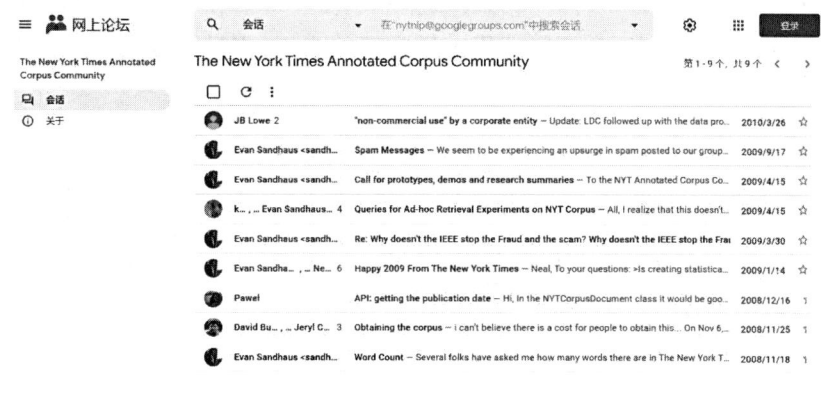

图 3-2 数据库研究人员的网上论坛

2.融合应用新闻生产

有了数据库的支持后,作为"信息管理者"的《纽约时报》,其生产新闻的方式自然也会发生变化。

第一个变化是"新闻合辑"的出现。在庞大的数据库的支持下,新闻工作者可以对已有的信息资源进行再组合与再创作。例如,2014年情人节期间,《纽约时报》的编辑记者从过去的数据库中找到了9条关于"爱情"的旧报道,将其组合成一个合辑,为读者带来了全新的阅读体验,收获了可观的阅读量。此外,《纽约时报》编辑还把一位专栏作家针对"非法性交易"发表的7篇报道进行整合修改,并将其重新命名为"妓院之内"。新编辑的文章总共获得了46万的点赞,而此前的7篇文章从未如此受欢迎过,可见在新技术与新思维的辅佐下,旧的内容也能获得新生,在网络中与用户碰撞出新的火花[①]。

第二个变化是"机器写作"的出现。想要将机器人投入新闻生产,首先需要实现对知识数据的管理。当实现了上述知识库的建设和知识的编码化管理后,机器将更好地处理数据以加入新闻生产,并有效弥补人工搜集处理数据上的劣势,例如在突发新闻中,机器人可以快速收集相关背景

---

① 郑忠明,江作苏.新闻媒体的知识管理:另一种角色期待:以《纽约时报》创新实践为例[J].新闻记者,2016,399(5):27-37.

知识并将其组织成"时间线"式的叙述方式①。机器人还可以参与到知识的自动化生产中,将记者从资料搜集工作中解放出来,把精力放到内容的深度挖掘上。

(二) 用户需求导向下的生产转向

媒体融合不仅是媒介形态的融合,更应该是专业媒体工作与用户感受之间的融合。在信息技术带动用户能动性提升的今天,传统媒体的生产过程也出现了以用户需求为首的生产转向。《纽约时报》的媒体融合主要表现在参与互动、融合交互技术和大数据生产上。

1.通过社交平台参与用户互动

2020年,《纽约时报》用户副总监安娜·杜本科(Anna Dubenko)牵头打造了一支全球性的24小时用户监测团队,帮助监控社交媒体上的最新资讯与趋势。团队通过标记早期趋势和需要报道的故事来保证美国用户在醒来时可以接收到最新的好故事;他们还会查看和搜索社交平台的热点,帮助编辑合理安排当天的新闻活动。对于社交媒体而言,速度尤其重要,在临近"选举日"时,《纽约时报》编辑部门还会提前准备视觉模板和框架,帮助用户能够在 Facebook、Twitter 和其他渠道上获得最新信息和新闻编辑室的最佳报道②。随着 ChatGPT 在社交方面的应用,嗅到了商机的《纽约时报》在 2023 年 2 月 14 日直接推出了一个"让 ChatGPT 帮你生成情书或贺卡"的栏目(如图3-3所示),拓展了社交平台参与用户互动的创新模式。

《纽约时报》的"用户参与文化"还表现在鼓励用户在网络上对文章进行评论。帮助用户找到"连接感"是线上社区的使命,《纽约时报》在社区运营中会突出读者对于文章的评论和反馈,以此鼓励读者分享他们的观点,促使

---

① 郑忠明,江作苏.新闻媒体的知识管理:另一种角色期待:以《纽约时报》创新实践为例[J].新闻记者,2016,399(5):27-37.
② Emily Palmer[EB/OL].(2020-11-01)[2023-07-14].https://www.nytimes.com/2020/11/02/insider/election-social-media-coverage.html.

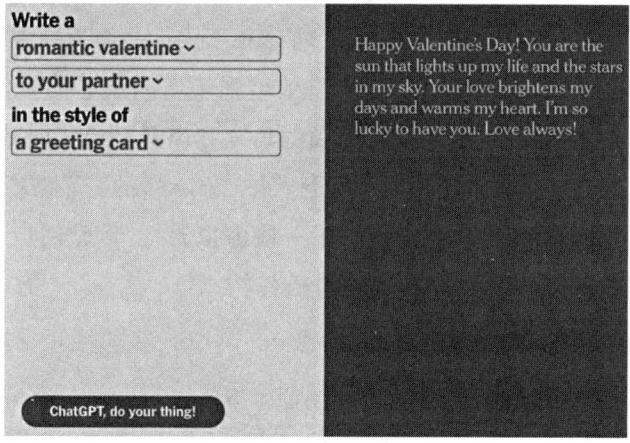

图 3-3 《纽约时报》中的 **ChatGPT** 生成栏目

读者与作者、读者与读者之间产生情感共鸣,增强了文章在网络上的影响力[①]。此外,评论部分还提供了一个在受控制的空间中进行辩论和讨论的机会,为《纽约时报》的记者带来更多思考角度和灵感,还为读者提供了听取他人故事的机会,一定程度上拓展了文章的内涵,有助于其与读者建立持久的关系。

2. 交互技术丰富新闻样态

碎片化、视频化的信息传播形式让用户更偏爱"泛阅读",这一媒介使用习惯使新闻媒体对信息的呈现方式提出了更高的要求,《纽约时报》率先将信息可视化应用到了新闻报道中,越来越多的新媒体元素被加入新闻生产中,为用户提供不一样的参与体验。

早在 2012 年,《纽约时报》在对美国华盛顿州喀斯喀特山脉雪崩事件的专题报道中,融入了多媒体交互技术,通过视频、图片、3D 模拟动画等技术,带给用户强大的视觉冲击。6 天内报道下方的留言超过了 350 万条,访问者超过 290 万,其中有三分之一的访问者是该报的新用户,其多是通过好友分享的链接得知。互联网技术的进步帮助媒体打通了各个圈层和群体之间的

---

① Sona Patel:How Your Comments Make Our Journalism Better[EB/OL].(2021-09-04)[2023-07-14]. https://www.nytimes.com/2021/09/04/insider/reader-comments.html.

壁垒,优质的内容会得到全网的关注,可视化的融合则会更受不同年龄层观众的喜爱①。2015年,《纽约时报》制作了VR新闻产品来报道叙利亚战争下儿童流离失所的故事,借助VR技术有效增强了新闻产品的真实感和体验感,用户也能根据自己的取向调整视频的角度和声音。除了时政新闻报道,《纽约时报》还将VR技术应用到知识科普中,2016年的"寻找冥王星的冰冻之心"项目借助AR技术为用户模拟了一段虚拟旅行,带领用户亲身感受罕见的景色,进一步丰富了VR新闻的内涵②。

3. 数据可视化提升公众认知

技术融合使得媒体对数据的利用早已不是简单的统计和图形化,而是致力于发挥"一图胜千言"的作用。其在为互联网用户提供高效愉悦的阅读体验的同时,还为社会公共服务提供帮助和提升公众的认知水平③。

2020年,《纽约时报》的"冠状病毒追踪项目"通过新闻编辑室开发人员的编码与程序设计实现了"病毒追踪"部分信息搜集的自动化,并从整个公司招募开发人员投身于爬虫程序的编写,不断完善这一数据搜集处理工具。尽管已经一定程度上实现了自动化,其部分数据还是手工录入,且全部由记者和研究人员人工验证以保证数据报告的严谨性和主题的流畅性④。

汇聚了世界各地网站的数据后,《纽约时报》所呈现的数据就成为该病毒潮起潮落的每日快照,有关病毒的最新资讯会覆盖到美国的每个州和数千个县、市,为公众提供最新的疫情信息,也为政府管理提供数据上的参考,如图3-4、3-5所示。此外,其官网上特意设置了新冠疫情专题,用于解答公众关于疫情的疑问,使得公众对于新冠病毒的认知得以提升,极大地降低了

---

① 张小强,周晓淇.国外报业数字化先驱媒介融合的进展与挑战:以《纽约时报》和《卫报》为例[J].科技与出版,2015,248(8):109-115.
② 周璐.《纽约时报》VR新闻的实践与探索[J].传媒,2017,263(18):58-59.
③ 刘苗苗.《纽约时报》数据新闻可视化的生产策略与规范研究[D].济南:山东大学,2021.
④ 10 Million data requests:how our covid team tracked the pandemic[EB/OL].(2021-06-24)[2023-07-14]. https://www.nytimes.com/2021/06/24/insider/covid-tracking-data.html.

政府的宣传和管理难度①。该举措充分发挥了融合媒体的公共服务功能,促进了社会的和谐发展。

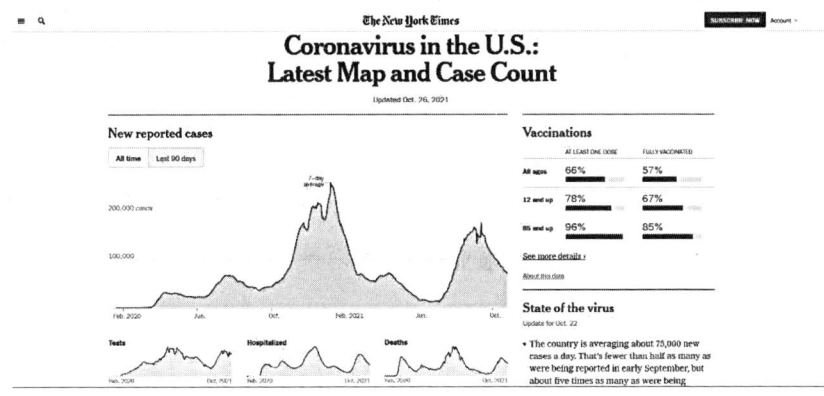

图 3-4　美国的冠状病毒地图和病例数

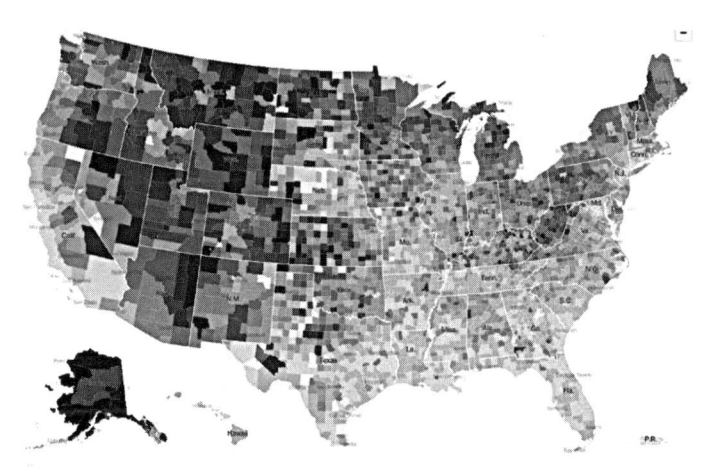

图 3-5　美国新冠热点图

新闻领域的融合转型需要依靠新闻从业者转变内容生产思路,借助技术将其资源转变为更有价值的"知识",从而推动新闻媒体的职能从单纯的信息制作传播转向知识管理与数字服务。以构建全球性的数字新闻机构为目标,《纽约时报》构筑数据库、语料库,将过去积累的报纸资源转化为公共

---

① 10 million data requests:how our covid team tracked the pandemic[EB/OL].(2021-06-24)[2023-07-14]. https://www.nytimes.com/2021/06/24/insider/covid-tracking-data.html.

知识财富,造福了广大媒体从业者和研究者,带给了社会不局限于"新闻媒体"这一概念的价值。技术既是新闻媒体进行知识性生产活动的推动力,也是连接用户与媒体的关键桥梁。在技术的变革下,专业媒体有了更多机会了解用户的需求,甚至能让用户参与到新闻的生产中。《纽约时报》从用户视角出发,大胆在社交媒体进行尝试,并借助新兴技术产出了形式多样的数字新闻。

三、《华尔街日报》:传统报业的流程再造、付费实践与产品创新

《华尔街日报》(*The Wall Street Journal*)创刊于1889年,凭借着对财经新闻的特色报道,其吸引的读者主要为政治、经济、教育和医学界的人士,金融大亨和经营管理人员以及股票市场的投资人等。《华尔街日报》在互联网领域的扩张始于1996年,其推出的《华尔街在线日报》作为印刷报纸的补充,实行"仅订阅用户可访问"制度[①]。《华尔街日报》在全球范围内扩展其内容覆盖面,大力推动新闻生产理念的全面改革,努力实现传统新闻生产的流程再造和产品创新,以提升新闻产品的社会价值,并致力于打造符合时代需求的数字新闻品牌。

(一)以数字和共享为导向的机构重组

《华尔街日报》将内容采编置于统一的全球数字采编平台,并将其打造为整合性、全球性的工作空间。数字化的采编平台帮助编辑部高效地整合资源,并在独家新闻、突发新闻、地方新闻等内容的生产上提供便利。经过融合重组的编辑部在办公环境、流程和组织等方面也表现出了高效、互通、共享的机制特点,其融合式编辑中心的办公楼采用现代化设计,使得整个编辑部酷似一个由正六边形簇拥而成的蜂巢式结构(如图3-6所示),其中的每个六边形结构都由新闻编辑、社交媒体、移动、信息图表、设计、视频等因子

---

① The wall street journal[EB/OL].[2023-07-14]. https://en.wikipedia.org/wiki/The_Wall_Street_Journal.

巧妙连接,这种共享状态消解了传统的部门之间的隔阂,以人作为采编事业的核心联结点,突出高效性和互联性,推动了内容生产的流程再造和人力资

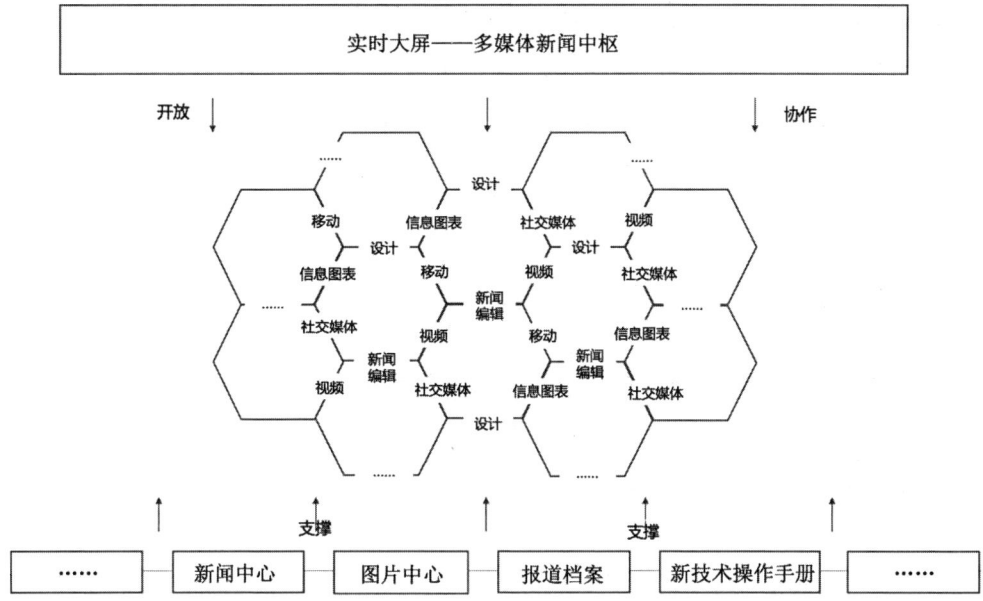

图 3-6 《华尔街日报》编辑部蜂巢式办公结构②

《华尔街日报》编辑团队正在尝试建立一套包括内部数据库、新闻中心、图片库、报道档案以及新技术操作指南的综合系统。通过数字化编码,该组织的资料被有序地归档成电子文档,转化为机构的数字资产。在《华尔街日报》的新部门扩展计划中,开放性和资源共享的理念得到了体现。2019年,《华尔街日报》开始拓展新的部门,目的是获取和分析受众数据、探索创新方向。其设立的新部门主要包括:年轻受众部(Young Audiences)、新受众部(New Audiences)、会员管理部(Membership Engagement)、新闻创新部(Newsroom Innovation)和数据方案部(Data Solution)。年轻受

---

① 崔阳阳,王媛莉.融媒体背景下海外报业的流程再造与产品创新[J].国际品牌观察,2020(36):75-77.
② 崔阳阳,王媛莉.融媒体背景下海外报业的流程再造与产品创新[J].国际品牌观察,2020(36):75-77.

众部和新受众部旨在通过打造年轻人社区和针对特定群体生产新内容,以发展更多新用户;会员管理部则把注意力放在已有订阅者身上,通过优化搜索引擎、更新内容格式和改进评论系统等方式,为读者打造更好的数字阅读空间;新闻创新部意在推动新闻编辑室的职能优化,鼓励新闻编辑室提出创新想法与建议,这些想法将由新闻编辑室的委员会进行评估;数据方案部以"让受众数据分析更上一层楼"为目标,通过分析数据增强新闻生产的针对性和影响力。这些部门同样以开放和共享为特征,互相融合、相互协作、共享资源[①]。

(二)以内容和技术驱动的付费实践

事实上,传统报业在新媒体时代的融合过程中对资金和技术有极大的需求,单纯的广告收入并不能覆盖其改革支出。因此,营收模式上的创新是融合的关键步骤之一,传统报业要不断开拓新的盈利方式,知识付费或将逐渐成为报业收入的新渠道,《华尔街日报》"付费墙"的实践可以为我们提供一些参考借鉴。

《华尔街日报》推动"付费墙"策略的顺利实施及其订阅用户总量的不断扩大,得益于其对新闻内容品质的把控与将新技术应用于生产的策略。正是对内容和技术的关注让更多用户心甘情愿加入订阅的"消费共同体"。在内容方面,经济报道的专业性和深度性在增强用户黏性方面发挥了关键的作用。《华尔街日报》一直都强调在报道抽象的财经事件时,要用一个个精彩有趣的"小故事"将"大主题"烘托出来。专业的数据来源和数据处理成就了其新闻内容的权威性,该报固定刊出的各类数据有80多种,其中包含大量的原始数据、表格、图形和专业知识,这些专业的统计数据刺激并调整着美国企业与财经业的运转。因此,《华尔街日报》所涵盖的内容对于读者来说是宝贵的、不可替代的。此外,《华尔街日报》旗下拥有上千

---

① CHRISTINE SCHMIDT:How The Wall Street Journal is building an incubator into its newsroom,with new departments and plenty of hires[EB/OL].(2019-08-12)[2023-07-14]. https://www.niemanlab.org/2019/08/how-the-wall-street-journal-is-building-an-incubator-into-its-newsroom-with-new-departments-and-plenty-of-hires/.

名具备专业财经背景的记者,他们丰富的经验和成熟理性的态度使得该报能够从经济角度深入探求现象背后的本质,为读者提供可信赖、有深度的报道分析①。技术方面,《华尔街日报》"以受众为中心"的新闻理念促使其将大数据系统应用到新闻内容的生产实践,借助新技术实现与用户的对话,时刻把握潜在订阅者的信息需求。2020年,《华尔街日报》向大众介绍了用以探测用户需求的大数据工具——覆盖策略映射器(Coverage Strategy Mapper),其能辅助《华尔街日报》了解核心受众和潜在受众的阅读取向和注意力分布情况,从而在生产新闻内容时可以实现新受众的兴趣和老用户的需求之间的平衡,并更准确地获悉时下的新闻热点,实现个性化的新闻生产,提升用户体验。

目前,《华尔街日报》仍旧坚持将精选的内容放在"付费墙"后面,并为提升用户订阅意愿采取了更多新策略。如2019年该报设置了"情报层"这一倾向探测模型,从用户的访问次数、设备类型、消费偏好等信息来为用户打分,分数越高,付费订阅的概率越大,这意味着《华尔街日报》的"付费墙"能够预测用户喜好,从而发现更多潜在目标②。2021年6月该报又推出了名为"相信你的决定"的品牌营销活动,该活动可以理解成付费内容的免费开放日,它让所有内容在当天可被免费访问,以刺激用户加入付费队伍,推动其付费品牌的进一步扩张③。

(三)以新鲜和多元为特点的产品创新

纵观美国报业数字化转型的进程,创新内容形态和构建多元化内容产品矩阵都是其产品创新的侧重点,这些尝试也赋予了新闻产品在价值层面更多的可能性。为了适应市场的需求,《华尔街日报》在新闻信息所呈现的内容形式上作出了极大的改变,提供了更多样的新闻产品以供不同用户

---

① 从《华尔街日报》看经济报道的专、深、活[EB/OL].(2019-05-15)[2023-07-14]. https://www.wenmi.com/article/prjb7301m347.html.
② Inside The Wall Street Journal's subscription strategy[EB/OL].(2019-01-22)[2023-07-14]. https://digiday.com/media/inside-wall-street-journals-subscription-strategy/.
③ Inside The Wall Street Journal's latest push for new subscribers[EB/OL].(2021-04-30)[2023-07-14]. https://digiday.com/marketing/inside-the-wall-street-journals-latest-push-for-new-subscribers/.

选择,推动数字新闻品牌的延伸。例如,《华尔街日报》接连推出了信息图(Infographics)、华尔街日报视频(WSJ Video)、华尔街日报播客(WSJ Podcasts)、虚拟现实(Virtual Reality)等各类新闻拓展应用①。另外,《华尔街日报》还在2017年推出了带有个性化推荐功能的应用"我的华尔街日报"(My WSJ),该应用使用人工智能根据用户以前的阅读习惯为其定制专属故事列表,其本质为推荐算法在新闻分发中的应用②。《华尔街日报》在官网中除了为用户提供政治、经济、商业、科技等领域的前沿新闻,还添加了"书籍与艺术""生活与工作"等模块,通过提供专业角度的剖析和相关信息服务来融入大众的日常生活,如"书籍与艺术"中包括电影、电视、音乐、舞蹈、展览等行业的最新资讯和专业评论,"生活与工作"中则包含时尚、旅行、美食、健康等领域的深度报道和资源共享。

近年来,《华尔街日报》还打造了不少以新鲜和多元为特点的新兴数字新闻产品,不断地突破数字新闻产品的边界。例如2018年《华尔街日报》就实现了和国家地理杂志的多平台合作,推出了 *Far&Away* 这本面向商务旅行者的优质印刷杂志,还在数字平台和社交媒体上同步更新。《华尔街日报》对全球信息的洞察力与国家地理的视觉故事资源相融合,为读者带来了真实、有深度的文化体验、旅行策略和内部情报,这个合作产品也为全球旅行者的逃避现实、未知冒险、文化探索和城市发现提供了更多可能性,收获了大批旅行爱好者的关注与认可③。再如,为了吸引年轻用户,该报在2020年推出了针对年轻群体的文化杂志 *WSJ Note*,邀请自由撰稿人及其他新闻媒体记者提供内容。*WSJ Note* 既是一个内容平台,也是一个线上社区,它由团队与年轻读者合作创建。该团队在 LinkedIn 上创建了一个名为 Noted Advisors 的社区群组,产品团队会向读者介绍《华尔街日报》

---

① 崔阳阳,王媛莉.融媒体背景下海外报业的流程再造与产品创新[J].国际品牌观察,2020(36):75-77.
② LAURA HAZARD OWEN:With "MyWSJ," The Wall Street Journal makes a personalized content feed central to its App[EB/OL].(2017-12-11)[2023-07-14].https://www.niemanlab.org/2017/12/with-my-wsj-the-wall-street-journal-makes-a-personalized-content-feed-central-to-its-App/.
③ National Geographic and Wall Street Journal Enter Multi-Platform Collaboration[EB/OL].(2018-05-10)[2023-07-14].https://nationalgeographicpartners.com/2018/05/far-and-away-wall-street-journal/.

正在做的一些事情,并邀请他们加入现场问答和其他社区聚会。此外,该网站还会定期发布年轻人撰写的文章,通过这一举措为《华尔街日报》带来更多不同的声音,也拉近了年轻读者与其心理上的距离,建立了年青一代的品牌忠诚度[①]。

传统报业在打造现代化数字新闻品牌的过程中,新闻生产的流程与产品的创新有着至关重要的作用。新闻机构的重组不能仅仅停留在形式上的融合,而要在实现以数字优先为导向的机构重组后继续推进新闻生产流程的开放与资源的共享。此外,从《华尔街日报》的融合成果来看,充分考虑用户的信息需求后再实施内容创新策略的思路是值得借鉴的,在把握了不同领域和年龄层的群体的新需求后,对应拓展数字新闻产品品类,可以有效延长新闻内容的生命线,增强新闻传播的生命力,如此才能不浪费媒体手中的新闻资源,也能逐步打造有特点的数字新闻品牌。

四、CNN:在移动化和数字化中走向融合

美国有线电视新闻网(Cable News Network)是一家基于新闻业务的跨国付费电视频道。CNN 在 1980 年由特德·特纳(Ted Turner)和瑞茜·舍恩菲尔德(Reese Schoenfeld)创立,是第一个提供 24 小时新闻报道的电视频道,也是美国第一个全新闻电视频道。CNN 自杰夫·扎克(Jeff Zucker)于 2013 年担任全球总裁后,就实施了"移动先行,数字第一"的全新发展策略,在对"移动化"和"数字化"的追求中,CNN 不断革新集团内部组织与生产机制,成功稳固了其在全球新闻领域的头部地位[②]。

(一)架构调整助推生产转型

从 2013 年起,CNN 一直强调将"新闻记者"转变为"全媒体记者",以实

---

① The Wall Street Journal aims for a younger audience with Noted, an Instagram-heavy news and culture magazine[EB/OL].(2020-06-30)[2023-07-14]. https://www.niemanlab.org/2020/06/the-wall-street-journal-aims-for-a-younger-audience-with-noted-an-instagram-heavy-news-and-culture-magazine/.
② 杜毓斌.美国有线电视新闻网(CNN)的新媒体转型之路[J].南方电视学刊,2016(4):23-26.

现从"电视媒体机构"到"全媒体新闻机构"的转变。为此,CNN设立了全新的新媒体部门,助推新闻生产的转型,着力打造新时代的新闻产品。

1. 新闻生产数字化

CNN在组建新媒体部门时,视"数字化"新闻和"移动化"产品为核心目标。为此,新媒体部被设立成三个独立部门,分别是数字新闻采集节目部、数字新闻编辑部和数字产品部,三个部门各司其职,共同协作,实现新闻内容的融合生产。

首先,数字新闻采集节目部还细分为许多小组,实行分工协作。其中策划组围绕数字新闻的制作特征展开内容策划;跨平台协作组则与CNN的大新闻中心DESK进行全面合作,实现资源共享。数据新闻内容或电视内容生产出来后,由新闻推送组推送至旗下各个平台,社交组也会在社交媒体进行推广。此外,热门趋势组在各类社交媒体以及门户网站追踪热门话题,以便为新闻制作和内容生产提供线索来源;搜索引擎优化组则利用搜索引擎中的排名提供信息;数据分析组则对数据进行可视化处理以供学习;等等。

其次,数字新闻编辑部聚焦用户信息使用习惯的变化趋势,根据新媒体平台上用户的喜好针对性地处理新闻素材,生产出符合用户偏好的新闻内容。此外,数字新闻编辑部还会制作可重复使用的背景片模板以提高视频创作的效率,这些模板会加入动画和音乐元素,风格多种多样,以知识性和趣味性吸引用户。

最后,数字产品部主要负责各个平台上数字新闻产品的开发,例如移动端、网页端、可穿戴设备、直播端等最新的应用平台。目前,CNN的数字产品囊括了网页、移动网页、客户端、直播流服务、OTT TV、可穿戴设备等各类产品形式,此外还对虚拟现实、增强现实、人工智能等新技术领域展开了深入研究[1]。

2. 内容生产多元化

为了更贴近年轻用户,CNN成立了一个视频部门——"好故事"(Great

---

[1] 杜毓斌.美国有线电视新闻网(CNN)的新媒体转型之路[J].南方电视学刊,2016(4):23-26.

Big Story)。"好故事"以创作不同主题的视频为特色,构建了五个主要类别:人类状况、前沿、地球、风味和起源。这些主题视频都是 CNN 经过市场调研后发现能够在社交平台引起强烈共鸣和互动参与的话题,一般都是源自生活的真实、有趣而不失内涵的故事。这些社交平台中热议的主题及其传达出的个性化价值观帮助 CNN 俘获了年轻群体的注意力,激发广大受众的情感共振。"好故事"视频中往往包含了更多元的叙事主体(如"人类状况"类别中的手工艺者、艺术家、创新者和普通人),也传达了更多元的价值观(如"人类状况"的子主题"反抗"中的"叛逆精神")①。Great Big Story 官网首页如图 3-7 所示。

图 3-7　Great Big Story 官网首页

虽然由于新冠疫情的影响,CNN 无奈在 2020 年 9 月关闭了"好故事"项目②,但这一举措仍为跨文化传播提供了新的方向,国内媒体可以参照 CNN 探索类似的专题栏目,作为非新闻类信息和中国故事的对外传播窗口,并借助短视频平台和社交媒体触达更大范围、更多年龄层的群体。

---

① Great Big Story[EB/OL].[2023-07-14]. https://en.wikipedia.org/wiki/Great_Big_Story.
② CNN Closes Book on Great Big Story, Its One-Time Answer to Vice and Buzzfeed[EB/OL].(2020-09-23)[2023-07-14]. https://variety.com/2020/tv/news/cnn-closes-great-big-story-mobile-video-1234780559/.

(二)打造全球化新媒体品牌

作为国际一流的新闻媒体,CNN在新媒体转型之初便放眼世界,关注全球范围内的传播趋势。在转型过程中,CNN坚持"内容为王",在调整内容生产方向后,利用高效的信息共享机制和组织结构实现了媒体优势资源的共享,顺利生产了符合新时期受众需求的新闻内容。在具备了优质内容后,CNN充分利用全球各个区域的资源,设置面向互联网和移动通信网的信息发布点,并积极与新兴社交媒体深入合作,自主打造流媒体平台。如此一来,CNN借助层层网络逐渐构建起自己的全球化新媒体矩阵[①]。

1.深化平台合作使传播效率最大化

CNN于2017年实现了互联网的跨平台传播,通过移动应用程序、网页、社交媒体和电子邮件渗透受众日常生活,实现新闻传播的移动化。在移动应用程序和网页中,"推送"是吸引受众注意力、实现内容的精准分发的关键,当受众看到具有吸引力的标题的推送通知时,点击推送不仅可以进入应用程序和网页,还可以直接进入其感兴趣的文章,实现"推送"与"内容"的深度链接。谈到社交媒体,CNN则有相当丰富的经验,它通过有趣和有效的方式出现在社交媒体平台上,不仅推动了新闻内容的传播,还巧妙地融入用户的日常生活中,增加了用户选择CNN获取新闻的可能性。另外,CNN在不同的社交媒体上实施了差异化的运营策略,例如CNN在以图片和短视频为主要分享形式的Instagram平台上,除了为受众推送突发或高度紧急的新闻信息,还致力于通过打造精美的视觉体验吸引受众的注意力,如图3-8所示[②]。

不局限于入驻各类社交平台,CNN还与时下最热的媒体公司深度合作。CNN时刻关注着受众的媒介使用习惯变化,以受众喜闻乐见的形式为其提

---

① 刘笑盈,张聪.CNN的新媒体战略[J].电视研究,2011,261(8):75-78.
② Kelsey Cottingham:Multi-Platform Customer Engagement,the CNN Way[EB/OL].(2017-04-04)[2023-07-14].https://www.braze.com/resources/articles/multi-platform-engagement-cnn.

供新闻信息服务。如 CNN 与炙手可热的 YouTube、Facebook、Google 等社交平台深入合作,从社交网站的交互评论功能和人气了解用户需求,并且将传播形式和直播报道结合起来,不仅收获了极高的收视率,还收获了一大批新的年轻的互联网粉丝[①]。

图 3-8　Instagram 社区中 CNN 的新闻风格

总体来说,CNN 在新闻传播的数字化和移动化转型上,一方面化身社交媒体的一员积极融入互联网社区,在互联网中扩展新的受众;另一方面与新媒体平台进行深入合作,借助社交网站如微博等平台实现新闻信息的"病毒"式传播,短时间内使信息的传播触达率最大化。此外,网络中的共享和互动也有助于 CNN 获取各方面的最新资讯和时下最新的流行趋势,强化在新闻领域的优势。

2. 坚守新闻质量助力传播内容品牌化

CNN 在发展新媒体时,并没有受到信息娱乐化和碎片化的过多影响,始终坚持通过高质量的新闻报道和敢为人先的创新精神提高自身产品的竞争力。因此,无论是哪种新媒体形态、哪种标有 CNN 标志的节目产品,都始终保持着 CNN 的高品质和思考力。

---

① 刘笑盈,张聪. CNN 的新媒体战略[J]. 电视研究,2011,261(8):75-78.

在新闻生产融合过程中,CNN 集中精力重点发展优势内容。此前,CNN 在发现"发展综合网站"①行不通后,决定对内容生产做"减法",回归本源"新闻报道",如图 3-9 所示。因此,移动业务中的 CNN 逐渐专注于做最优质的新闻,也更加关注高质量的话题和评论,由此打造了"高质量新闻报道"的品牌形象,在传播载体千变万化的时代中依旧保持了自己的"核心竞争力"②。

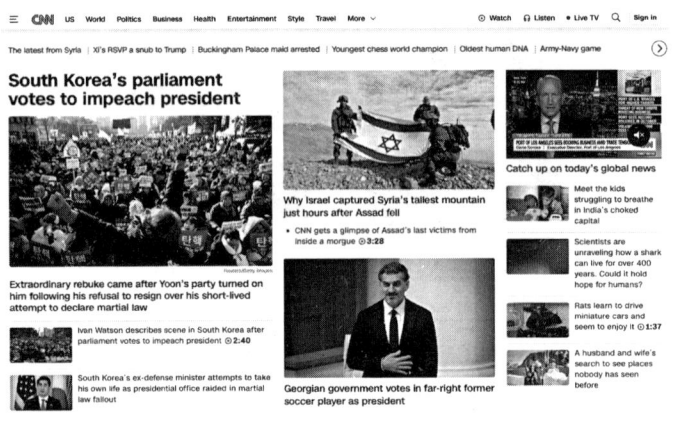

图 3-9　CNN 官网首页以大量的新闻报道为主

除了坚持"内容为王"的新闻生产理念,CNN 还以用户为导向增强了其新媒体产品的服务意识。"打造高质量品牌"的理念是 CNN 在新环境中保持数据增长的关键。2020 年,以印度数字平台为例,88%的用户在 CNN 多平台上的使用时间大大增长,CNN International 也表示,与上一年相比,CNN 的跨平台使用增长率升高③。CNN 亚太地区高级副总裁兼执行主编埃拉娜·李(Erana Lee)认为,2020 年无论是特朗普还是新冠疫情,都在 CNN 平台上得到了精彩的呈现,CNN 不仅提供了可靠的数字,还展示了未来人们健康和

---

① 发展综合网站:指 CNN 也尝试过许多项目,比如论坛、时尚、图书、食品销售等领域。
② 刘笑盈,张聪. CNN 的新媒体战略[J]. 电视研究,2011,261(8):75-78.
③ Vainavi Mahendra:Breaking News! How CNN cracked the code that led to a growth in 2020[EB/OL]. [2023-07-14]. https://www.financialexpress.com/brandwagon/breaking-news-how-cnn-cracked-the-code-that-led-to-a-growth-in-2020/2316281/.

生活方式的危机①。CNN通过社交账号发送信息警报,受众接收后则会进一步在电视和数字网站上了解事件的始末,甚至会停留以持续获取有效信息。事实上,正是因为对新闻内容质量的追求,CNN逐渐成为受众心中"可信任的组织"。

为了进一步扩大其新闻服务的范围,CNN在2022年第一季度推出新的流媒体服务,这项服务被称为"CNN+",它包含三个组成部分:每天8~12小时的直播节目、原创系列节目和"互动社区"。CNN将这项服务称为"跟上消费者不断变化的需求的紧迫任务"。新闻领域的其他竞争对手,如《纽约时报》和《华尔街日报》都有大量订阅业务,但它们是基于文本的,而不是基于视频的。"CNN+"的构想是"专注于视频",且除了原创节目,"CNN+"还设想通过"互动社区"让用户能够在节目播出时与视频中的人物互动,了解他们正在报道的内容②。CNN之所以推出顺应新趋势的视频流媒体平台,是基于用户长期以来对其新闻品牌的信赖和兴趣,这也是其推广全球范围内新闻品牌传播的策略之一。

作为一个靠传统电视新闻起家的传媒集团,CNN在面对媒体转型潮流时突破了"电视"这一媒介定义的限制,大胆地朝全媒体新闻集团的方向迈进,以移动化和数字化的融合方式覆盖更多的用户,也从单一提供新闻的媒介工具转变成受众日常生活中获取资讯的重要载体。

随着YouTube、Facebook这类新兴社交媒体的出现,CNN原有的第一时间独家新闻报道优势逐渐被削弱,其网络份额和电视用户也遭到了其他社交媒体的侵占。因此,在发展过程中,CNN把提供更丰富的信息服务作为最终的发展目标,通过主动融入新媒体、和新媒体积极合作来进一步实现新闻生产与传播的移动化和数字化,把"竞争对手"变为"工具帮手"。

---

① Vainavi Mahendra:Breaking News! How CNN cracked the code that led to a growth in 2020[EB/OL].[2023-07-14]. https://www.financialexpress.com/brandwagon/breaking-news-how-cnn-cracked-the-code-that-led-to-a-growth-in-2020/2316281/.
② Brian Stelter:CNN announces CNN+,'most important launch for network since Ted Turner'[EB/OL].(2021-07-19)[2023-07-14]. https://edition.cnn.com/2021/07/19/media/cnn-plus-launch/index.html.

五、CBS:传统电视媒体的台网融合之路

美国哥伦比亚广播公司(Columbia Broadcasting System, CBS)诞生于1928年,以广播业务起家,现已成为一家包括有线电视、地方电视台、全国和地方广播网、出版、电影、网络以及社交媒体等各类业务在内的大型媒体企业。从最初的广播公司到当下的综合传播公司,CBS 的内部建构和发展规划一直紧随融合潮流。CBS 进军网络业务的时间虽然不长,却取得了显著的效果,其在全媒体思维下的内部结构融合及对流媒体产品的打造思路都极具借鉴意义。

(一)全媒体思维下的结构融合

CBS 最初是由纽约市的人才经纪人亚瑟·贾德森(Arthur Judson)在芝加哥创建的联合独立广播公司网络,其间主要经营着广播业务。直到其总裁威廉·S. 佩利(William S. Paley)意识到"想要提高 CBS 的声望必须使其在公众心目中成为更先进、更有尊严和具有社会意识的网络"后,CBS 于1934年秋天成立了一个独立的新闻部门,由于没有实时新闻报道的蓝图或先例,新部门早期采用了 CBS 五年来一直使用的短波链接,将欧洲事件的现场直播带入美国社会[1]。目前,哥伦比亚广播公司新闻部(CBS News)是该公司的关键部门,在全球聘有逾1300名新闻采集与编辑专业人员。该部门致力于全周无休、全天候地为 CBS 的电视、广播、网站及移动应用平台提供资讯、采访、深度分析以及紧急新闻报道等多样化的新闻内容。得益于其严肃报道的声誉和著名主持人的个人魅力,CBS News 长期占据美国电视新闻节目收视排行榜首的位置,并制作了《晚间新闻》《CBS 今晨》《60 分钟》《48 小时》和《面对国家》等多个著名新闻栏目[2]。

在电视领域,CBS 的涉足始于1931年在纽约市开设的实验台

---

[1] Wikipedia of CBS[EB/OL].[2023-07-14]. https://en.wikipedia.org/wiki/CBS.
[2] 麻静.国际主流媒体台网融合思考:以 CBS、BBC、NHK 为例看媒体融合[J].电视研究,2018(8):94-96.

"W2XAB",其后于1940年在美国传输了第一个彩色广播①。在20世纪60年代之前,广播新闻是CBS的主要业务。然而,到了20世纪80年代后期,美国其他广播业巨头如NBC和ABC由于经营问题开始出售其电台资产,CBS的广播业务也面临利润困境,因此其决定将焦点转移到电视领域,并致力于发展数字新闻与流媒体服务。例如,CBS最初将其广播部门纳入"新闻中心"的管辖范围,该部门与其他单位如电视新闻频道、网站、移动应用以及CBSN②共享"中央DESK"的资源。此外,"新闻中心"的其他分支也会支持广播工作,比如国内外的电视记者会常驻为电台提供报道和资讯,广播部也会同步播出电视或新媒体平台中制作的优质节目,还会截取电视节目中的片段作为播客产品③。

机构的重组和发展方向的调整不仅转变了新闻的生产方式,还使得CBS为用户提供更多创新服务,也有效扩大了新闻内容的覆盖面和影响力。内部调整是传统电台迈入网络领域的重要一步,流媒体和数字新闻服务则是融合发展的新重点,关注用户获取信息习惯的变化,以用户需求为导向提供创新服务在未来会有更大的发展空间。

(二)资源共享与分发渠道的融合优化

除了对公司内部结构的融合管理,传统媒体还应该以融合思维重构其内容的生产流程和分发渠道,根据用户不断更新的需求进行新的定位,缩减同质化的内容产品,并着力打造综合性的流媒体平台,为用户提供更便捷的"一站式服务",加强资源的优化和共享。

1. 新闻领域:共享资源与打造流媒体频道

在融合新闻生产上,CBS广播部和电视及网络新闻部共享报道员,共享不仅仅局限于工作人员,还体现在内容生产上。除了传统的广播电台,广播

---

① Wikipedia of CBS[EB/OL].[2023-07-14].https://en.wikipedia.org/wiki/CBS.
② CBSN:由CBS打造的24小时流媒体新闻节目频道CBS News。
③ 麻静.国际主流媒体台网融合思考:以CBS、BBC、NHK为例看媒体融合[J].电视研究,2018(8):94-96.

部为 CBS 的所有平台，包括电视、门户网站、移动客户端等以及 Facebook 和其他社会化媒体提供音频内容服务，在与其他平台资源共享的同时也增强了自己内容的影响力。

2014 年，CBS 推出了 CBSN 在线新闻平台，该平台被称为第一个"数字流媒体新闻频道"（Live news stream）。CBSN 通过其网站和应用程序实现了每周 24 小时不间断地向用户播放新闻内容，这些内容与 CBS 并不完全重合，它还涵盖来自 CBS 新闻、体育和其他附属板块的内容。另外，直播成为观看 CBS 新闻的一种新方式（如图 3-10、3-11 所示），该平台还允许观众跳过先前的报道或观看回看，以点播的方式选择性地观看新闻。CBSN 这项服务对传统的新闻消费者和新兴的观众都将产生巨大的吸引力，CBS 公司也将继续努力创建不受现场直播限制的综合现代化平台。

图 **3-10**　CBSN 官网首页为用户即时推荐直播内容

图 **3-11**　CBSN 提供了更多直播选择满足用户需求

2. 电视领域：资源的高聚合与再生能力

在电视行业，CBS 把更多的精力投入平台融合上，以促进资源的聚合与再生。为了适应美国家庭通过宽带网络收看视频节目的新形势，CBS 在 2014 年打造了互联网影音服务产品"全渠道"（CBS All Access），以适应和拓展节目跨平台的需求[①]。

"全渠道"中的内容包括 CBS 所有电视网以及附属地方电视台的节目，其中不仅有黄金时段的热播剧目，还有自有版权的各类新闻节目。2015 年 CBS 又面向宽带用户推出网络电视平台"播映时间"[②]。2018 年，"全渠道"和"播映时间"的用户总数接近 500 万[③]，截至 2020 年，其用户总数达到了 1100 万。用户数迅速增长的原因除了平台本身的吸引力与营销，离不开与其他媒体平台的合作，例如 2018 年 CBS 曾与亚马逊（Amazon Channels）携手合作，亚马逊频道通过导流推动用户关注 CBS 的流媒体平台，在大型赛事或娱乐盛典时期成功地为 CBS 的流媒体平台带来明显的订阅量增长[④]。

虽然 CBS 在网络电视上的尝试在短期内收获了大量用户，但其用户规模和网络电视巨头 Netflix 的 6000 万用户量仍相去甚远。事实上，CBS 所打造的"全渠道"流媒体平台若仅停留在对影视资源的整合与分发上，将难以保持生命力，仍须进一步对经营权进行分发，促进平台的原创作品的增长，从而增强平台自我造血能力。2021 年，CBS 将"全渠道"更名为"派拉蒙 plus"（Paramount+），"派拉蒙 plus"使用了来自 Viacom CBS[⑤] 的特许经营权

---

① Jacob Kastrenakes. CBS becomes first major network to launch internet TV service[EB/OL]. (2014-10-16)[2023-07-14]. https://www.theverge.com/2014/10/16/6987543/cbs-all-access-streaming-service-no-cable-required-launches.

② 李宇. 传统电视台发展融合业务的策略与路径：以美国 CBS 和德国 ProSiebenSat.1 集团为例[J]. 电视研究, 2019(9):83-85.

③ MEGHAN O'KEEFE. Inside CBS All Access' Streaming Success Story, One Year Later[EB/OL]. (2018-03-07)[2023-07-14]. https://decider.com/2018/03/07/cbs-all-access-year-1/.

④ JULIA ALEXANDER. CBS is planning an improved streaming service after squandering its head start with All Access,[EB/OL]. (2020-02-20)[2023-07-14]. https://www.theverge.com/2020/2/20/21144199/cbs-streaming-service-all-access-price-house-of-brands-live-news-sports.

⑤ Viacom CBS：Viacom 的前身为 CBS 的电视电影销售部门，1970 年更名为 Viacom（Video & Audio Communications 的首字母缩写）并于 1971 年剥离电视网络。2019 年，Viacom 和 CBS 正式宣布合并.

和资产,除了为用户提供来自多个网络的两万多集电视和电影(如图3-12所示),还吸收了大量网络工作室,包括 BET、CBS、Comedy Central、MTV、Nickelodeon、派拉蒙影业等。基于这一变动,"派拉蒙 plus"将推出一些经典的流行节目及经典剧集的新原创,为用户提供更丰富的影像产品,例如其推出的阿凡达工作室将制作更多基于阿凡达世界的电视剧和电影;其还会对动画作品进行多样化改编,如真人版《爱探险的朵拉》系列。

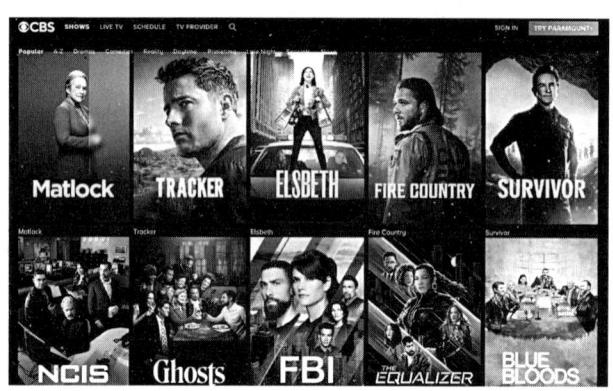

图3-12　**CBS**官网大篇幅推荐其所有剧集,并引导用户尝试 **paramount+**

另外,"派拉蒙 plus"还为用户提供更丰富的体育直播、新闻和活动资讯。此前,"全渠道"用户可以通过流媒体服务观看 CBS 电视上播放的全国比赛和在网络上播出的格莱美奖等活动。"派拉蒙 plus"基于此,进一步拓展了平台上的体育服务,其转播的内容增加了如欧足联足球比赛的体育赛事。另外,"派拉蒙 plus"还强化了平台的服务意识,根据订阅者所在地区为订阅者提供本地新闻和天气更新[①]。

2020年乔治·奇克斯(George Cheeks)被任命为 Viacom CBS 集团总裁兼首席执行官后,他与 CBS 数字团队联合推动 CBS 所有领域的数字品牌化,以融合创新方式为全球观众提供 CBS 的专属内容。乔治曾在 NBC Universal 担任内容中心副主席,在广播和运营方面积累了丰富的经验,凭借对文化变

---

① JULIA ALEXANDER. Everything to know about Paramount Plus, ViacomCBS's new version of CBS All Access[EB/OL]. (2020-02-20)[2023-07-14]. https://www.theverge.com/2020/2/20/21144199/cbs-streaming-service-all-access-price-house-of-brands-live-news-sports.

革和战略、品牌、观众等元素的十足把握,善于将商业经验与创意相结合,带领 CBS 继续巩固其作为收视率最高的广播网络的地位,并将持续推动整个 CBS 集团融合网络的建构①。

新媒体时代,传统电视台推进融合业务的关键就是补齐渠道的短板,实现内容和渠道的联合驱动。CBS 在做好顶层设计和发展规划后,明确将融合的重点放在流媒体和数字新闻的发展路径,通过对生产过程和分发渠道的变革重新赋予原本内容新的生命力。因此,传统媒体在融合过程中也需要先升级经营与生产的理念,再优化业务生产结构,才能找到适合自身的发展路径与商业模式,充分将优势资源转化为多媒体时代的新能量。

---

① GRORG SZALAI. ViacomCBS Names George Cheeks to Replace Joe Ianniello as Head of CBS[EB/OL].(2020-01-31)[2023-07-14]. https://www.hollywoodreporter.com/business/business-news/viacomcbs-joe-ianniello-exit-george-cheeks-named-ceo-cbs-1275283/.

第二节　开放、坚守与共赢
——英国媒体的融合实践

作为世界上传媒业最发达的国家之一,英国是三家全球级通讯社的所在地,包括著名的路透社、新闻联合社和AFX新闻。路透社于1851年在伦敦成立,在逾150个国家设立分支机构,并雇用了超过2000名记者。新闻联合社主要提供公共关系及投资信息服务给全球企业界。AFX新闻由法国国际广播电台和《金融时报》共同经营,为欧洲的企业提供专业信息。在印刷媒体领域,英国出版了诸如《金融时报》《每日电讯报》《卫报》和《泰晤士报》等知名报纸。而在广播电视领域,除了具有国际声望的BBC,还有ITV、SKY等多家知名的商业电视频道。受益于英语的流通性,英国的传媒业务和相关产品如BBC纪录片在全球范围内形成了文化影响力[①]。英国媒体的融合实践探索开始较早,在媒体融合方面具有十分积极的借鉴意义。

在思维转变上,BBC给出了媒体成功转型需要的六个要素,分别为:领导观念与企业文化变革;框架重构;同一空间下的地理位置;新媒体技术;统一标志和对外宣传;产品与平台。英国传媒业的媒体融合已经走在世界前列,媒体内部文化先行的概念建立在每个成员心中,只有思维创新、文化创新,才有实现媒体转型和融合创新的主动性和可能性[②]。

在数字化服务上,传统媒体利用网络平台的可供性向新媒体靠近,新媒体则以OTT为基础吸收和融归传统媒体[③]。在强化新媒体发展上,众多传统媒

---

① 黄立安.英国媒体融合实践的观察与思考[J].传媒,2020(18):49-52.
② 翟慎良.转型没有标准答案,关键是找到受众:英国媒体融合的经验启示[J].传媒观察,2016(11):62-64.
③ 张霁,葛晨莹.刍议英国数字化服务对我国媒体融合发展的借鉴意义[J].北方传媒研究,2017(1):53-56.

体正努力探索盈利模式的多元化,包括会员制、付费订阅、商业性业务等,如《泰晤士报》拥有约20万名每周支付6英镑费用的数字订阅用户。BBC推出的iPlayer播客媒体服务,是英国传统媒体积极探索媒体融合的创新实践,《卫报》、ITV等传统媒体也在积极尝试拓展各类渠道,向新媒体市场迈进①。

在人才培养上,英国的传媒教育理论与实践相辅相成,尤其是媒体机构的岗位经验十分重要。英国大学中设立传媒专业的并不多,但由国家和市场引领的在职教育分布较为广泛。如全国新闻记者协会、汤姆森基金会、BBC海外项目等,都为媒体融合的在职教育提供了平台②。

在媒体法律规制上,强有力的法律约束可以保证行业发展健康有序。英国通信管理局先后出台《通信法》《数字经济法案》等法律法规,以进行全方位的规范管理,通过立法促进产业发展。

媒体融合作为一个世界性的前沿课题,充满了机遇与挑战,其间的流程复杂,需要做到将复杂问题简单化处理,以此获得创新性的变革。从英国的媒体融合实践中,我们可以找到探索方向的参照。

一、BBC:生产模式与内容建构的全媒体融合变革

英国广播公司(British Broadcasting Corporation)于1922年成立,作为英国以及世界上最著名的媒体机构之一,BBC一直都是媒体转型与改革的积极探索者。2015年,为了迎接新的《皇家宪章》保障周期③和2022年的百年诞辰,BBC发布了未来十年的发展规划《英国的大胆创新》,对其未来走向和工作重点提出了新的要求。纵观BBC的融合转型之路,应用科学技术与把握传播市场是其转型成功的重要原因。

---

① 权琪人.英国新闻媒体发展趋势对我国媒体融合发展的启示[J].新闻研究导刊,2018,9(2):135-137.
② 权琪人.英国新闻媒体发展趋势对我国媒体融合发展的启示[J].新闻研究导刊,2018,9(2):135-137.
③ 虽然BBC是由英国政府财政资助的公营性质的媒体,但并非被政府监管,而是由独立于政府之外的12人监管委员会管理,并受《皇家宪章》保障其独立性和规定节目制作与运营的范畴,该宪章每10年更新一次.

(一)生产模式的数字化与智能化

近年来,BBC 持续面临着资金与国内外竞争两方面的压力。截至 2020 年,BBC 由于部分执照免费、转播收入下降等已经亏损了 1.19 亿英镑,其中执照收入的下降主要是由于英国政府允许 75 岁以上的老人不再为 BBC 支付电视执照费①。国际市场竞争方面,随着 Netflix、Facebook 的兴起,以及中国中央电视台、半岛电视台、今日俄罗斯等国家资助性质媒体机构的长足发展,BBC 在全球市场上受到了竞争的压迫。面对上述压力,BBC 首先从组织架构和生产流程两方面进行了改革,从根本上去适应国内外全新的传播环境。

1. 构建扁平化管理格局

机构庞大、成员冗杂的 BBC 在媒体运营成本不断上升、政府资金帮扶力度锐减的情况下,不得不通过改组自身的结构来降低运营成本、提高资源利用率。为了控制成本,BBC 在 8 年内裁减了近半的高层,并对编辑部进行重组,将"中央厨房"式改革应用到旗下广播、电视、网络三大编辑部,以实现最大输出效益。

为了使跨部门的协作和内容的对外输出更有效率、成本更低,BBC 对内部组织进行了数字化改革,将未来媒体部更名为数字化部②,其他部门均围绕内容生产扁平化(如图 3-13 所示)展开,有效避免其内部机构过于庞大冗杂。另外,BBC 还在内容工具上下足了功夫,以数字化、智能化的性能目标重构采编流程,并促使各类内容形态发生转化,最终达到内容生产和创意生产的质效双增。与此同时,BBC 还特意开发了利于交流互通的工具产品,尽可能消除各个地区与部门工作人员间的信息传递阻力,以确保跨语言、跨地区情况下的新闻时效性③。

---

① BBC faces significant strategic financial challenges[EB/OL].(2021-01-25)[2023-07-14]. https://www.icaew.com/insights/viewpoints-on-the-news/2021/jan-2021/bbc-faces-significant-strategic-financial-challenges.
② 周婷婷,秦璇.BBC 媒体理念与实践改革前沿研究[J].江汉学术,2019,38(1):113-117.
③ 王誉谕,崔阳阳,龙思薇.BBC 智能全媒体内容的工具化创新[J].国际品牌观察,2021(21):35-41.

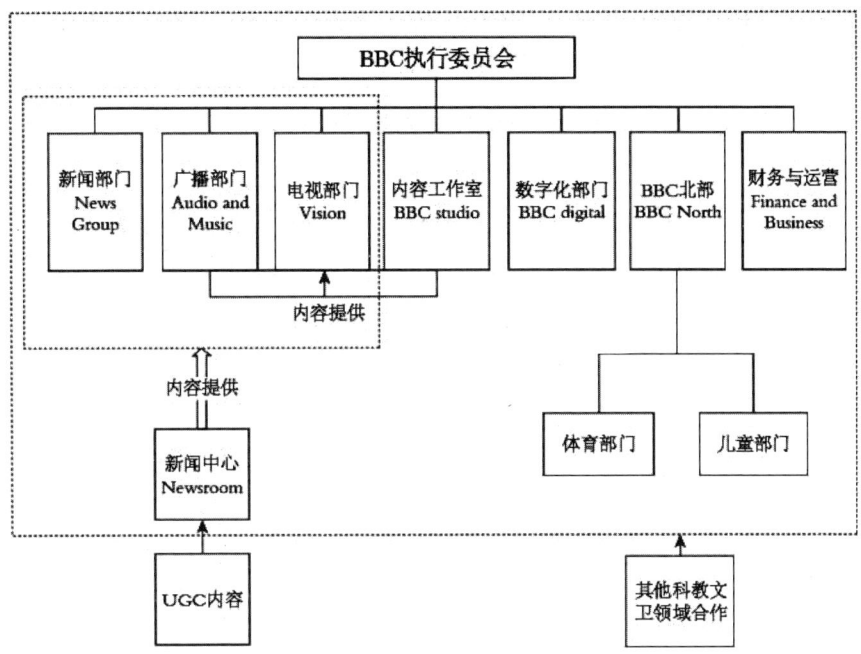

图 3-13　BBC 扁平化的组织架构图①

2. 融合智能化生产工具

BBC 新闻实验室是 BBC 新闻创作的智能孵化器,通过汇集最新的编辑技术,针对当下用户阅读习惯视频化的情况,探索新的讲故事、创作故事的方式,并创新了许多智能编辑工具辅助新闻记者。例如,由于有些社交媒体不支持直接上传音频资料,BBC 新闻实验室借助纽约的公共服务广播公司的音频可视化工具 Audiogram Generator(如图 3-14 所示),并加以自己新媒体团队的修改完善,成功帮助新闻工作者把众多宝贵的音频资料转换成可视的音频波形或字幕,从而提高了资源的利用率②。另外,为了帮助记者能够快速轻松地将文字转换成音频和对视频素材进行粗剪,BBC 新闻实验室打造了 Digital Paper Edit 这一编辑工具(如图 3-15 所示),该工具使用 BBC 的内部语音转文本服务来自动生成时间编码的采访记

---

① 周婷婷,秦璇. BBC 媒体理念与实践改革前沿研究[J]. 江汉学术,2019,38(1):113-117.
② Audiogram Generator[EB/OL]. [2023-07-14]. https://bbcnewslabs.co.uk/projects/audiogram/.

录,当记者通过突出显示、剪切和粘贴这些自动生成的文字稿来组装他们的最终脚本时,该工具会保留原始音频或视频内容中的时间码,然后

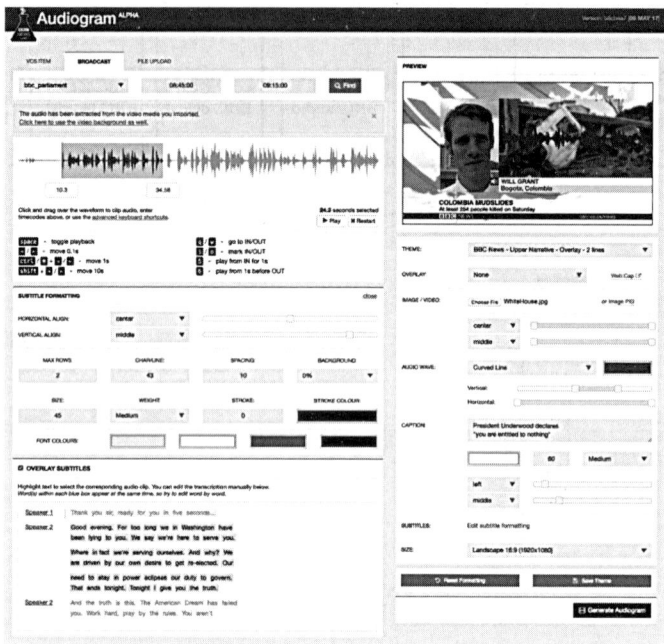

图 3-14　音频可视化工具 Audiogram Generator 的工作界面

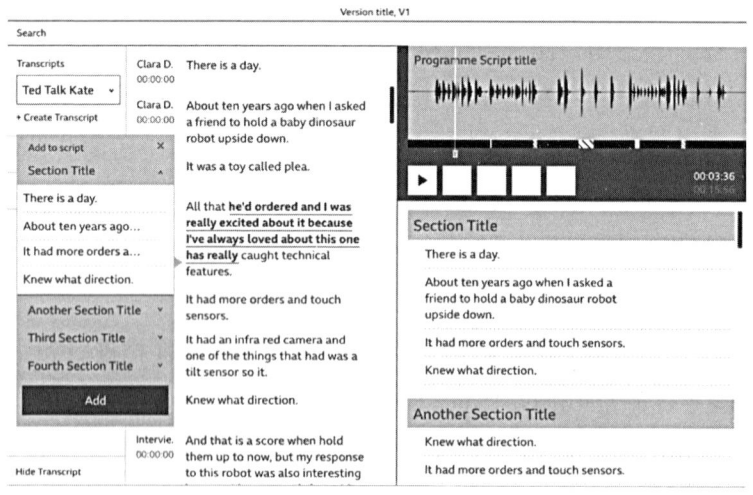

图 3-15　早期数字文本编辑器 Digital Paper Edit 的工作界面

根据记者的最终脚本生成媒体预览,使得记者能够在机器的帮助下快速完成"粗剪"。

除此之外,BBC还在新闻生产过程中融合了许多其他新兴技术以提高新闻生产的效率。例如BBC借助自然语言处理(NLP)管道来实现文本特征的识别和获取,并同时生成与之相匹配的图像文本,从而实现数据可视化和标点符号的自动化处理;为了旗下多语种记者能够更方便地工作,BBC还借助ALTO(A Multilingual Journalism Tool)这一虚拟化的语音助手帮助记者完成视频文本的转译,同时生产出全新的声音轨道以实现"虚拟配音"[①]。

(二)内容建构的在地化与多元化

为了保障新闻质量,BBC在新闻室内部专门设立了一个虚假信息曝光部门,还在官网中设置了专门打击假新闻的论坛——"超越假新闻"(Beyond Fake News)。"超越假新闻"论坛可以实时处理虚假信息,帮助受众了解错误信息及其带来的危害。例如针对新冠病毒的扩散,其设置了大量的打击假新闻的栏目(如图3-16所示),辟谣关于冠状病毒的阴谋论和错误猜测,告知受众阻止网络不良信息传播的方法和辨识有关疫情的虚假新闻等。BBC在坚持"内容为王"原则的基础上,还将"在地化"和"多元化"列为未来发展的重点规划。

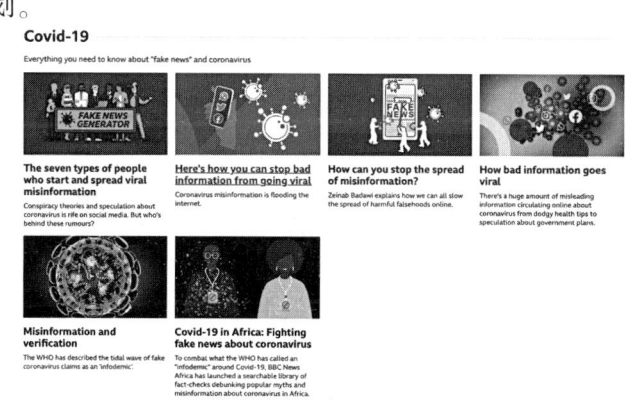

图3-16 "超越假新闻"(Beyond Fake News)栏目中"新冠疫情"主题板块

---

① 王誉谕,崔阳阳,龙思薇.BBC智能全媒体内容的工具化创新[J].国际品牌观察,2021(21):35-41.

1.在地化把握他者心理

自西方媒体的全球化扩张以来,跨地区、跨文化、跨民族等问题带来的发展阻碍也愈加明显。为了抢占全球市场和各国受众,BBC在全球范围内实施"在地化"策略,即融入当地市场,强化自身的传播力和影响力。在地化策略的实施可以帮助跨国媒体在空间地理上稳固根基,并拉近与当地受众的心理距离,有助于构建有效的对话场域,进而完成真正意义上的"落地生根"。

为了更好地俘获其他国家受众的心,BBC尤其重视对当地舆情和受众心理的把握。例如,其在中东地区会通过信息收集对该地区作出科学的舆情评估以了解当地受众的所思所想,并将本土视角与国际传播的话语体系有机结合起来,有效实现其内容的跨文化传播。内容制作与传播的在地化同时能够有效传播BBC自身优秀的文化价值观,赢得当地受众的认同,这一策略不仅消解了跨地区、跨文化带来的认知阻碍,还借助公众舆论的优化扩大了其自身作为跨国媒体的传播力和影响力[1]。

2.多元化扩张用户体量

随着社交媒体和短视频平台的兴起,大量的流量都集中在这些新兴网络平台中,网络用户逐渐成为欧美老牌媒体需要争取的新群体。BBC不再将目光局限在广播、报纸、电视等传统媒介上,而是通过融合改革大步跨入网络世界以扩张用户体量。

内容生产流程的结束并不意味着媒体任务的完成,怎样将内容高渗透性、个性化、多元化地分发到受众同等重要。为了拓展用户群体,BBC在内容分发的渠道上积极探索和创新。例如,为了适应当下用户刷短视频的媒介使用习惯,BBC设置了专门的短视频新闻板块"1分钟世界新闻"(One-minute World News),为用户提供多元化的新闻产品(如图3-17所示);在智能电视中内置BBC的应用软件,使得用户在观看电视时通过其应用就能满足大部分需求;BBC还与我国青年用户聚集的B站进行了深

---

[1] 郑亮,夏晴.国际媒体海外在地化建设与传播力提升研究[J].中国出版,2021(16):12-17.

入合作。2017年,BBC自然历史摄影组借助B站平台倾情展示其60余年来的纪录片拍摄历程,并诚邀青年用户进行交流互动,得益于首页的长时间推介,该合作活动吸引了大批用户的关注。2020年BBC Studios还与B站发布全新纪录片《远古时代》,向中国观众揭示早期文明的戏剧性故事,通过联合发布的方式吸引更多关注①。

图 3-17 "1分钟世界新闻"主页

一直以来,BBC都保持着敏锐的嗅觉,致力于通过各项媒介改革策略保持其先进性。它在生产和内容上的改革可为我国媒体机构的发展带来一定的思考。BBC在持续发展数字化进程中,始终掌握受众需求的变化、科学技术的发展、价值观念的更新,不断根据客观环境创新自身的内容生产与模式②。受众需求和内容品质是BBC改革路上坚持的首要原则,如果缺乏优质内容这一基础,再好的技术平台也只是空中楼阁。未来,我国媒体在融合过程中同样也应重视内容质量,用全球化和多元化的眼光去观察世界,以此结合新兴技术,为受众打造多姿多彩的高质量新闻产品。

二、路透社:新媒体时代的数字化通讯社转型之路

路透社(Reuters)于1851年由保罗·朱利斯·路透(Paul Julius Freiherr

---

① BBC Studios and China's Bilibili announce new documentary series Ancients, revealing the dramatic story of early civilisations to Chinese audiences[EB/OL]. [2023-07-14]. https://www.bbc.co.uk/mediacentre/bbcstudios/2020/bbc-studios-china-bilibili-documentary-series-ancients.
② 周婷婷,秦璇.BBC媒体理念与实践改革前沿研究[J].江汉学术,2019,38(1):113-117.

von Reuter)在英国伦敦创建,并在2008年被汤姆森公司(Thomson Corporation)收购,作为汤姆森路透(Thomson Reuters)的媒体部门。目前,路透社在全球约200个地区雇用了超过2000名记者和600名摄影记者,是世界上最大的新闻机构之一。作为全球历史最悠久的世界性通讯社之一,路透社在数字化时代遭遇了用户流失、竞争剧增、市场变动等多方面的挑战。为了适应新的传播环境,路透社通过全方位融合数字化媒体技术、开拓新信息零售市场、打造类型化产品等一系列措施,逐渐形成了以创新应用技术、转变产品形式和坚持内容质量为核心的数字化改革模式,转变成新媒体时代的数字化通讯社。

(一)全方位融合数字化技术

随着科学技术的进步,新闻媒体的生产方式和传播方式早已发生了翻天覆地的变化,受众接收信息和使用媒介的习惯也在不断更新。对于路透社这类老牌的新闻机构来说,接受并应用新兴技术是保持其媒体地位的必然选择。

1. 生产融合促进转型

路透社创办之初以向银行、贸易公司、股票交易所提供信息为主要业务。随着数字技术的发展与市场的细化,过去单一的角色不足以支撑路透社继续前行,公司角色逐渐从控股转变为运营,自身也从内容提供商转变为以内容为驱动的技术公司,将新技术融入内容生产过程,以此促进营收增长、提高生产效率。年报显示,2020年汤姆森路透社的业务集中在商业管理和技术运营,其服务的对象及领域主要有法律专业人士、公司、税务会计专业人士、路透社新闻和全球发行[①]。2020年汤姆森路透社的年收入情况如图3-18所示。

路透社在信息生产的各个环节和流程中,始终引进最精尖、最前沿的技术和设施,力争实现最优化的传播效果。目前,路透社较为重视用户需求,

---

① Thomson Reuters 2020 Annual Report[EB/OL].(2020-03-10)[2023-07-14]. https://ir.thomsonreuters.com/static-files/75c62246-176c-4312-830f-2ba18e29b1d6.

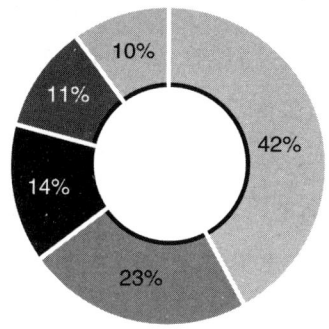

图 3-18　2020 年汤姆森路透社的年收入情况①

并将其作为未来发展的主要驱动,旨在利用新技术为用户提供更好的服务,而非仅仅局限在信息内容的提供层面。最新年报显示,2021 年路透社通过应用人工智能、机器学习和云环境中的交付软件实现了其服务内容的多样化,例如借助现代数字自助服务渗透中小型企业市场、利用全渠道传播方式协调满足客户需求等,并规划在 2023 年创建出更有针对性的、更集成的产品集,通过技术的完善与更新实现通过云计算获得 90%收入的目标②。

2. 渠道融合编织网络

对于像路透社这样的信息服务提供商来说,掌握先进、成熟的传播技术对其影响力至关重要。传统的专线和卫星通信技术曾引发沉重的成本负担,且未能满足新媒体时代对技术的需求。因此,路透社致力于发展数字化技术,并在创新其传播途径及用户接口的过程中,逐步过渡到新媒体的运营方式,借助新技术编织新的传播网络。

---

① Thomson Reuters 2020 Annual Report[EB/OL]. (2020-03-10)[2023-07-14]. https://ir.thomsonreuters.com/static-files/75c62246-176c-4312-830f-2ba18e29b1d6.
② Thomson Reuters 2020 Annual Report[EB/OL]. (2020-03-10)[2023-07-14]. https://ir.thomsonreuters.com/static-files/75c62246-176c-4312-830f-2ba18e29b1d6.

就路透社金融信息的传播而言,其在传播渠道上的创新为用户提供了更好的使用体验。Eikon 作为路透社最早的一站式信息服务平台,综合性地将新闻传播、数据分析、金融交易等多项服务功能整合起来,为金融用户的工作带来了极大的便捷。为了更深度地挖掘大数据,汤姆森路透集团在 Eikon 的基础上又推出了新的终端 Elektron①,其数据管理和交易服务都是通过云计算技术实现的;2014 年其又推出 Elektron Direct Feed,以标准化、可靠和灵活的格式为客户提供对直接来自各个交易场所的实时市场数据的高性能访问。Elektron Data 平台基于全球数据的实时信息云建构流程如图 3-19 所示。

从路透社自身研发的各类信息服务产品来看,其对数字化传播和云技术的掌握相当成熟,也正是及时将新技术融合进传播渠道,它才在新媒体环境中成功编织出了自己的传播网络。

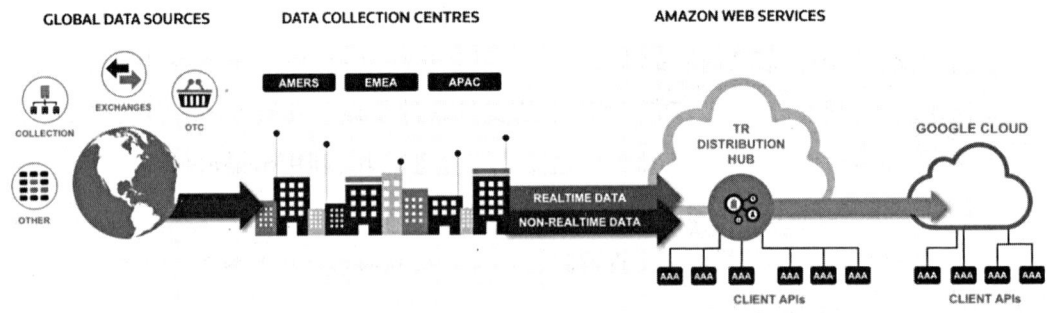

图 3-19　Elektron Data 平台基于全球数据的实时信息云建构流程②

(二) 批发与零售市场双轨并行

和其他通讯社相似,路透社也是信息生产过程中的上游产业,即属于信

---

① 马孟欣. 数字化时代下世界性通讯社的新媒体战略分析:以路透社为例[D]. 西安:陕西师范大学,2015.
② Elektron Data Platform:Elektron Real-Time in the Cloud[EB/OL].[2023-07-14]. https://my.refinitiv.com/content/dam/myrefinitiv/productdoc/RecommendedLinks/EDPinCloud/BrochureElektronRealTimeinCloud.pdf.

息的"批发商"角色,早期其产品并非直接面向用户,而是面向其他媒体"零售商"。随着互联网技术的发展,信息的流通不再局限于信息巨头,传统通讯社的垄断地位受到了极大的冲击,媒体零售商的信息来源逐渐多元化,不再全然依赖于信息批发商。路透社通过将自己的一部分业务转向零售市场来维持其市场份额,在各个市场领域内留下自己的触角,以争取更多的用户。

1. 打造"零售"多媒体产品

面向零售市场生产符合受众习惯的新媒体产品,是路透社进入新市场的首要步骤。路透社选择自己在新媒体领域开辟直面受众的服务商品,直接以路透社的名义为受众提供各方面资讯,用户可以通过手机、平板、电脑等工具直接浏览路透社的网站或下载专属 App 来获取、订阅路透社的新闻、股票、证券、交易等各个方面的最新信息[①]。路透社在其官方新闻网站中,分门别类地为用户提供商业、法律、市场、技术等方面的最新资讯,为了适应当下短视频的流行趋势,路透社还在其新闻网站中专门设置了视频新闻板块,直接为用户提供可视化的新闻,如图 3-20 所示。

图 3-20　路透社新闻网站的视频新闻板块

除了新闻产品,汤姆森路透社还打造了许多其他的直接服务于用户的专业产品,充分发挥其在金融、法律等领域的资源优势。例如专业法律研究

---

① 马孟欣. 数字化时代下世界性通讯社的新媒体战略分析:以路透社为例[D]. 西安:陕西师范大学,2015.

工具 Westlaw,旨在为法律工作者提供最全面、最准确和最新的法律信息集合,还提供诉讼材料整理、引用标注、智能文档分析等服务,如图 3-21 所示;另有服务于税务会计人士的税务软件 OneSource,帮助用户实现整个税务、财务工作流程的自动化,并保证准确性。① 还有 Checkpoint products 这一工具,能够帮助用户快速阅读最新行业研究材料、了解新工具与技术,通过在线学习和解答问题帮助用户解决工作中的困难等②。

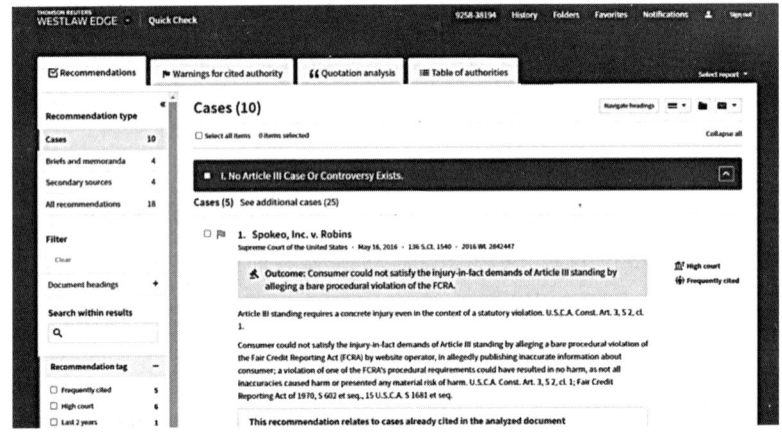

图 3-21　法律研究工具 Westlaw 的工作界面

2. 维持"批发"竞争力

虽然零售市场变得越来越重要,但并不意味着通讯社将放弃批发市场。由于通讯社拥有比中小型媒体更丰富的资源与平台,在批发这一市场中其仍旧具有较大优势。因此,为了保持媒体零售商对路透社的依赖性,路透社除了生产优质的多媒体产品,还通过跨媒体、跨行业、跨地区的合作与并购进一步增强其资源厚度与广度,以维持其在批发市场中的竞争力。

路透社与优势企业深度合作开发了各类传媒渠道,面对不同类型的受众群体,创新了多元化、个性化的服务,也使它的新闻资源得到充分利用,开辟成长空间,带来联动效应。在并购与合作的过程中,路透社首先选择

---

① https://tax.thomsonreuters.com/en/onesource.
② https://tax.thomsonreuters.com/en/checkpoint.

并购技术公司,使其为自身在数字化转型中提供技术支撑,降低转型成本。路透社还整合了不同类型媒体的资源,与不同类型企业展开深度合作,不仅拓展了路透社的信息源,还成功构建起了庞大的数据资源库,为路透社的全球化发展做好了铺垫。从路透社的合作对象来看,其选择的企业往往是各领域的佼佼者,例如即时通信业的微软、美国在线,网络视频业的Brightcove公司,博客的布拉克、全球之声,网络游戏的"第二人生",等等。通过强强联合,路透社用最低的成本实现了最大的效益,成功维持了其"批发竞争力"[1]。

对于传统的通讯社而言,要想在新媒体环境下继续保持过去的地位与辉煌,不仅需要从内容上作出改变,更需要从整体发展上作出战略性调整。路透社在明白作为单一的信息供应者不足以笼络人心后,很快便开始了从内容制造者到以内容为驱动的技术公司的数字化转型之路。通过对新技术的创新应用与上层战略的调整,路透社逐渐建立起了自己的数字化服务王国,成功将触角延伸至不同行业的不同群体。

数字技术的融合为路透社打开了新的市场,成就了它多元、细分、优质的信息服务产品。媒体融合时代,传统媒体都可以参照路透社,从不同渠道快速出击,跳脱出以往的生产模式,全方位地去探索各个新媒体领域。

三、《泰晤士报》:技术与算法驱动的报网融合之路

《泰晤士报》(*The Times*)诞生于1785年,其前身是由约翰·沃尔特(John Walter)创刊的《每日环球记录报》(*The Daily Universal Register*),于1788年1月1日改为现名,被称为"现代新闻事业的鼻祖"。长期以来,作为英国的第一主流大报和"英国社会的忠实记录者",《泰晤士报》在英国国内政治和国际关系问题上扮演了重要角色。

---

[1] 马孟欣.数字化时代下世界性通讯社的新媒体战略分析:以路透社为例[D].西安:陕西师范大学,2015.

秉持着态度端正、内容翔实的办报理念,《泰晤士报》在诸如法国革命和拿破仑战争等重要欧洲事件报道中的专业性,令其盛名远扬,获得了当时读者的赞誉,一举成为英国的标杆性报刊。它报道的内容综合广泛,不局限于某一题材,涉猎政治、经济、社会、文化、科技、艺术以及娱乐等各个方面,更是在每个细分领域做到了优良口碑的积累[①]。

(一)纸网依存:技术推动报网融合

从发展史来看,《泰晤士报》有三个特点:首先,对新闻报道极其重视,尽管在政治上保守,但以开阔的视野捍卫主流价值观;其次,取得了优异的网络化成果,重视技术、紧跟传播技术的演变决定了该报媒体融合的方向;最后,重视经营,具有商业化运作的历史传统。

21世纪以前,技术的快速更迭对传统媒体造成了一定的打击,为应对该问题,《泰晤士报》在引进电脑、激光排版印刷等新型技术上支出了一笔极大的开销,以此在报纸和网络融合上奠定基础,打开新的局面。21世纪初期,它逐渐发现纸媒与网媒相伴相生在当时是势不可挡的,为实现真正的数字化传播的目标,它将先进的IT技术与纸媒结合在一起,让它们并驾齐驱,共同发挥作用,不仅加速了新闻报道的时效性,而且丰富了多元化纸媒的层次,以跟上技术巨变时代的步伐。

最近几年,《泰晤士报》在报网融合和个性化方面取得了极大的成就。在专业性上,其运用机器算法准确地将个性化信息分发给不同的用户,强化了平台处理信息的功能;在内容上,图文与视频的搭配丰富了阅读体验;在频率上,能够保证当天的新闻报道的时效性,让用户整天都能读到最新报道。另外,《泰晤士报》专门设立了新媒体技术部门,打造网站平台、手机客户端和电脑端等移动终端,借助开源软件cardkit将数字化新闻VR化处理,最大限度体现数据新闻的可视化效果[②]。

---

① 刘笑盈.《泰晤士报》:古老报纸的现代发展[J].对外传播,2009(3):58-60.
② 韩伟伟.数据新闻模式下报网融合的发展困境与策略探析:以《泰晤士报》为例[J].洛阳师范学院学报,2021,40(9):94-97.

(二) 用户至上:话语转型与多元平台搭建

在技术、算法和产品驱动的融媒体时代,受众的需求不再只停留在内容层面上,制作出符合用户需求的内容产品成为传媒业努力的目标,而如何结合用户需求有针对性地进行内容生产,英国传媒业仍需不断探索和创新。遵循产品逻辑,海外媒体内容生产的话语转型主要围绕"去中心化、社交体验、数字优先"几个方面齐头并进。

在当今互联网发展迅速的时代,"后现代语境"带来一种全新的问题思考方式,在该种语境下成长的用户,拥有自己独特的话语体系,而针对新用户的多元需求,"两去两求""以人为本"成为传统媒体的全新命题。"两去"即去权威化、去中心化,"两求"即求创新性、求差异性。在这方面,作为老牌传统媒体的《泰晤士报》把用户需求放在首位,敢于打破传统,寻求变革,勇于改造,在小报化改造中,政治新闻等专业严肃的内容不再以复杂专业的长篇大论呈现,而是改为简洁明了的话语呈现方式,方便不同文化程度的读者阅读,做到了"用户至上"。

在多元平台搭建上,《泰晤士报》正在以新闻内容服务为核心,逐渐发展成一种涵盖社交、电商和金融等多个领域的综合性商业生态。具体来说,其新闻内容服务层面涵盖了纸质报纸、在线新闻网站、平板应用和移动应用等多种形式,还包括数字化的历史档案和相关游戏等内容,这增强了其在新闻传播方面的影响力和引导力。在社交网络服务方面,通过"Times+"和专门的交友网站等渠道,该报致力于吸引年轻群体,提高品牌在年轻人中的认知度和传播力度。其电商领域涉及精品礼物、出版物、艺术品、《星期日泰晤士报》红酒俱乐部和威士忌俱乐部等,这不仅拓宽了其营收模式,还增强了媒体的财务实力。金融服务则包括货币兑换等,将媒体业务与金融服务相结合,既增强了经济实力,也为财经报道提供了资源[①]。

(三) 个性推送:算法驱动信息分发

为了更加了解用户,身为"付费墙"策略先行者的《泰晤士报》专门购买

---

① 张帆. 英国报业平台战略实施路径[J]. 青年记者,2016(10):93-94.

了社交平台流量监控软件,以掌握用户喜欢浏览和分享的内容,而后通过"个性化的定向推送",吸引普通用户转化为付费用户,这往往需要一个长期的过程。具体来看,首先要吸引这些来自社交平台的用户通过Email在其网站或App注册,之后每周免费向他们的邮箱推送两篇新闻,再通过后台数据监测,对这些用户进行大数据分析,以实现更精准的个性化推送,并最终促成这些注册用户向付费用户转化①。

《泰晤士报》转型同样借助了数字、机器算法,为用户定制分发个性化产品,打破线性采编组织形式,深度融合技术与内容部门;成立占全社采编人员十分之一的新视觉新闻团队,将工作重心放在运用视觉元素对时事新闻进行分析阐述上,以打造自身的特色产品内容。同时,网络版要比报纸版更加丰富,并可以连接到其他与内容相关的网站,便捷地给用户提供更多信息。2021年2月,《泰晤士报》等媒体宣布与谷歌就新闻使用达成合作,旨在开发订阅平台,通过谷歌广告技术服务分享广告收入,并通过谷歌旗下的社交平台开拓音频新闻、视频新闻等新型产品②。

《泰晤士报》在融合后实现了盈利并保持营收增长,但仍潜藏着诸多不确定因素。首先,依托网络建立起来的"付费墙"反响平平,不论在盈利还是影响力上都没有达到再次辉煌的程度。其次,商业模式的互联网在新媒体时代的助推下,须警惕被社会过分夸张的"新媒介"泡沫,不能只依赖于数字技术,对于信息来说,内容质量是每个时代都不可忽视的决定性因素,要格外注重个性化内容生产和用户不断变化的需求。英国整体的媒体环境较为独特,公众习惯通过知名人物的社交媒体账号等渠道获知新闻。用户的流失和习惯的改变,鞭策传统媒体在内容生产和技术革新上顶着压力继续奋斗。目前,《泰晤士报》面临着定位固化的严峻挑战,其严肃、传统、刻板的传统媒体印象至今依然留在青年群体的心中,如何寻求传统与创新的平衡,还有很长的道路要探索。从本地放眼国际,同时把握内容的规模化、共情化生

---

① 董立林.从追逐流量到抓住用户:浅观英国报业转型过程中的用户思维[J].传媒评论,2018(10):54-57.
② 新闻集团宣布与谷歌就新闻使用达成协议[EB/OL].(2021-02-19)[2023-07-14]. https://baijiahao.baidu.com/s?id=1692108034231312717&wfr=spider&for=pc.

产是其日后前进的方向,这样其才能在众多转型的传统媒体中杀出重围。

四、《卫报》:高质量驱动与数据新闻的融合实践

《卫报》(The Guardian)作为英国全国性的综合日报,拥有一段悠久而曲折的发展历史。英国记者约翰·爱德华·泰勒(John Edward Taylor)为揭露1819年英国彼得卢屠杀事件的事实,于1821年创办《曼彻斯特卫报》,因总部设于曼彻斯特而得名,后于1855年改为日报。1872年起,在斯科特(Scott)的编务主持下,《曼彻斯特卫报》的风格定位转向更高的层次,为其日后全国性高级报纸的定位打下了良好的基础。它于1959年正式更名为《卫报》,华丽变身为英国第二大高级报纸,并将总部迁至政治、经济、文化、金融中心伦敦,在曼城和伦敦均设置了印刷业务。《卫报》在一般大众看来呈现出左派的政治倾向,但其世界主义观点、文艺报道和评论、外国通讯等领域都受到读者的极大重视[①]。《卫报》官网版头如图3-22所示。

图3-22 《卫报》官网版头

(一)专业化与高品质赢得用户和广告商青睐

技术革新打破了传统媒体对渠道的垄断,使得媒体权力分散至用户和终端设备。移动设备、社交网络、搜索引擎和流媒体平台等科技巨头利用算法、庞大的用户基础、技术领先优势以及极低的边际成本,持续侵蚀传统媒体的内容领域。面对科技企业带来的巨大流量和技术优势,全球知名媒体

---

① 维基百科.卫报[EB/OL].[2021-12-31]. https://zh.wikipedia.org/wiki/%E8%A1%9B%E5%A0%B1.

与科技公司合作,寻求数字化转型带来的机遇,以增加收入和扩大用户群。Facebook 推出的 Instant Articles(即时文章)功能在短时间内就为《卫报》的网站带来了近20%的流量。

此外,在网络传播的背景下,"社交"功能成为增强媒体内容吸引力和影响力的重要手段。内容创作者们积极赋予其作品社交属性,鼓励用户参与讨论和分享。例如,《卫报》于2011年尝试了"开放编辑部"项目,将新闻选题的讨论通过 Twitter 向读者公开,并依据读者反馈来确定最终的新闻选题,使得公众舆论成为影响媒体报道的关键因素。

《卫报》在2014年推出了数字订阅服务,付费会员价格如图3-23所示。尽管其在2016年因财务亏损进行了大规模裁员,但到2018年时其付费订阅者超过了80万,两年内亏损减少了一半,并在2019年实现了收支平衡,订阅收入甚至超过了广告收入。这一转变的成功关键在于其专业化和高质量的内容制作。《卫报》通过精简组织结构等方式控制成本,同时保持了对内容质量的高要求。2018年初,《卫报》的缩减版为集团节省了数百万英镑的开支,在设计上,包括报头、色彩搭配、字体等方面都更加现代和生动。出于对用户的负责任态度,《卫报》利用数据分析来识别高质量广告商,对于低质量或欺骗性的广告采取了明确的打击策略。同时,《卫报》调整了商业策略和外部沟通系统,旨在为广告商提供更有效的宣传效果。这种负责任的态度和订阅收入上的成功,使得广告商对《卫报》的未来发展持乐观态度[1]。

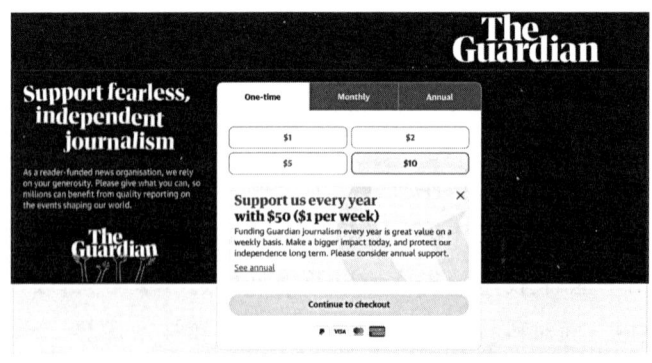

图 3-23 《卫报》付费会员价格

---

[1] 王芯蕊.国外媒体融合的新趋势与转型路径[J].中国广播电视学刊,2018(7):87-90+101.

(二)利用多元技术深耕数据新闻

《卫报》在众多国际媒体中较早意识并把握了新媒体带来的机遇与挑战,2006年6月,它便开始实施网络优先的发布策略,即新闻稿件要第一时间发布在网络上,之后才是报纸。而数据新闻发展的里程碑,是2009年《卫报》开创的"数据博客"(http://www.guardian.co.uk/news/datablog),这个设于《卫报》网站上的独特栏目从2009年1月14日上线至2013年5月,共制作各类数据新闻2500多则。其内容涵盖政治、经济、体育、战争、灾难、环境、文化、时尚、科技、健康等各个领域,采用图表、地图以及各种互动效果图增加新闻呈现方式的不同样态。

在制作数据新闻时,不同媒体机构采取了多样的策略。一些机构要求记者掌握编程技能,而其他机构则选择将工作外包给专业的软件企业;有些机构购买定制软件工具,而另一些则依靠可用的免费网络工具。《卫报》的数据新闻团队由五位成员组成,其中包括西蒙·罗杰斯(Simon Rogers),他是该报数据新闻项目的创建者,并负责编辑"数据博客"和"数据商店"等栏目。约翰·本·默多克(John Burn-Murdoch)既是一名记者也是数据分析师,他在数据新闻界颇具影响力。团队中的其他成员并非全职从事数据新闻工作,还同时在《卫报》的其他部门参与不同的编辑任务。

目前,许多数据新闻分析和可视化的工作可以通过开源软件完成,例如使用Google Charts、Google Maps、IBM Many Eyes、Tableau、Spotfire来制作交互式图表;Dipity、Timetoast、Xtimeline、Timeslide用于创建基于时间顺序的时间线作品;Google Earth、Quanum GIS适用于地理信息分析;Spicynodes、VIDI、NodeXL用于网络分析;Storify用于社交媒体内容的可视化;Wordle、Tagxedo用于文本标签云的展示。《卫报》在早期广泛使用Flash技术来实现动态效果,但自2012年10月起,几乎停止使用Flash,这反映了数据新闻制作领域的一个新趋势。Flash与某些移动设备不兼容且成本高昂,因此免费的软件工具已逐渐成为主流。数据新闻及其可视化形式多种多样,而在《卫报》的实际操作中,数据地图、时间线和互动图表是最常用的类型①。

近年来,数据分析免费软件的流行降低了可视化技术的门槛,方便了公众使用并分析出自己的数据结果。面对这种情况,《卫报》坦诚地公布其新闻中涉及的数据,并在其特定的"数据博客"页面上加以说明:所有数据新闻所使用的原始数据均可以免费下载,供公众用来作进一步分析。不仅如此,在数据研究上,《卫报》经过调研人们最感兴趣的话题后,进行针对性报道。它成立了致力于研究移动新闻的移动创新实验室,探索现场报道、视频、内容传播、内容互动和信息通知这五个核心领域的移动化(如图3-24所示);在阅读体验上,创新了更便于阅读的视觉化产品,采用了顺应新媒体用户所需的简洁明了的叙述手段,提升了受众阅读的体验感。其后续投资5900万美元支持研发诸如人工智能等新型科技,并将进一步将其与新闻分发应用进行结合。

图3-24 《卫报》移动创新实验室进行移动新闻尝试②

《卫报》多年的融合实践意在提升新闻品质,为此,整个报社不断调整,倾尽全力。在"内容为王"的时代,通过丰富内容、重视用户需求,"媒体民主化"理念为其融合与改革带来了光明的未来。"讲好故事"是自新闻出现后,媒体对受众核心的表达方式,在新技术时代,新闻的功能和呈现方式变得多样,数字化、图像化等改变让新闻的时效性增强,将时间和空间的局限性降到最小,将新闻内容的深度和广度提升至最大。不仅如此,结合文字、图像、

---

① 章戈浩.作为开放新闻的数据新闻:英国《卫报》的数据新闻实践[J].新闻记者,2013(6):7-13.
② https://www.jzwcom.com/jzw/84/13086.html.

语音和视频等多样化表达方式,传统媒体如虎添翼,同时也为内容增添情景感、氛围感和层次感。值得一提的是,在智能化生产变革时代,《卫报》并没有盲目地拥抱生成式 AI,而是以对 AIGC 审慎的态度制定了人工智能使用的原则,是基于读者的利益,也是为了《卫报》的使命、员工和组织的利益,以尊重内容的创作者和版权的拥有者。

《卫报》的媒介融合和面对传统日报转型数字化的挑战还在继续,它坚持品质,用高质量的内容吸引受众,手段和技术在不断变化,但正确、快速与清楚地报道事实的基本价值没有改变。媒介融合的趋势只是把新闻的创作换到了多平台与跨媒体,新闻媒体应坚守内核,把控内容,不陷入对媒体技能高要求的误区中,持续思考纸媒转型的方向。

五、ITV:在政策与融资辅助下的融合

独立电视台(Independent Television)是英国的旗舰电视频道。1954 年,英国通过了《电视法》之后,民营电视蓬勃发展,独立电视台得以在翌年启播。在 2001 年至 2013 年期间,独立电视台主频道曾以"ITV1"作为频道名称,且主要在英格兰和威尔士地区播出。2013 年,独立电视台对其企业形象进行了全面更新,停止使用"ITV1"作为主频道名称,改以"ITV"称呼主频道并更换商标①。

继 1954 年的电视法案使英国的商业电视成为可能后,ITV 于 1955 年首次在伦敦地区的第 3 频道播出。1990 年的《广播法》首次允许地区公司在特定条件下合并,该政策为 ITV 的合并做好了铺垫,ITV 于 1994 年第一次合并。后因《通信法》对立法进行了必要的修改,2004 年 2 月,拥有 15 个区域许可证中的 11 个的 ITV plc 诞生了。如今的 ITV plc 拥有 13 个地区许可证,并代表所有 15 个许可证销售广告,在 ITV 频道制作大部分节目广播。自 1998 年推出 ITV2、2004 年推出 ITV3、2005 年推出 ITV4、2006 年推出 CITV

---

① 维基百科. 独立电视台(英国)[EB/OL]. [2022-01-09]. http://downtonabbey.huijiwiki.com/wiki/%E7%8B%AC%E7%AB%8B%E7%94%B5%E8%A7%86%E5%8F%B0.

和2014年推出ITV Be以来,ITV扩大了其频道系列。2012年以来,ITV在创意市场上建立了一定规模,在发展国际内容业务的同时,也实现了英国、美国和欧洲的许多制作和发行业务的收购。

(一)深化点播服务,整合业务实现共赢

在媒体融合的实践上,ITV重组了广播业务,创建了媒体和娱乐部门,拥有两个业务部门——广播和点播,以更好地适应和服务观众习惯的变化。广播专注于线性频道,而点播专注于AVOD和SVOD业务以及交互式DTC业务。这将确保其更好地应对结构变化带来的机遇和挑战,并与观众和广告商建立牢固、品牌化和数据丰富的关系。媒体和娱乐战略的关键组成部分是:继续在线性渠道上吸引大量观众,为广告商提供持久的价值;通过加速ITV Hub的开发和针对点播受众的内容来推动点播观看;提高可寻址广告能力,包括加强数据分析和数字能力;与广告商建立更具战略性和创造性的合作伙伴关系;等等。通过在这些领域提供服务,ITV最大限度地提高了工作室和第三方内容质量,即线性产品和数字产品的总价值。

此外,它与第四频道和天空电视台联合制作电视节目实现共赢,并与BBC借鉴Hulu的商业模式联合发布了一款以"英国盒子"命名的订阅型视频点播服务,旨在为美国受众市场提供优质的经典英剧。2018年2月,ITV联合英国第4频道、商业电视公司天空电视台Sky,同英国电视营销机构Thinkbox达成了前所未有的合作,推出大型电视节(Big TV Festival)以改变收视率低迷的状况,唤醒受众对电视的热情。2019年3月6日至8日,这个大型电视联盟又聚集起来,在行业营销机构ThinkBox的协助下,这三大广电巨头试图与Google和Facebook等网站争夺广告预算。

(二)工作室(Studios)模式下的业务拓展

ITV作为综合制作广播公司,在全球多个平台上创建、拥有和分发高质量的内容,并通过消费者的付费支撑其多样化的业务。

广播部门通过ITV Hub、ITV的OTT服务和在线电视等多个平台提供节目,ITV的频道系列包括英国最大的商业频道ITV主频道、ITV2、ITV3、ITV4、

ITVBe 和 CITV。它与 ITV Hub 由广告商资助,其收入可用于投资各种类型的高质量节目,它为电视广告商提供了独特的观众规模和同步覆盖范围,以及在 ITV Hub 上更有针对性的广告主张。它通过订阅视频点播服务、节目内竞赛和投票实现从愿意付费与 ITV 品牌和内容互动的消费者那里获得收入。而最大的英国盒装系列 BritBox UK,由 ITV 控制和管理。

ITV 的工作室分为独立电视工作室(ITV Studios UK)、英国 ITV 工作室、美国 ITV 工作室。独立电视工作室制作的内容超过 4.6 万小时,通过创作、制作和发行包括戏剧、娱乐、新闻等类型广泛的节目,服务于包括国际电视广播公司和 OTT 平台在内的多样化客群,为 12 个不同的国家提供 200 余个频道或平台,在全球主要的创意市场建立了巨大的规模,是目前世界上最大的独立制作人之一。而英国的工作室是英国最大的商业制片人,为 ITV 的频道、其他英国公共服务广播公司(PSB)制作并提供各种类型的节目。美国的工作室以无脚本内容的制作为基础,利用强大的现金流制作具有国际吸引力的备受瞩目的电视剧,持续增强剧本内容市场的影响力,向美国所有主要网络、有线频道和 OTT 平台销售产品。不过,ITV 并没有将目光局限于国内,它用"国际影城"来形容自己,在荷兰、德国、法国、意大利、北欧和澳大利亚开展业务。

(三)基于受众与客户的创新化生产战略

ITV 利用瞬息万变的观看、内容制作和广告环境,在疫情期间推动加快战略执行速度,以创建更强大、更多元化和结构合理的业务为目标。用他们自己的话来说,"我们的目标是超越电视,每天我们通过创造的力量,将数百万人联系在一起,制作他们无法获得的内容,反映和塑造我们生活的世界。我们的战略愿景是成为一家以数字为主导的媒体和娱乐公司,随时随地为观众创造和带来精彩的内容"[①]。

ITV 通过关注三个关键优先事项来实现战略目标:发展英国和全球生产;转型媒体和娱乐;直接扩展到消费者。三点相互加强,创造协同效应并

---

① ITV. Strategy[EB/OL].[2022-01-09]. https://www.itvplc.com/.

创造价值。此外,社会目的也是实现战略目标的一个组成部分,它以一种全球竞争对手无法做到的方式改变了英国文化,不仅仅提供娱乐,而是通过环境、社会和治理战略实现宗旨和业务目标。在发展英国和全球生产上,ITV致力于成为全球内容制作领域的领先创意力量,该业务的核心驱动力是创意人才,以区分脚本和非脚本的方式进行选择性的价值创造收购和人才交易,以获得创意人才和IP。此外,ITV专注于开发新的热门歌曲,吸引和留住领先人才,并培育合适的创意和商业环境;发展全球化脚本业务,实现品牌价值的最大化,培育现有客群并向多元化拓展,为快速增长的新OTT客户提供服务;推进与生产基地网络的多方合作,从业务规模化和多样化中扩大盈利。

  作为英国电视业"三足鼎立"体系之一及BBC最大竞争对手的ITV频道,每周覆盖约90%的英国人口,在英国的ITV Hub上有3300万注册用户,且每年为英国频道系列和ITV中心投资约10亿英镑,它的愿景是在独特且成功的创意和商业实力结合的基础上"超越电视"。身处媒体融合的时代背景,作为传统媒体,ITV采取多种方式,开辟多条渠道,拓展新媒体市场。而事实证明,在顶级媒体品牌新闻市场占有率中,不断深化全媒体融合的传统媒体品牌优势依然十分明显。

第三节　从"生存"到"发展"
——日本媒体的融合转型

早在20世纪80年代日本报业就开始出现衰退的迹象,在21世纪新媒体的持续冲击下,日本电视同样难以逃离"电视逃逸"的困境。如何留住与发展用户,成为日本报业及广播电视媒体融合的关键。日本媒体积极进行技术创新与平台融合,在开拓新媒体业务的同时也拓展其他业务,以实现从"生存"到"发展"的数字化转型。

日本的媒体融合进程,始于早期的基础信息化建设。21世纪之前,日本的互联网发展相较欧美国家一直处于落后状态,为了满足媒体融合的基本条件,日本政府连续三次推出国家级信息化发展计划,实现了日本从"e-Japan"到"u-Japan"再到"i-Japan"的三次变革[1]。此后,日本媒体充分利用互联网的优势,开始进行报、台、网的融合,大力发展新媒体。日本报业在经历衰败后迅速开始拥抱新媒体,寻找新的出路。1992年,日本首次推出了商用互联网内容和接入服务[2],到1995年,日本两大报纸《读卖新闻》和《朝日新闻》就开设了各自的网站,随后日本其他大报也都开始效仿建立各自的网站。在互联网的推动发展下,各大报纸开始把纸质版内容"搬"到网站,进而实现报纸的电子化,并且报社大多采用部分收费的方式提供内容,以实现新的盈利模式转化。与此同时,日本广播电视媒体也开始将触角伸向互联网及数字移动端。2005年,由日本电视台提供资讯服务的"第二日本电视台"视频点播网站正式开始运营;2007年,该电视台实行完全免费化,并且开始

---

[1] 尹凤先.日本媒体融合的发展及其经验启示[J].新闻战线,2018(22):66-67.
[2] 日本互联网简史:被遗忘的三十年:上[EB/OL].(2021-07-05)[2022-01-09].https://zhuanlan.zhihu.com/p/386882697.

实施手机、游戏机等多种移动终端的播放战略①。

近十年来,日本媒体基本完成了多平台融合,并且十分重视技术创新,强调为用户带来最优质的体验。日本广播媒体综合利用网站、播客、移动端等平台,以提升广播的可获得性与便利性。当然,日本媒体也认识到广播这一形式的单一性,于是和互联网社交平台进行深度合作,以期通过交互性的提升满足受众的互动需求。此外,日本的广播媒体还凭借卫星通信、互联网、移动终端等各种前沿技术和设备,丰富广播频道与形式。2013年9月,NHK在深耕广电节目和网络视频的融合实践下,构建了Hybrid Cast信息终端服务,并且努力打造8K超清屏幕,以及通过3D技术带给观众现场感体验②。

值得一提的是,日本媒体在自身变革与发展的过程中还十分重视拓展其他业务。2016年,日本电视台控股集团与日本移动虚拟网络运营商巨头合作创立了提供内容分发网络服务的公司,以满足本土影像内容市场的迅猛发展。2017年,该集团又收购了日本综合生活领域的佼佼者All About公司,进一步朝着融媒体发展的方向探索。在日本报业方面,以朝日新闻社为代表的报刊企业开始凭借自身的专业性优势拓展新闻以外的业务,以实现更多元化的盈利创收。例如《日本经济新闻》凭借在经济市场中的先天优势打造了用于机构咨询的数据库,通过专属平台为企业机构提供数据咨询的相关服务。业务开展吸引了每年约180万的付费用户,总收入高达200亿日元③。可见,拓展性业务为日本传统媒体提供了新的盈利思路。

如何找到新的盈利模式是传统媒体在转型融合的过程中需要思考的问题,日本媒体通过付费服务以及拓展与其他企业的联合业务实现了盈利模式的顺利转型,其对于我国的媒体转型具有借鉴意义。但保持差异化的内容服务,持续吸引用户付费,需要媒体时刻保持对时代发展的敏感度,跟上技术发展的洪流,为受众提供新鲜的媒体产品。

---

① 尹良富.日本电视台上市公司转型发展的策略与启示[J].现代传播(中国传媒大学学报),2019,41(1):129-136.
② 麻静.国际主流媒体台网融合思考:以CBS、BBC、NHK为例看媒体融合[J].电视研究,2018(8):94-96.
③ 李红杨.新媒体时代日本报业危机及应对措施[J].科技传播,2019,11(18):36-37.

一、《每日新闻》：日本报业的数字化生存

近年来，日本报业无论是在发行量、广告收入还是从业人员数量方面，都呈现出不同程度的下降趋势，但总体来看相对缓和，并未像欧美报业一样呈现明显的衰退趋势。这得益于日本报业在新媒体环境下主动寻求媒体融合，积极推进报纸数字化转型。

（一）实现报、网、数据库联动

数字化策略是日本媒体融合的关键所在。充分利用互联网的便捷性与互联性，使媒体突破媒体形态的划分，便于各媒体之间的传播和信息的转换。由于日本报业积极与互联网联动并且充分发挥其扎实的专业基础的优势，因此即使是在新媒体迅速发展的大环境下，其仍未有太大的危机感。

《每日新闻》的数字化业务在PC互联网的早期发展阶段非常活跃。《每日新闻》2004年就开展了与MSN的合作业务，又在2007年开拓了新闻网站"每日JP"。2013年底，《每日新闻》迎来较大变革，其将"每日JP"改名为"每日新闻"，为了激励用户注册登录以减少用户以游客模式阅读，其对网站进行升级改造，限制未登录用户的新闻访问数量。《每日新闻》官网首页如图3-25所示。与此同时，《每日新闻》为惠及纸质用户，让其可以自由地从

图 3-25 《每日新闻》官网首页

PC端或者移动终端浏览纸质布局的报纸内容,并拥有一年内的免费检索服务特权。为进一步扩展业务,《每日新闻》于2015年推出了新的数字版《Digital 每日》,开展数字付费服务和五年内报道的检索服务。然而,数字化进程面临重重阻碍,想要发展成规模还需要一定的时间①。

相对而言,日本报业在整合战略中最大的优势是其数据库。日本报纸通过建立数据库获取利润的模式引起了世界各地报人的高度关注。2013年《每日新闻》推出"每索"数据库,其为"每日 News パック"的升级版,该数据库包含1872年以来的所有新闻报道和民意调查数据。"每索"栏目主页如图3-26所示。各大报纸推出的数据库同样提供付费服务,这为报纸提供了新的盈利方式②。

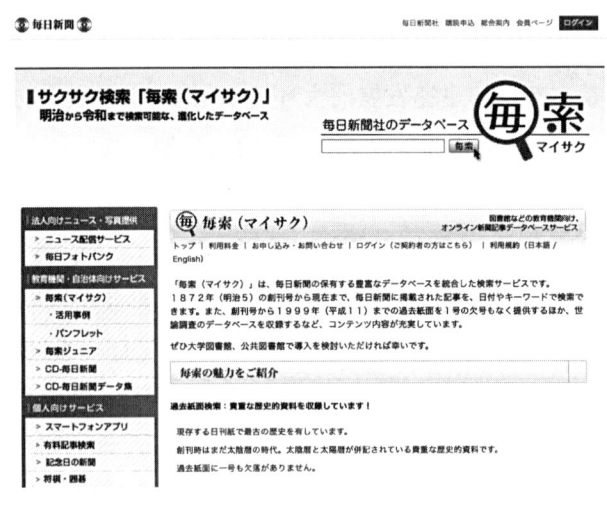

图 3-26 "每索"栏目主页

(二) 与互联网社交平台联手

日本各大报纸都在各种社交媒体平台上设立了自己的账户,以更大范围地扩大传播力。为了迎合年轻观众的媒体使用习惯,《每日新闻》已经在

---

① 崔保国.日本报业:迷雾中的艨艟巨舰[J].全球传媒学刊,2016,3(3):44-57.
② 章羽红.日本报业的现状与发展前景[J].青年记者,2018(27):87-88.

Twitter 和 Facebook 等社交媒体平台上"站稳了脚跟"。截至 2023 年 12 月，其 Twitter 账户的订阅量已经达到 94 万，如图 3-27 所示。

图 3-27 《每日新闻》**Twitter** 账号

首先，嵌入新闻稿链接，增加网站页面访问量。《每日新闻》使用社交媒体进行引流的方式是在 Twitter 或 Facebook 的帖子中嵌入新闻稿的链接，附上图片并拟定吸引人的导语或标题。一旦读者点击，页面会自动跳转到报纸的新闻网站。除了一些免费内容，当读者想要阅读更多内容时，他们就需要成为付费用户。通过这种方式，《每日新闻》旨在增加报纸新闻网站的页面浏览量，并开发更多付费用户①。

其次，入驻 Facebook"即时文章"项目，改善用户体验。2015 年，Facebook 启动了名为"即时文章"的新闻发布项目，该项目改变了用户在 Facebook 上阅读新闻时需要跳转到外部链接所造成的时间延迟，即用户可以直接在 Facebook 上阅读"即时文章"里的新闻报道，享受更快的阅读速度。2016 年，《朝日新闻》等日本报纸宣布加入该项目②。由于在 Facebook 平台

① 付佳，赵树旺.日本报业的融媒发展路径及启示[J].新闻爱好者，2019(12)：80-82.
② 付佳，赵树旺.日本报业的融媒发展路径及启示[J].新闻爱好者，2019(12)：80-82.

上公开发布所有文章不符合《每日新闻》内容付费的目的,因此他们不会将所有新闻产品放在该平台上,而是指定一些文章在"即时文章"项目中发布。此外,媒体还可以在新闻页面上获得广告收入。"该报自己的新闻网站在 Facebook 的新闻发布页面上开设了一个分店。"①该项目可以帮助《每日新闻》探索如何改善用户体验,更好地吸引年轻受众。

此外,《每日新闻》还开设公众号,通过公众号发布新闻,扩大用户群。韩国即时通信应用 LINE 自推出后在日本迅速普及,据 2020 年 Q3 数据统计,LINE 在日本的月活用户数量已经达到了 8600 万,成为日本最重要的社交媒体②。"LINE 账户媒体平台"业务一度成为众多媒体关注的焦点,其对于使媒体融入用户的日常生活具有不可或缺的作用。《每日新闻》通常每天早晚两次推送当天的新闻摘录,重点关注社会新闻和软新闻。通过新闻文本下方的相关新闻链接区域,用户单击标题就可以跳转到该报纸的新闻网站③。《每日新闻》LINE 账号如图 3-28 所示。

图 3-28 《每日新闻》LINE 账号

(三)发展数字服务和付费内容

《每日新闻》创造了"付费墙"模式来开展付费数字服务,而且在付费模式上进行了创新。《每日新闻》紧跟《朝日新闻》等,通过计量收费和各种阅读机制将部分免费用户转化为收费用户。一旦用户想要获得更多特权,就需要成为付费用户。通过注册机制,报纸可以扩大读者群,潜移默化地培养更多付费用户,同时还能掌握大量用户资料,提供精准化、个性化的服务④。

就费用而言,数字服务费实际上与报纸

---

① インスタント記事主要 5 紙参加の理由[EB/OL].(2016-01-15)[2022-01-09]. https://mainichi.jp/articles/20160115/k00/00m/020/073000c.
② 付佳,赵树旺.日本报业的融媒发展路径及启示[J].新闻爱好者,2019(12):80-82.
③ 付佳,赵树旺.日本报业的融媒发展路径及启示[J].新闻爱好者,2019(12):80-82.
④ 付佳,赵树旺.日本报业的融媒发展路径及启示[J].新闻爱好者,2019(12):80-82.

订阅费相当。《每日新闻》数字服务的单独订阅价格为每月3200日元,而报纸的订阅费为3093日元。此外,如果用户订阅了报纸服务,则只需要在报纸订阅费中增加一小部分费用即可享受数字服务。纸质版的《每日新闻》用户每月只需多付540日元即可享受数字服务①。因为报纸可以开发数字服务,而不会对纸质版的发行和销售收入造成太大损害。这可以说是过渡时期的权宜之计。

  《每日新闻》数字服务不仅仅是将纸质内容数字化,而是致力于为用户提供个性化的新闻定制和附加服务,以增强用户黏性。与纸质版相比,付费数字服务在内容和功能上更加丰富多样。例如,他们会将价值页上未发布的报道照片、视频和手稿同时上传到数字服务中为读者提供参考;为了满足不同读者的需求,《每日新闻》在功能区推出"我的新闻",读者可以通过选择"关键词"服务来满足自身对精准化新闻的需求。《每日新闻》的数字化服务还提供新闻文本下载、报纸数据库搜索等功能。个性化新闻定制不仅使每家报纸拥有固定的受众,而且提高了内容质量,使报纸针对不同用户有了特定的差异化呈现②。

  面对新媒体的挑战,除了加强跨媒体整合,《每日新闻》还对产品定位进行了一些调整,重点抢占青年和"银发市场"。继朝日通讯社的《朝日小学新闻》和《朝日中学周刊》之后,《每日新闻》又为小学生增加了一个专栏——《每日小学生新闻》③。

  同时,"银发层"时间充裕,且有一定经济实力,更喜欢传统的阅读形式,他们也一直是报纸的主要读者群。为了稳定这些读者,《每日新闻》在2021年为他们量身定制特刊,如图3-29所示。《银发层》专刊包括针对老年人的学习活动、临终前的准备知识、财经、兴趣·健康以及新闻五大板块的内容,能够抓住老年人群体实际关心的问题,具有很强的实用性。比如,"终活"(临终前的准备知识)板块包括"生前赠予和投资保险的使用方法""遗嘱执行者的角色与选择方法"等,如图3-30所示。

---

① 付佳,赵树旺.日本报业的融媒发展路径及启示[J].新闻爱好者,2019(12):80-82.
② 雷紫雯.日本大报与新媒体融合的营销策略[J].中国记者,2017(9):117-119.
③ 钱铮,孙巍.日本报业:新媒体时代的生存之道[J].中国报业,2012(9):73-76.

図 3-29 "让老年人每一天都过得愉快而丰富"

2021.12.24　生前贈与で学資保険の活用方法
2021.12.17　息子に不動産相続　信託契約の検討を
2021.12.10　交際相手の娘に学費援助　選択は事実婚か、法律婚か
2021.12.3　遺言執行者の役割と選び方
2021.11.26　衰えた母の公共料金の支払い方法は

图 3-30 "终活"板块内容

在互联网的冲击下,日本报纸通过报、网、数据库联动,利用社交媒体平台引流以及开展付费服务等形式进行与新媒体的多方融合。在此过程中,《每日新闻》始终坚持发挥本身的内容优势,并以提供个性化服务为宗旨,建立了可借鉴的盈利模式。

二、TBS:日本广播业的商业运营与差异化融合

日本 TBS 广播传播分公司起源于 1951 年成立的东京广播公司,拓展电视业务后改名为东京放送公司(Tokyo Broadcasting System Television)。2000年,TBS 剥离了广播业务,并成立 TBS 广播传播分公司。与 NHK 等日本大多数媒体不同的是,TBS 广播走的是一条商业化的媒体发展道路[1]。日本收听率调查显示,TBS 广播在 2001 年至 2018 年间已经连续百期获得个人收听率冠军[2],这表明 TBS 的商业运作模式同样具有不容忽视的优势,在媒体融合背景下,TBS 的融合之路也呈现差异化特征。

---

[1] 高昊.日本 TBS 广播运营特色分析[J].中国广播,2013(11):22-24.
[2] 南京日语吧.[EB/OL].[2022-01-09].https://tieba.baidu.com/p/5862683665?red_tag=0574731049.

(一)拓宽传播渠道,重视受众的新媒体互动

任何年代悠久的企业都难免遇到受众老龄化的问题,媒介更是如此。如今广播的听众群大多为 50 岁到 60 岁年龄段的中老年人,这种老龄化现象导致其在向新媒体融合的过程中会遇到向年轻听众群体传播的困难。如何在保留原有听众群的基础上创新广播形式和内容,吸引"新"的年轻人,是 TBS 迫切需要解决的问题。以"我的初次接触,TBS 广播"为宣传口号,TBS 在吸引年轻受众的同时,也将他们培养成稳定、忠实的听众群。为此,TBS 采取了以下措施。

TBS 广播在深夜时段的节目中尝试开设了一些垂直细分的娱乐节目 JUNK,这一举措同时拓展了 TBS 广播对文娱节目类型的涉猎范围。起初在探讨如何充分利用深夜时段时,有人提议挑战 NHK 广播面向老人的深夜节目,但 TBS 广播考虑到了受众特性,深夜时段明显是年轻听众的活跃时段,所以最终将节目受众定位在 10 到 20 多岁这一群体上。这一策略没能在短期内收到显著成果,但多年后这部分年轻群体也开始形成了听广播的早晨板块节目和下午板块节目的习惯。

想要吸引新的年轻听众,除了创新内容,还需要建立与他们媒体接触方式的连接。TBS 广播通过使用新媒体渠道播出节目来制造年轻人"初次接触"广播的机会。日本的很多年轻人根本没有收音机,他们频繁使用互联网等新媒体,通过相关软件关注喜欢的节目,还能够接收新节目的自动推送,而且便于再次收听。TBS 官网首页如图 3-31 所示。

图 3-31　TBS 官网首页

TBS 经过多年努力已经将娱乐节目从自己的弱势节目转化为自身的强项,但音乐类和体育类节目始终不太突出。2007 年,TBS 广播下定决心开始打造全新的音乐类和体育类节目,如工作日深夜凌晨档的音乐类节目《音乐彩蝶:昨日与今日的十字路口》和《紫色广播》;晚间档的体育类节目《活力棒球》等①。此外,为契合 2021 年东京奥运会的体育主题,TBS 成立了"Go To 2020"专栏,作为运动员 2020 体育训练的集锦,如图 3-32 所示。这一专栏展示了体育的魅力,也让观看奥运会的观众能回看奥运健儿的训练历程,体现出 TBS 紧跟时事调整内容的创新能力。

图 3-32 "Go To 2020"栏目

(二) 构建新型流媒体,打造融媒体中心

日本 TBS 电视台选用 Blackmagic Design ATEM 2 M/E Production Studio 4K、ATEM 1 M/E Production Studio 4K 及 ATEM 1 M/E Advanced Panel 构建了新的流媒体流程。新流程用于播出每日流媒体新闻并为将来的日本大选所涉及的大量密集流媒体新闻内容提供支持。

TBS 电视台负责流媒体每日运行的青山隼人说道:"以前我们只是使用

---

① 高昊. 日本 TBS 广播运营特色分析[J]. 中国广播,2013(11):22-24.

Blackmagic ATEM 1 M/E Production Studio 4K 播出 24 小时新闻流媒体节目，但现在需要更多路的输入和输出来处理想要播出的所有新闻流媒体内容。因此，我们增设了更大型的 Blackmagic 切换台，包括 ATEM 2 M/E Production Studio 4K、几台 ATEM 1 M/E Advanced Panel，另一部 ATEM 1 M/E Production Studio 4K 仅用于社交媒体频道。"[1]

每台 ATEM 切换台从电视、VTR 接收图像和字幕。有了 ATEM 2 M/E Production Studio 4K 的 20 路输入，TBS 可将摄影机信号发送到切换台，同时通过额外的输入输送字幕。每台 ATEM 切换台还通过局域网连接至 ATEM 1 M/E Advanced Panel 从事更直观的操作。

Tally 可用于两路 VTR 输入和 ATEM 2 M/E Production Studio 4K，1 路 VTR 用于 ATEM 1 M/E Production Studio 4K。ATEM 2 M/E Production Studio 4K 上来自摄影机的音频经由 Blackmagic Mini Converter SDI to Audio 被发送到调音台上，然后所有视频和音频被发送到矩阵上，每个节目通过编码器实现流媒体播出。

TBS 将 ATEM 2 M/E 用于 24 小时新闻频道，实现无缝衔接的流程，输入数量充足，可将字幕轻松切换至直播。而且 ATEM 2 M/E 相比其他厂商的切换台而言拥有更多的输入和键控，费用经济合理。同时，ATEM 切换台直观，易于操作。当出现爆炸性新闻时，在紧张忙碌的气氛中，专门的控制面板会让人更放心，而且可以加速操作[2]。

(三) 开展企业联动，促进业务互通

TBS 控股集团于 2011 年 12 月 2 日宣布将以各种媒体融合、经济和社会全球化所带来的成长新市场为目标，与日本经济新闻社进行业务合作，共同开发内容。两家公司的合作基于双方达成的共识：在报纸、广播、通信等媒体融合的过程中，为了开发前所未有的领域内的内容，开拓新的市场，与其

---

[1] 日本 TBS 电视台采用 ATEM 切换台搭建新流媒体流程[EB/OL].(2021-01-28)[2022-01-09]. https://www.163.com/dy/article/G19SPVNR0516EANU.html.
[2] 日本 TBS 电视台采用 ATEM 切换台搭建新流媒体流程[EB/OL].(2021-01-28)[2022-01-09]. https://www.163.com/dy/article/G19SPVNR0516EANU.html.

单打独斗,不如通过文字和影像媒体的合作发挥彼此的优势,互补互惠。

两家公司合作业务的重点在于:一是面向智能手机等移动终端的新内容的开发和提供;二是通过网络和广播向亚洲发送影像和信息。TBS控股集团和日经新闻共同作为核心企业,进行内容的制作和销售对象的开拓。同时,与两家公司关系密切的东京电视控股公司和每日新闻社除了作为媒体合作伙伴加入内容的开发和制作,还以广泛的合作为原则,根据合作业务的内容,进行多方位的合作①。

作为东京老牌商业电台,TBS广播曾获得无尽的荣耀,在面临新媒体冲击时也表现出不可多得的灵活性。采用商业运作模式的TBS聘请专门人员运营新媒体平台和生产网络内容,这种"技术+专业"的新闻生产将成为未来多数受众的优先选择。TBS成功的最大秘诀在于善于调整自我定位,当现有的听众群已不再能够应对市场的竞争时,TBS能够迅速调整目标,将扩大受众群作为首要任务,通过不断取长补短,能够紧跟媒介环境的变化,体现出较为长远的发展眼光。

三、NHK:日本电视业在变革中的"守"与"破"

日本放送协会(NHK)成立于1925年,是日本唯一的公共性质的传媒机构。互联网技术的发展使得各国的传统媒体不得不积极改革,借新技术探求未来发展之路,被认为是世界上电视观众最多的日本也不例外。日本电视台也面临电视观众流失的重大困局,NHK作为日本最大的广播电视机构,开始从技术、受众及内容几个方面进行媒体融合的探索。

(一)以技术研发为核心,提高媒体竞争力

在服务国内受众的同时,NHK还通过环球广播网(NHK World)向海外受众提供广播及电视服务②。NHK电视台的改革将技术置于首位,其中

---

① NHK放送文化研究所. メディア融合への対応でTBS,日経と業務提携[EB/OL].[2022-01-09]. https://www.nhk.or.jp/bunken/summary/research/focus/460.html.
② NHK WORLD-JAPAN[EB/OL].[2022-01-09]. https://www3.nhk.or.jp/nhkworld/zh/aboutnhk/.

NHK 放送技术研究所负责电视台的技术研发,于是 NHK 实现了从"hybrid cast"到 8K 技术的变革,并即将实现到 3D 电视机的跨越。

1. "hybrid cast"服务助力"电视+互联网"的深度融合

2013 年,NHK 推出"hybrid cast"电视机,这种电视机能使观众享受比之前更加清晰的电视观看体验,并且可以通过连接平板、手机等设备来享受新闻以及其他电视节目的各种信息①。这种将互联网中的信息与算法数据应用于电视的技术创新使得传统电视中的节目能够以新的面孔与受众连接,使其不至于被埋没、被淘汰,同时受众也能够以更便捷的方式享受电视节目及其带来的个性化服务。

2. "8K+3D"技术提升电视视觉体验

NHK 多年来一直致力于 8K 电视技术的研发。在 2016 年巴西奥运会期间,日本使用世界领先的技术为其公民提供了更高清晰度和更精细的超高清图像质量的奥运信号广播。2018 年 12 月,NHK 宣布推出新的 8K 卫星频道 BS8K,同时推出 BS4K 和 BS8K 频道(如图 3-33 所示)②。

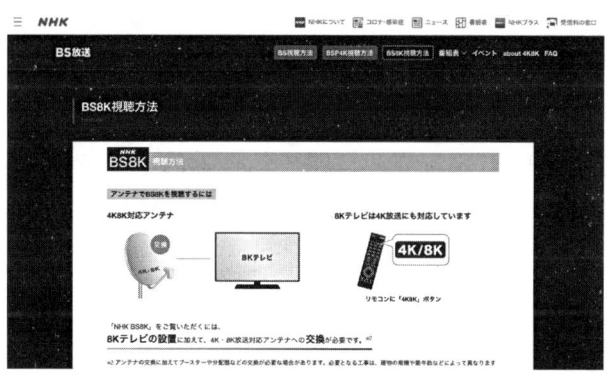

图 3-33　**BS8K** 频道

NHK 通过 8K 技术带来的超清晰视觉体验,再加上用户可以从"hybrid cast"服务提供的角度选择观看模式,提升了电视本身的吸引力,让更多年轻

---

① 贾秀秀.日本 NHK 电视台的转型发展之路[J].视听,2019(10):22-23.
② A-PAB. A-PABの4K8K BS 試験放送終了 ~ 12月1日に向けて周知広報本格化[EB/OL].(2018-07-23)[2022-01-09]. https://www.apab.or.jp/topics/2018/1807230001.html.

人再次选择看电视。调查显示,NHK 在技术上的一系列创新应用缓解了"电视逃逸"的状况[①]。

NHK 在媒体融合过程中将"新"用到了极致,NHK 放送研究所还计划针对患有身体功能障碍的观众开发各种新功能。比如,具有视觉或听觉障碍的观众未来或许可以通过一些附加设备"接触"到电视节目中的事物,获得视、听、触觉相结合的全新节目体验。NHK 这种对技术研发的投入以及由此呈现的人文关怀,足以使广播电视在新媒体环境中时刻保持强劲的竞争力。

3. 音像资料数据库的数字化运营打造个性化服务

为了应对数字时代的"数字化"特征,NHK 建立了自己的音像资料数据库。NHK 将以往的广播、电视等节目的音像资料统一管理并进行了数字化存储,这种方式一方面有利于资料的长期保存与回放;另一方面也有利于对资料进行数据化分析,总结受众特征与喜好,为用户带来个性化服务。这一优化举措体现了 NHK 电视台已经将自己融入新媒体的运营结构之中,充分发挥了数字化运营便利的优势。

(二)以用户体验为宗旨,倡导互动式内容传播

NHK 在进行技术创新的同时,时刻将用户体验放在重要位置,倡导互动式的内容传播。NHK 让网民在线订购他们喜爱的电视节目,然后向特定用户播放制定的电视节目。NHK 还根据用户对网站内容的反馈及时调整内容的播放形式。NHK 官网互动板块如图 3-34 所示。

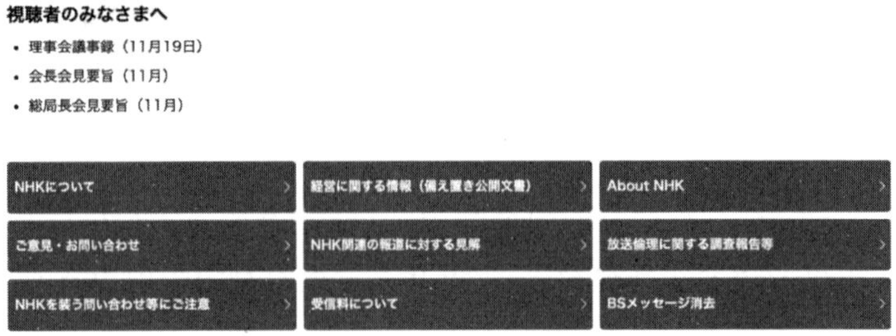

图 3-34　NHK 官网互动板块

---

① 贾秀秀. 日本 NHK 电视台的转型发展之路[J]. 视听,2019(10):22-23.

图 3-35 "你们的声音"栏目

NHK 电视台通过设定专门的与用户互动的栏目来关注用户对节目的反馈。NHK 官网开设了一个"你们的声音"栏目(如图 3-35 所示),该栏目会详细总结并分析用户在栏目中的反馈,甚至会制作报告并以数据新闻的形式发布在网站上。NHK 将自己进行的相应调整作为"我们的改进"板块,以此来表达对用户反馈的回复。这种用户至上的运营思维有利于将普通用户转化为忠实用户①。

此外,NHK 电视台还通过各种手机应用程序来为用户提供精准化服务。例如,"NHK World TV"是专为外国用户开发的软件,"NHK For School"是专为学生开发的软件(如图 3-36 所示),"NHK Easy Reader"是专为具有身体障碍的用户开发的软件,等等。这些软件通过对不同用户进行精准划分,以满足特定用户的差异化需求,能够扩大 NHK 电视台的受众群体②。

图 3-36 "NHK For School"软件

---

① 贾秀秀.日本 NHK 电视台的转型发展之路[J].视听,2019(10):22-23.
② 贾秀秀.日本 NHK 电视台的转型发展之路[J].视听,2019(10):22-23.

同时,日本媒体有着强烈的版权保护意识。互联网企业和电子媒体转载异地新闻信息,必须征得同意并注明转载来源,否则视为侵权。NHK采用付费模式来保护知识产权,日本《广播法》规定,日本任何家庭观看NHK节目都必须付费,这一规定限制了将NHK电视台内容向网络"搬运"的行为。因此,NHK在自己的网站上推出了NHK点播服务,享受该服务的用户可以将网站作为自己的电视导航器和在线数据库,随时浏览过去的经典节目。同时,网站会发布独属于网站的内容,而且逐步完善各种优化用户体验的服务,比如在线编辑、VR新闻等,丰富了NHK电视台的节目形式和内容[①]。NHK专注用户体验的改革举措,在一定程度上使用户成为内容的创作者,大大提高了用户的参与感,有利于增强用户黏性。

(三)以深度融合为目标,推动新媒体形态创新

NHK不只完成日常的电视节目制作,更积极参与到短视频内容的创作中,以拥抱年轻用户。铃木导演曾带领团队制作短片《平成跳》,反映的是昭和年代生人在经历了平成时期30年后反感结婚的社会议题[②]。这一主题契合人们所关注的社会问题,同时呈现形式比较新颖,一经播出就引起了热烈讨论。"平成跳"一词也一度成为日语中的一个新名词。通过这次尝试,NHK总结出网络视频吸引观众的方式,可以说是一次与新时代观众亲切交流的"成长"。

NHK《72小时》(如图3-37所示)的节目版权被腾讯买下,此后该节目的播放量已超2.4亿。这种与互联网公司相互合作的模式很大程度上放大了节目带来的收益,双方能够达到互利共赢[③]。

2019年,只播出过英语、西班牙语等语言节目的NHK尝试涉猎中文节目。由此可以看出,华人受众受重视的程度得以提升。但囿于中文节目制作起步较晚,而且在制作、编辑和翻译方面都不太完善,例如,在琉球宫失火

[①] 中日韩新闻界研讨媒体融合发展与创新合作[EB/OL].(2018-05-14)[2022-01-09]. http://www.xinhuanet.com//zgjx/2018-05/14/c_137176820.htm.
[②] 徐连云.日本NHK新媒体发展中的应用与创新[J].北方传媒研究,2020(1):31-33.
[③] 徐连云.日本NHK新媒体发展中的应用与创新[J].北方传媒研究,2020(1):31-33.

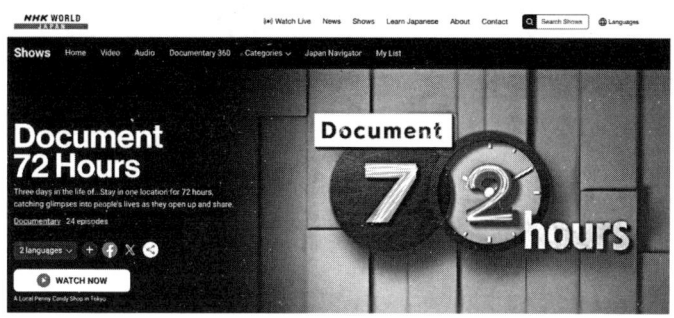

图 3-37 《72 小时》节目封面图

的新闻中,死亡人数被不当地报道为牺牲人数,因此还有许多方面需要改进①。

不得不说,NHK 电视台的转型具有很强的前瞻性,它既没有在新媒体的浪潮下故步自封,更没有直接放弃传统媒体,而是充分利用新技术为传统电视"赋能",将电视这一传统媒介打造为具有全新功能的实体媒介,并且借助短视频、网站等拓展内容载体,真正诠释了媒体的"融合"。同时,用户体验至上的运营理念在全媒体时代尤为重要。NHK 电视台能够处处以用户反馈作为重要参考意见的做法值得各国媒体借鉴。

---

① 徐连云.日本 NHK 新媒体发展中的应用与创新[J].北方传媒研究,2020(1):31-33.

第四节　实现传统媒体与新媒体融合
——韩国广电业的全媒体转型发展

韩国作为亚洲广播电视媒体最为发达的国家之一，向来对文化产业尤为重视，通过电影、电视等媒介产品，对外大力输出本土文化，助力韩流在亚洲以及全球都产生了广泛影响。为保持优势地位和扩大影响力，韩国传统电视台积极与新媒体进行融合探索，为韩国媒体带来了持续发展的动力。韩国的媒体融合发展呈现出 KBS、SBS、MBC、JTBC 等公营或半公营媒体率先开始、广电与通信技术紧密结合、依赖社交媒体进行全球营销等突出特点。

在组织机构融合方面，面对新媒体时代网络技术带来的冲击，韩国广电媒体回避了所谓跨公司融合概念，而是直接专注于建立自己的专业数字团队。例如，KBS 进行了创社以来最大规模的组织改编，重构公司的顶层结构，以设计公司为前进方向，并专门成立了未来事业部负责新数字技术与新产品的研发应用与推广；JTBC 设立了与母公司中央日报社之间进行员工轮换的机制，使不同岗位的员工能了解不同媒体各个岗位的经营特色，以制定出科学有效的融合战略。此外，韩国的媒体融合实践还十分重视广电、网络和移动通信业务的交叉发展，呈现出数字化、智能化的发展趋势。顺应时代潮流，韩国广电与通信行业之间的融合从初期单纯的功能间结合，逐渐发展到技术产品间的融合，近年已经进行到产业间、市场间融合的步骤。例如，2019 年韩国三大电视台和韩国三大通信公司之一的 SK 电信宣布将把各自的 OTT 平台合并，建立国内最大的 OTT 平台，以应对外国势力和日益壮大的网络新媒体生态环境，提高抵御风险的能力。

在技术融合方面，韩国在媒体融合中尤其看重市场需求与前沿技术，并在自身的媒体融合实践中贯彻了明显的创新思维、市场思维、数据思维、服务思维和技术思维等。韩国在2009年推出了《物联网基础设施建设基本计划》,并确立了"以构建世界最先进的物联网基础设施,打造未来广播通信融合领域超一流信息通信技术强国"的发展愿景[①]。韩国政府早在2003年开始实施数字化战略时,就与美国、加拿大等国家一致采用了先进的 ATSC3.0 为数字地面波标准,近几年在4K超高清(UHD)视频基础设施建设上也投入了大量资金。SBS目前也在韩国首次推出了使用人工智能编辑和播放视频的服务,以利用最新技术提高传播效率。

在内容分发方面,韩国也采用了多平台、多渠道、多媒体的传播方式,向多终端、网络化、数字化转型。例如,MBC 就拥有有线广播、卫星广播、地面广播、VOD、网络广播等多种播出方式,试图打造一个多媒体多频道的 MBC;不仅如此,KBS 也开发了以网络广播应用程序 Kong 和综合应用平台 MyK 为代表的应用程序。此外,韩国的传统媒体除了构建网络矩阵,还尝试通过在社交媒体平台上开通官方账号,搭建与受众双向互动的平台,进行社会化推广,扩大生产内容的影响辐射范围,实现全球营销的目标。韩国三大广播电视台都在 Facebook、Twitter、YouTube、me2day 等网站开设了官方账号,积极进行社交网络服务(SNS)上的宣传和营销,不断提高自己的知名度,吸引全球受众。

总的来看,虽然传统主流广播电视公司面临着 TVN、Netflix 等新生广播电视台或新媒体的冲击,但总体上韩国媒体融合的措施和进程是保守而缓慢的,我国融媒体进程相比韩国虽起步较晚,但目前已呈现后来居上的趋势。"生于忧患,死于安乐",我们可以汲取韩国媒体融合的实践经验,树立危机意识,用更大胆的方式推进我国的媒体融合发展。

一、MBC:立体化、生态化、社交化的媒体融合实践

韩国文化放送株式会社(Munhwa Broadcasting Corporation)简称 MBC。20世纪90年代,MBC 进入多媒体时代,针对传媒环境向多媒体、多频道模式转

[①] 王建强,李世威,曾俊伟.车联网发展模式探析[J].计算机技术与发展,2011,21(12):235-238.

变。21世纪初,MBC进入数字化时代,以子公司"互联网MBC"的创立正式开启广播通信融合的数字化变革,并开展互联网相关业务。此外,MBC开始探索有线电视(MBC PlusMedia)、卫星电视、DMB广播等数字化服务[①]。

(一)全球传播视野下复合产品的立体化输出

随着海外市场对韩国文娱节目需求的增加,MBC实施了加强国际交流与合作的全球传播战略。自2001年以来,MBC与全球38家电视台签订了双边协议。为了尽可能地回应外国观众的需求,MBC甚至为中、日等国专门开设了电视剧频道。此外,MBC为了应对海外市场的需求,制作了适应当地题材的节目,以此消除了语言和文化障碍。如2017年2月,MBC电视台与中国中央电视台科教频道合拍的纪录片《气候的反击》(如图3-38所示)播出,该片介绍了朝鲜半岛和东北亚地区因气候变化而面临的问题,预测2100年的地球可能出现的变化。在新闻领域,MBC每天都会播出中国或其他东亚国家的相关新闻。在与日本合作方面,MBC与日本富士电视台签订了长期合作协议,每年定期制作一部电视剧。可见,进军中国、东亚乃至全球是MBC未来发展的重要战略。

图3-38 《气候的反击》由张娜拉担任主持人

---

① 维基百科.文化广播公司[EB/OL].[2021-11-05]. https://zh.wikipedia.org/wiki/%E6%96%87%E5%8C%96%E5%BB%A3%E6%92%AD%E5%85%AC%E5%8F%B8.

MBC同样重视其产品的互动性,并已建立起面向全体国民的新闻发布会机制,实时播放新闻并对国民意见进行反馈。在世界杯转播期间,MBC还实时展示了观众对球员的评论。在新媒体时代,用户至上的原则至关重要,只有提供优质服务,才能在市场上获得更大的份额。为此,传统电视媒体需要放下架子,通过细致的服务赢得国民的信任,提高传播力。为了提升竞争力,MBC成立了用户分析部门、社会服务中心和影像资料网站,以分析市场动态并制定相应策略。

为了减少对广告收入的依赖,MBC积极探索多样化的产品形态。其制作的电影《甜蜜而可怕的恋人们》是MBC进军电影行业的尝试。随着韩国政府对游戏产业的重视以及韩国在全球游戏市场中的重要地位,MBC开始投入资源开发游戏相关内容,其推出的《游戏英雄》节目收视率持续攀升。MBC还认为,通过增强电视节目的亲和力和扩展节目种类,可以借助文化亲近性,进一步提升其在亚洲市场的影响力。目前,MBC在中国、日本、越南等亚洲国家的电视剧、综艺节目、纪录片、新闻报道和文化活动等领域与当地机构展开了广泛合作,推出了多样化的国际文化产品。这一策略不仅改变了MBC过去以韩剧为主的媒体产品结构,也增强了公司的企业实力和盈利潜力[1]。

(二)依托OTT平台,打造融媒体生态圈

2019年1月,韩国三大电视台和SKT联合宣布:将各自旗下的OTT平台POOQ和OKSUSU重组合并,组建韩国OTT代表平台。OTT是"Over the top"的缩写,原意为"过顶传球",来自篮球运动,在电视业中则指,忽略传统电视系统和直播到户卫星电视系统而直接通过公共网络为用户提供内容分发业务。这意味着OTT是完全基于网络架构的,所有设备都可以接入网络,无须经过网络运营商就可以通过许可方和终端制造商直接向用户提供内容,这给内容产出平台带来了很大的便利[2]。

POOQ作为由拥有韩国最丰富内容资源的三大电视台共同出资运营的

---

[1] 罗昕. 韩国MBC的新媒体战略[J]. 视听界,2009(1):96-97.
[2] 李宇. 数字时代的电视国际传播路径与策略[M]. 北京:中国广播影视出版社,2015:2.

OTT平台,虽然平台付费用户达68万人,但用户增长停滞不前;韩国三家通信公司之一的SK电信运营的OTT平台OKSUSU会员数为946万,拥有韩国最大的用户群,但由于付费会员比率不高,内容版权购买的成本也逐渐提高,只凭自己无法抵挡Netflix的攻击。因此,为寻求双方利益最大化,共同抵御市场风险,保护韩国国内的OTT市场,也为了能将更多资金用于优质内容制作,双方将进一步增强开拓全球市场的力量,动员全国视听频道和内容供应企业共渡难关。

自三大通信公司合作组建IPTV以来,韩国三大通信公司和三大广播电视公司就一直存在激烈而频繁的竞争问题。但随着Netflix与YouTube等全球性视听流媒体的快速崛起,其受众和广告主大幅流失,传统通信公司与传统电视台不得不选择吴越同舟、携手并进。在海外视听新媒体所带来的危机感日益增强的情况下,两大OTT平台的大型合并案通过得异常顺利,经过公平委的审查后被破例准许推进,于2019年推出新的OTT平台"WAVVE",完成了期待已久的融媒合作。除SK电信以外,"LGU+"将深化与Netflix的合作实践,KT也将打造自身的移动OTT平台"Seezn"。可以看到,移动OTT平台与内容平台之间的关系愈加复杂,新媒体平台与内容供给方、国内与国外互联网跨国企业的关系也更加难分彼此,共同构成了森林般复杂的生态合作环境。

为了削弱Netflix和YouTube等外国新视听媒体的攻击,韩国三大电视台及时作出了决定,和通信公司一起合作打造国家层面的融媒体平台OTT,以应对全球性的媒体平台竞争,同时适应日益壮大的网络新媒体生态市场。即使并不是所有韩国节目和频道都使用了此OTT平台,但合并举措仍然产生了非常好的效果。2019年11月,WAVVE的每月活跃用户数(MAU)达到402万,高于韩国SVOD数据极高的Netflix,成功登顶韩国SVOD数据榜。2019年11月,"AppleTV+"和"迪士尼+TV"也相继发布,韩国三大电视台已经作出了保护国内市场的初步尝试[①]。

---

① 朴由敬.艰难中突围:2019年韩国电视产业报告[J].现代传播(中国传媒大学学报),2020,42(3):16-19.

(三)iMBC 与社交媒体的有机融合

MBC 作为推动产业发展的多媒体公司,为了顺应传媒发展新趋势,于 21 世纪初创建了专门拓展新传媒服务的电视平台 iMBC。历经 20 余年的发展,iMBC 目前已经形成了 4 个主要的业务范畴:新媒体服务、IT 解决方案、台内外的内容分销、娱乐性产业。自 iMBC 成立以来,其内容生态的平台化搭建除了利用自身的媒体平台,还借力于互联网社交平台实现内容传播的渠道拓展。

在 iMBC 诞生之前,韩国就已经出现了名为赛我网(Cyworld)的社交网站,鲜有人知的是,赛我网早在 Facebook、Twitter 诞生之前就已经在国际上被广泛使用。1999 年诞生的赛我网在韩国有着跃迁式的发展速度,并将服务拓展到了全球范围内的数个国家。赛我网于 2005 年首次进入中国市场,并于 2006 年扩展到美国市场。然而,由于经营挑战,该公司在 2009 年不得不退出美国市场。尽管在全球市场上遇到阻碍,但赛我网在韩国本土市场依然保有大量忠实用户。MBC 电视台的高层领导意识到了赛我网在节目内容推广方面的潜力,因此 iMBC 迅速行动,与赛我网结合,利用社交媒体的力量实现内容的广泛传播。赛我网首页如图 3-39 所示。

图 3-39　赛我网首页

随着赛我网的出现和崛起,世界各国的社交媒体也逐渐崭露头角,如 2004 年诞生的 Facebook、2006 年诞生的 Twitter、2009 年中国出现的新浪微博等。2016 年 9 月,TikTok(抖音短视频国际版)正式发布。这些社交网站均成为韩国 MBC 电视台传播节目内容的渠道。除了内容分发,iMBC 还利用社交媒体平台与用户互动的后台数据,进行用户画像,分析受众需求。另外,iMBC 也在全球性视频网站 YouTube 上开设了官方频道(如图 3-40 所示),并上传了大量原创制作的电视剧集和综艺性节目。如 MBC 于 2021 年 11 月开播的电视剧《衣袖红镶边》,iMBC 就利用社交媒体对其进行了推广。这种通过借助全球性社交媒体平台扩大自身内容营销的策略是极为成功的,社交媒体平台对内容推广的重要性可见一斑。

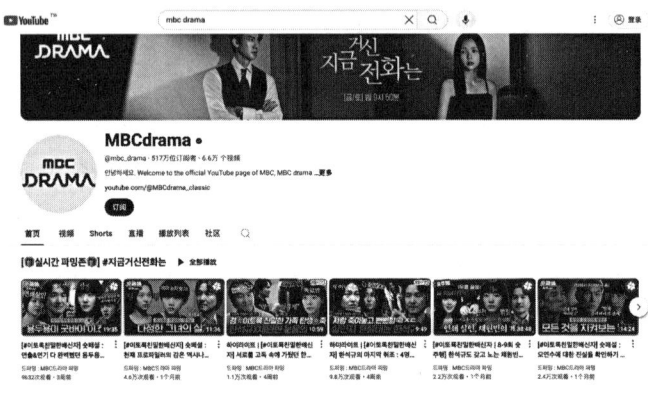

图 3-40　iMBC 在 YouTube 上开设的电视剧频道账号首页

顺应融合趋势,韩国电视媒体与社交媒体的融合实践有效地强化了媒体内容与受众之间的互动性和传播力。可以看到,社交媒体在传统媒体内容生态建设中的重要性愈加凸显。韩国国会议员尹永硕认为:"当下媒体与受众的沟通互动策略已经发生颠覆性变革,传统的内容传播均由媒体掌握主动权,影视公司制作的节目内容只能依赖他们仅有的传播渠道,然而如今社交媒体已经成为自身广告宣传的最佳平台和策略。"传媒机构通常选择社交媒体平台来实现自身内容传播的原因在于,首先社交媒体具有无可比拟的时效性,只要内容完成生产,就可以迅速实现平台化发布传播;其次,社交媒体的受众具有多元性,用户群体庞大;再次,传统媒体局限于单向的传输式传播,而社交媒体是多元化的互动传播;最后,相比于传统的广告投放,利用社交媒体进行传播和营销成本极低,能高回报率地实现高效率、低成本、广覆盖的传播预期①。

总的来看,公营与私营相结合的 MBC 经过十多年的摸索与实践,建立了全新的传媒融合的新发展模式,一直为建立业界领先的多媒体公司而奋斗。为顺应新媒体的发展风潮,MBC 与 Facebook、Twitter 以及 YouTube 等国际主要社交媒介展开了广泛合作,以新媒介为主要传播平台,共同建立面向世界的国际宣传渠道,以达成世界营销目标。

二、SBS:智能技术驱动下的数字化平台搭建

韩国首尔广播公司(Seoul Broadcasting System)简称 SBS,是韩国四大全国无线电视及电台网络中两个私营媒体之一。自 1990 年开播以来,SBS 一直是全国唯一一家覆盖全国互联网的民营无线广播电视台②。近年来,为适应媒体融合的行业趋势,以 SBS 为代表的韩国传统媒体积极探索利用新媒体技术来完成内容生产和播发流程,通过媒体融合的路径重构来适应新媒体网络时代的传播特点和满足青年受众的需求。

(一)完善物联网基础设施,以 UHD 助力视觉观感

在数字媒体技术的应用上,SBS 走在了韩国媒体行业的前列。韩国在 2009 年推出了《物联网基础设施建设基本计划》,并确立了"以构建世界最先进的物联网基础设施,打造未来广播通信融合领域超一流信息通信技术强国"的发展愿景。韩国政府较早开始模拟数字化作业,并向发达国家看齐,采用 ATSC3.0 为数字地面波标准。2017 年,韩国三大电视台共同建立了世界首个 ATSC 3.0 标准数字地面波电视系统,并在同年 5 月即投入使用③。

在数字技术建设基础上,韩国近几年也在 4K 超高清(UHD)视频上投入

---

① 毛俊玉.韩国 MBC 电视台:借社交媒体实现全球营销[N].中国文化报,2013-01-19(4).
② 国外网站大全.SBS 网站简介[EB/OL].[2021-11-05].http://www.scyky.com/1687b.html.
③ 李宇.韩国电视业发展现状研究[J].现代视听,2020(2):78-82.

了大量资金。2014年4月,世界上首个4KUHD频道UMAX在韩国国内开通,同年6月,KT SKYLIFE推出了国内第二个4K超高清频道SKY UHD,并于2015年正式投入大范围使用,实现初步商用化。从2017年5月开始,三家地面波电视台在首尔、京畿道、仁川等地开始播放超高清电视,韩国对UHD技术的商用化程度得以进一步加深。如在2018年平昌冬奥会的报道实践中,就使用了超高清(Ultra HD)信号进行比赛转播。

SBS超高清电视节目的事业企划部主管山莫·丘(Sammo Cho),解释了UHD技术与高清技术之间的区别:"4K超高清电视机具备比目前1080p分辨率高清电视机更精细的显示内容,效果优化率可达四倍,这是因为4K超高清电视机增加了亮度的动态显示范围,也增加了亮度画面间的对比度,从而能够呈现更为真实的画质,并带给观众更佳的视觉观感。"[1]

(二)推出基于UTV平台的数字化新闻,增强年轻用户黏性

SBS电视台以其新颖独特的节目特点在韩国年轻人中广受欢迎,它旗下的UTV报业频道正在加快数字化新闻业的发展,打造新闻内容开发的平台。随着媒体环境的急剧变化,新闻机构的门户网站都出现了"吃冷饭"的情况。Naver曾在2020年公开表示将会率先推出完全排除新闻的移动应用程序。为了重新聚集分散的观众,吸引不看新闻的年青一代,UTV平台的核心任务是开发视频内容、提供数字化以及报纸的融合服务。

SBS负责开发制作UTV内容的新媒体部将原有的视频组一组体制扩大改编成照片组、新媒体组、数字战略组的三分体制,队伍原本只有4人,扩编后人数得以翻倍。UTV平台新闻内容的核心模式是数字化,具体来看即UTV平台以年轻人的视角看"真正世界"的概念来打造新闻,将严肃的社会焦点问题通过数字化编辑演绎成有趣的影像新闻。UTV平台推出之后,其Facebook粉丝数量在6个月内完成了从3000到30000人的突破。对于对新闻没有主动了解欲望的年轻人来说,UTV平台让他们形成了"新闻比综艺更有意思"的观念,并使他们对社会问题产生了兴趣。

---

[1] 走进韩剧《星你》诞生地 近看韩国媒体融合[EB/OL].(2017-06-27)[2021-11-05]. https://news.china.com/news100/11038989/20170627/30843016_2.html.

2008年9月5日,SBS Medianet 与美国最大的互联网服务提供商康卡斯特结盟,UTV 依照 SBS 的国际战略需求,于 2009 年 1 月 1 日更名为 E! TV,成立了全新频道。2011 年 11 月 1 日,频道名称变更为 SBS E!。之后由于 SBS 与康卡斯特的合作关系于 2014 年 1 月 1 日结束,频道名称又更改为 SBS FunE,并沿用至今。为了能够提供符合读者要求的更加强有力的数字服务,今后 SBS FunE 平台的"媒体融合之路"也将与 UTV 一脉相承,持续围绕年轻用户展开①。SBS FunE 官网首页如图 3-41 所示。

图 3-41　SBS FunE 官网首页

(三)以人工智能进行节目编辑,推动内容生产智能化

2018 年 SBS 在韩国首次推出了以人工智能编辑为技术核心的视频剪辑和节目制作服务。SBS 媒体技术研究中心副主任朴宰贤和洪顺基博士称"当前的人工智能剪辑技术尚处于起步阶段"②。不过在此技术的支撑下,用户可以在目前超高清服务屏幕上找到经过 AI 剪辑的节目视频,并在连接到互联网的情况下,观看和 IPTV 一样有节目时间表、节目简介的剪辑后的超高清节目。广播公司只须将出口到门户网站的娱乐节目和电视剧视频发送到此服务,由 SBS 上传通过人工智能操作的所有类型视频剪辑即可完成。

SBS 选择尝试使用人工智能进行节目剪辑的原因在于,人工手动编辑成本较高,设备是硬性要求,而且需要耗费大量时间。对于可以进行招商和广

---

① MatthewTingchiLiu,Yong Dan. 媒体融合 韩国广电各出奇招[EB/OL].(2019-04-17)[2021-11-05]. https://lmtw.com/mzw/content/detail/id/169247/keyword_id/-1.
② 금준경 SBS 가인공지능으로클립영상을만들기시작했다[EB/OL].(2018-10-25)[2021-11-05]. http://www.mediatoday.co.kr/news/articleView.html?idxno=145137.

告植入的娱乐节目和影视剧来说,其拥有较充足的资金支持人工手动编辑。而资金较为紧缺的时事新闻和文艺类节目,则可以借助人工智能剪辑来降低制作成本。正是由于这个原因,广播公司协会创建的 Smart Media Rep 公司会提供人工剪辑视频服务并将剪辑后的视频上传到门户网站,但该公司只接受娱乐或影视剧等人气类节目的视频编辑工作。

  在采用当前基于重要性的编辑方法之前,SBS 在人工智能编辑领域有很多尝试和失败的经验。洪顺基博士解释说:"一开始我是用'物体识别''人物识别'等方法来研究的,但也有过反复试验。"[1]在"人物识别"的情况下,它对寻找人物很有用,但不可能找到重要或有趣的内容。此外,为了识别一个人,需要重复出现,但由于广播节目的中心是客人而不是固定的表演者,因此识别有明显的局限性。朴宰贤副导演解释说,目前剪辑视频编辑处于起步阶段。"我认为(人工智能)可以引入生产。目前,在拍摄娱乐类节目时,100 小时的视频素材可能是在 1 小时内拍摄的。其中,人工过滤掉不必要的广播初级剪辑要花很多钱,但人工智能可以代替人工。但是立即替换也是存在限制的,因为它必须得到从业者的信任。通过 UHD 服务,我们计划扩展深度学习网络,以提高工作的可靠性为目标,并从员工那里获得验证。"[2]未来,一天被关在剪辑室 24 小时的副导演的职位可能会消失。

  当然,韩国的传统媒体除了建设官方网站,还十分重视多平台社交媒体账号的开设,力求拓展传播渠道融合的多元化和提升泛媒体影响力。如 SBS 在 Facebook、Twitter、YouTube、me2day 等网站开设了官方账号,积极进行社交网络服务上的宣传和营销。与此同时,SBS 官方网站(如图 3-42 所示)也提供在线视频、博客、周边游戏及电子商务、电视剧 DVD 销售、电视剧周边商品贩卖等服务,提升节目附加价值。手机用户可以通过 SBS"大猩猩广播"的移动应用程序收看和收听 SBS 的直播,并通过手机应用与 SBS 的节目进

---

[1] 금준경 SBS 가인공지능으로클립영상을만들기시작했다[EB/OL].(2018-10-25)[2021-11-05]. http://www.mediatoday.co.kr/news/articleView.html? idxno=145137.

[2] 금준경 SBS 가인공지능으로클립영상을만들기시작했다[EB/OL].(2018-10-25)[2021-11-05]. http://www.mediatoday.co.kr/news/articleView.html? idxno=145137.

行互动,如参与《人气歌谣》的节目投票等等①。

图 3-42　SBS 官网首页

作为韩国国内最大的民营无线广播电台,SBS 的媒介融合举措更多地借助了不断更新的基础设施的力量,大胆采用最先进的技术和年轻化理念,不断寻找新的可能性。此外,SBS 还非常注重国际影响力和国家文化形象的彰显,利用本国本民族人文文化特质,大力开发文化产品,通过多平台、多渠道传播,形成了强有力的跨文化影响力。

三、KBS:借助政府力量,稳中求进拓新

韩国放送公社(Korean Broadcasting System)简称 KBS,是韩国规模最大、最具代表性的广播电视公司之一。作为韩国最早的公营性质的媒体机构,KBS 见证并引领了韩国媒体产业的发展。早在 20 世纪 90 年代,随着互联网时代的到来,KBS 便开始了媒体改革实践,并逐步探索媒体融合的可行道路。KBS 作为目前韩国媒体机构推进媒体融合较为成功的案例,是新媒体时代下促进韩国文化全球化的重要力量②。

---

① 严萍,李佳薇.国外电视台全攻略之韩国三大电视台[EB/OL].(2013-05-29)[2021-11-05].https://lmtw.com/mzw/content/detail/id/90110/keyword_id/-1.
② 康秋洁,顾月冰.韩国广播公司的媒体融合实践[J].中国广播,2018(1):64-68.

(一) 依托政府力量,紧跟政策拓新

一直以来韩国政府都非常重视媒体产业的发展,并针对媒体产业的技术转型和融合探索出台了一系列政策用以助推媒体融合发展。公营广播公司 KBS 在政府的强力推进下,为韩国媒体产业的媒体融合和发展起到了排头兵的作用。1991 年至 2001 年,韩国相继发布了《文化产业发展五年计划》《文化产业规划》《文化产业发展推进计划》等政策性指导文件,为文化产业的战略性发展和美好蓝图打好了基础。其间,韩国在 1998 年提出了明确的"文化建国"政策。在这方面,韩国强化了对作为文化产业核心板块的媒体行业的重视和投资。

1997 年 11 月,KBS 推出了其官方网站 http://world.kbs.co.kr(如图 3-43 所示),将韩国拉进一个国际互联网交流的时代。1999 年 10 月,KBS 成立了一个新的媒体中心,旨在推进数字广播和电视的发展以及数字资料库的建设,并着手进行自身网络平台的研究与开发工作。自 2001 年起,KBS 开始推出地面数字广播和电视服务。同年,该机构还与 NTTDoCoMo 电信公司签署了一项合作协议,目的是为日本用户推出移动新闻服务,并用日语提供服务,这是其扩大国际媒体服务范围战略的一个步骤。2003 年,KBS 在迎来国际广播 50 周年之际,开始播放国际卫星广播网络 kbrld 的英文广播节目,10 月份推出了英文网页(http:/english.kbs.co.kr)。诸如此类的措施大大提升了 KBS 的国际声誉和影响力,为其媒体融合发展打下了坚实的基础。

图 3-43　KBS 官网首页

2004年,韩国文化观光部为了扩大与东南亚、中东、中南美、非洲等地欠发达国家的文化交流,发布了从2005年开始实行的五年计划,并明确规定要引进及构筑适应数字环境的新文化宣传系统。此外,KBS为发展数字音频广播技术,推出了英文数字多媒体广播节目(DMB),决心促进传统广播和网络服务的综合实践。2005年,KBS与美国Factive公司达成了合作共识,旨在借助网络平台向全球性用户提供以英文、中文、日文、俄文、法文和德文等语种为主的信息服务。

2006年,KBS引进了以WAP为载体传送影像、图片、声音、文本的多媒体信息服务技术。因此,用户在手机和电脑上均可以收发多媒体信息。2009年KBS与国内最大门户网站NAVER合作,在NAVER新闻页面上提供了KBS的英文新闻界面。同年10月,KBS开通了以诺基亚网络平台为基础的多语种广播服务。

韩国在2010年提出了"智慧韩国"的媒体愿景,将广播电视节目服务、互联网服务、移动通信服务的融合通过立法化的方式推进,同时将传统广电媒体和网络视听新媒体的融合创新列为国家性战略,以落实传统媒体数字化、网络化的发展目标。在此期间,KBS的成长点也转向了机动性和智能化。KBS除了播客和RRS等通用广播平台,还尤为重视应用程序的自主开发。

2012—2013年,KBS接连推出了旨在编辑图片的KBS PhotoStudio、升级的用于生活服务的移动应用程序DodoLive、韩国饮食类应用程序Korean Communication、移动阅读软件KBSbook,极大地丰富了新媒体传播产品内容,KBS也逐渐具备了自己的网络传播服务系统。KBS的App开发工程尤其集中于两个App产品,一个是网络广播应用程序Kong,它是2014年KBS推出的线上互动广播应用程序,韩语中Kong的发音意为"豆子",因此这个App的Logo被设计成了具有魅力的绿豆形象。Kong是KBS独立开发的网络广播应用程序,用户可以通过电脑、智能手机和平板电脑上安装的Kong来获得广播服务。他们可以在收听直播节目的时候,通过评论、点赞等行为进行互动,此外也可以在首页自由检索和点播文本、音频、视频等感兴趣的内容。

另一个在用户中流行的是My K应用程序,它可以提供KBS旗下所有原创性广播、电视或互联网节目的内容服务。My K 诞生于 2015 年,一经推出就受到了众多用户的关注和喜爱。在游戏报道中,My K 采用 24 小时事件直播模式,并通过与其他社交媒体平台的合作,为用户开通上传自制内容的渠道,同时提供本地美食等信息,用户可以非常方便地在其他常用的各种互联网社交媒体平台上共享 My K 的内容。在 2016 年韩国大选的时候,My K 会根据用户的位置,提供候选人信息和选举进展情况等信息服务。My K 在巴西奥运会期间也开启了景观信息服务博物馆,以 360 度虚拟全景形式提供奥运会主要比赛实况和巴西多个旅游景点的现场概要。根据 KBS 2016 的年度报告,My K 用户数量在 2016 年翻了一番[①]。

(二)改革内部组织架构,细化业务流程

英国路透社研究所(Reuters research institute)发布的《2017 年数字新闻报告》(*Digital News Report* 2017)指出,韩国广播电视媒体行业在新媒体时代面对网络技术带来的冲击,回避了所谓"融合"概念并直接专注于建立自己的专业数字梯队。KBS 最近几年的战略布局反映出的重要关键词是"未来"。2016 年 5 月,KBS 宣布将进行创社以来最大规模的组织改编,以"适应形态多变的媒体环境,特别是快速发展的新媒体平台与个性多元的用户需求"。

完成改革后的公司董事会设立了七个主要部门,除了专门负责内容制作、市场营销、客户关系等业务的部门,还专门成立了未来事业部。未来事业部的业务范围包括成长引擎、内容业务、数字服务、基础设施投资及未来技术研究、业务开发、内容及产品开发、新事业基础设施的实现和新内容及新产品的技术支援等。也就是说,未来事业部将计划 KBS 何去何从、如何实现公司保持竞争优势的目标。改革后,整个公司朝着更有效率的方向发展,新的架构朝着有助于连接顶层战略到特定业务流程的数字化战略迈进[②]。

总的来看,在韩国媒体一体化发展进程下,韩国政府始终发挥着绝对的

---

① 康秋洁,顾月冰.韩国广播公司的媒体融合实践[J].中国广播,2018(1):64-68.
② 康秋洁,顾月冰.韩国广播公司的媒体融合实践[J].中国广播,2018(1):64-68.

主导作用。韩国政府从国家政策制定和行业规划着手,以宏观政策促进媒体融合的发展。KBS 作为公共性媒体组织的代表,近年来已把数字化战略落实到公司的基础设施和细分业务流程中,还投入巨资建设一个未来的广播控制中心,以实施这些战略计划①。

四、JTBC:以受众需求为导向的"数字+社交"思维

韩国中央东洋放送株式会社(Joongang Tongyang Broadcasting Company)简称 JTBC,隶属于韩国《中央日报》。号称"新闻立台"的 JTBC,以重视新闻质量享誉韩国。自 2011 年 12 月正式开播以来,JTBC 一直秉持着"为您的世界增添色彩"的核心理念,以彩虹作为背景色的台标设计传达出 JTBC 希望从多重视角出发、呈现具有创新性与多样性的电视节目的立意,也代表着 JTBC 面向未来的多媒体发展方向。而以受众需求为导向,做观众喜爱的节目内容,正是 JTBC 电视台在媒体融合进程中的亮点所在②。

(一)受众需求导向与内容形态创新

JTBC 自成立以来,因为对"世越渡轮报告""家长联盟门"等重大新闻的密切关注和深度报道而广受好评。这种风格使得 JTBC 形成了一种独特的基调,该基调明显不同于中央媒体网络下的《中央日报》,更具批判性与自由性。JTBC 也成功建构了其在韩国年轻受众认知中"真相为新闻"和"平衡报道"的媒介形象③。

针对广大观众的收视需求与习惯偏好,JTBC 精准地对其节目形态施以灵活调节,如在不对新闻报道中节目时长与数量等方面设置具体规范的情况下,对于能形成影响力的重要报道,JTBC 会相应地增加此类报道的播放时间和数量,并展开深入挖掘和追踪报道。而对于突发事件或正在发生的新

---

① 康秋洁,顾月冰.韩国广播公司的媒体融合实践[J].中国广播,2018(1):64-68.
② 媒体融合 韩国广电各出奇招[EB/OL].(2019-04-17)[2021-12-17]. https://lmtw.com/mzw/content/detail/id/169247/keyword_id/-1.
③ 금준경. JTBC,가인공지능으로클립영상을만들기시작했다[EB/OL].(2016-06-29)[2021-12-17]. http://m.journalist.or.kr/m/m_article.html?no=39485.

闻,JTBC 则会通过实时现场连线来增强观众的现场感①。

JTBC 十分重视观众的反馈情况,并根据反馈信息积极作出调整,如结合分析已播出节目的社交媒体评论和留言等反馈信息对现有节目形态进行调整,同时定期进行市场调研,深入了解受众需求,并不断策划新的节目形态来满足观众需求,以提高媒体关注度,抢占 IP 市场高地。

在本土创新的基础上,对外进行文化输出也是 JTBC 在增创品牌价值方面的重要路径。诸如 *Hidding Singer*、《青年领袖论坛》《明星厨房》等收视率较高的节目,JTBC 积极地将节目版权销售给国外媒体,在获得节目附加价值的同时更扩大了文化影响力,完成了文化价值输出。在节目模式的输出过程中,JTBC 的节目制作流程、包装效果等也潜移默化地对输入国的影视内容生产产生了极大影响,如湖南卫视在节目引进、节目嘉宾造型、舞台效果等多方面都对包括 JTBC 在内的韩国电视台进行学习和借鉴②。

(二)"数字新闻室"的数字化与社交化融合进路

韩国的传统媒体在尝试新兴媒介运用与普及之际,多强调专业能力的协同支持。JTBC 设立了和中央日报社员工轮换的机制,记者和管理人员需要在各媒体机构和岗位完成为期两年的轮岗。他们只有了解各类媒体及各个岗位的经营特色,才能作出有针对性的融合策略和发展规划③。

为了扩大受众群,获得使用 SNS 的年轻人对 JTBC 的青睐,JTBC 积极通过线上渠道扩大影响力。为顺利实现数字化转型,JTBC 鼓励传统新闻记者积极参与数字业务,促使 JTBC 的新闻节目制作流程向完全的"数字新闻室"转型。而"数字新闻室"就是 JTBC 在社交平台上进行宣传并且实际引领电视台数字化改革的部门,它的主要任务是针对数字优化的内容进行策划和制作。"数字新闻室"部门的记者经常查看新闻网站或问题反馈平台并进行"Facebook Live",以回应受众尤其是年轻受众的关切。"数字新闻室"由记

---

① 李智,戚易斌.各国媒体如何融合发展[EB/OL].(2016-11-18)[2021-12-17].https://m.haiwainet.cn/middle/3541943/2016/1118/content_30506297_1.html
② 高天方.韩国传统媒体与新媒体的融合探究[J].传媒论坛,2019,2(9):72,75.
③ 王亚明,于春,张炳顺.日韩媒体融合发展现状考察[J].国际传播,2016(1):87-96.

者和 PD 约 10 人组成,是新闻部门直属机构,致力于通过"JTBC 뉴스"账户和"#jtbc 디지털뉴스룸"的话题进行对外宣传和形象输出。根据 Facebook 等实际指标,JTBC 是在数字领域呈现稳步上升趋势的媒体公司之一,粉丝量从 2016 年的 281333 名增长至 906439 名(数据截至 2021 年 12 月 21 日 18:00),增长量十分可观。图 3-44 是由室内 360 度相机拍摄的 JTBC 的"数字新闻室"。

图 3-44　由室内 360 度相机拍摄的 JTBC 的"数字新闻室"

JTBC 的数字化战略是在尽可能扩大直播报道的网络影响力的同时,继续进行灵活的尝试以适应社交平台①。JTBC 电视台于 2017 年 11 月 30 日推出了一档名为《WannaB》的选秀节目,该节目以短视频制作为比赛内容。《WannaB》的主持人是电视台的首席执行官,嘉宾是美容、奇趣、生活、娱乐四个制作中心的主管,选手则是在全球范围内的一线直播平台招募来的"网红"主播。该节目创造出的内容与衍生节目也在直播平台上进行传播。《WannaB》这档节目是以 JTBC 为代表的韩国传统电视媒体与以 AfreecaTV 为代表的头部网络直播平台的一次强强联合。通过合作,一是发挥了传统电视媒介对社会生活的引导力;二是打通了不同媒介的传播渠道,互相交流创意,激发行业新活力;三是节目本身的赛制也可以选拔创作人才,既满足观众的观看期望与审美需求,又为电视行业注入了新鲜血液②。

---

① 금준경 JTBC, 가인공지능으로클립영상을만들기시작했다[EB/OL].(2016-06-29)[2021-12-17]. http://m.journalist.or.kr/m/m_article.html?no=39485.
② 周成锋.融媒体时代传统电视媒体纪实类内容生产的新方向[J].视听,2018(9):13-14.

2017年4月的韩国大选成为JTBC数字化战略推进的转折点。与中国的媒体融合策略不同的是,韩国的传统媒体通过注册开设多平台社交媒体账号来寻求传播渠道的融合和影响范围的扩大。如JTBC就在Twitter和Facebook主页进行动态更新,除了电视报道视频,还在YouTube上展开实时在线直播①。JTBC在大选期间与韩国Facebook达成协议,在用广播播报选举过程的同时在Facebook上进行"Facebook Live"直播,进行线上和线下两个渠道的"全面运营"。大选当天,观众在JTBC的新闻账号上反响热烈,超过7000人为大选相关新闻点赞。JTBC NEWS的Facebook账号如图3-45所示。

图3-45　JTBC NEWS的Facebook账号

JTBC将每天播出的"JTBC Newsroom"中部分节目片段上传到Facebook上,并收获了稳定的受众反馈。于《主要新闻》上半部和下半部之间播出的节目《今日》,在Facebook上平均每期的播放量达到15万至20万。从周一到周四每周播出四次的"Anchor Briefing",播放量达到25万至30万,且一旦成为社会性话题,播放量有时会超过100万②。

---

① 王亚明,于春,张炳顺.日韩媒体融合发展现状考察[J].国际传播,2016(1):87-96.
② 周成锋.融媒体时代传统电视媒体纪实类内容生产的新方向[J].视听,2018(9):13-14.

第五节　开放化、融合化、国际化
——新加坡的媒体融合发展之路

囿于政治、经济、文化等方面的影响,新加坡的媒体行业发展始终处于开放与控制不断调整的状态。在政府的主导下,新加坡媒体以融合化发展与数字化转型为思路,从思维、战略、组织到传播方式实现了全方位转变,形成了开放化、融合化、国际化的媒介形态①。

与时俱进的观念是媒体融合战略制定和实施的先决条件,想要顺利实现传统媒体与新媒体的融合转型,首先需要从思想上正确认识新媒体的冲击,迅速作出调整并向互联网思维转变,树立数字化理念。例如,新加坡报业控股有限公司一方面未雨绸缪,在2014年初设立了新媒体基金,旨在减少新媒体对集团带来的利益冲击;另一方面主动求变,专门成立了新的数字战略部门,密切关注新的数字化发展趋势,通过每周发送电子邮件和召开研讨会的方式,让旗下包括《海峡时报》在内的媒体了解最新数字趋势,促进全公司数字意识的形成。

在认识到要抓住媒介变革的机遇后,还需要制定切实可行的政策以推动新媒体思维与数字化设想落地变现。基于现实国情,新加坡的融媒进程是在政府主导下有序进行的,在国家层面,新加坡对媒体融合十分重视,也把握到了数字化转型、政策驱动与市场需求的协同作用,因此始终将媒体融合纳入国家战略和顶层设计之中。如新加坡于2006年和2014年先后推出了"智能国2015计划"和"智慧国方案",旨在建设全生态系统,最大限度地激发数字潜能。为了打造全球首个"智慧国家",新加坡在2015年提出了

---
① 郑晨.融媒时代新加坡传媒规制探微[J].传媒,2021(21):64-66,68.

《2025信息通信媒体发展规划》,指出了新加坡将重点关注的九大信息通信技术,其中特别强调了新老媒体全方位、深层次的融合趋势[①]。

在国家政策的指导与支持下,新加坡传统媒体根据自身情况制定针对性战略,积极探索媒体融合实践。首先是进行了组织机构的融合。新加坡形成了独特的新闻室制度,具体表现为集团内部跨媒体合作、媒体内部跨组别合作,这样可以打破不同媒体、不同部门间的信息与技术壁垒,大幅提高传播效率。例如《联合早报》与其网络平台早报网的编辑室就以"成为并保持本城主导媒体"为共同目标进行紧密合作。《海峡时报》也在新加坡大选期间请 Kiss92 广播主持人阿诺德·盖(Arnold Gay)主持每日选战论坛,由《海峡时报》记者或编辑担任嘉宾一起分析选情,影音小组协助该节目的录制,形成了通力合作的融合局面。

除了组织机构进行融合,新加坡媒体融合的另一典型表现为媒体产品的多平台、多渠道、多样式传播。从 2006 年开始,新加坡传统媒体认识到单一的媒体平台已经无法满足受众日益多样化的信息需求,于是大力开展新媒体业务,以新闻服务、网络服务、户外媒体服务等为核心搭建融媒体平台,并强调改变传统媒体单向传播的特征,利用新媒体平台与受众进行双向互动。例如,新加坡亚洲新闻台不仅通过自己的电台为国内提供广播服务,还通过其官方在线门户网站向全世界提供新闻直播。此外,受众还可以利用手机等移动端通过 Facebook、Instagram 等社交媒体获取信息。2016 年联合早报网开始整合多家报刊媒体资源,提供一站式信息服务,后续还上线了多元化的视听影像类数字内容服务,丰富了新闻的传播形态。

多渠道的传播结合先进的卫星通信技术与独特的多语言环境,使得新加坡媒体能立足全球视野,跨越地理和文化的区隔,推动兼具国际性和前瞻性的媒体规制形成,打造具有国际影响力的媒体。例如亚洲新闻台国际频道通过亚洲3号卫星向各地发送信号,中东、南亚、东南亚、东北亚及澳大利亚的大部分区域可以通过3H的雷达收发机接收信号,收看到亚洲新闻台国际频道,由此,达到了国际传播的目的。

---

① 郑晨.融媒时代新加坡传媒规制探微[J].传媒,2021(21):64-66,68.

从新加坡的媒体融合实践中可以看出,媒体融合并非仅仅将传统媒体与新媒体单纯地相加,而是在技术逻辑和数字趋势下,依据和适应媒体发展的新模式,对当下和未来媒体行业的思维理念、管理策略、组织架构、发展路径等方面进行全方位、立体化的更新与转型,形成与国家治理体系和互联网时代特征相匹配、相适应的媒体发展格局①。

一、《联合早报》:坚守华文根基的全媒体探索

《联合早报》作为新加坡极具权威性的主流报纸之一,至今已经有近百年的办报经验。但随着读者逐渐流入新媒体阵地,《联合早报》不得不进行重新定位与融合转型。新加坡《联合早报》在平台搭建、新媒体策略、人才培养、国际传播、盈利模式等方面的积极探索,展现了其紧跟媒体融合发展趋势、保持与新技术同步创新的成功经验。

(一)打造融媒体中心,形成多模态互联网端口

经过多年布局打造,联合报业在2017年把早报、晚报以及新媒体部门的资源全部整合,打造了融媒体新闻中心,同时该中心负责各个平台上的内容分发。

从提升新闻质量与吸引力方面来看,新加坡《联合早报》不断优化自己的内容与呈现形式。为了增强报纸的时效性,其利用《联合晚报》中采访社会突发事件的资源,增加了突发事件报道的板块,这使得《联合早报》变得更具有亲切感和时效性。一旦出现最新的消息或者事件发展的最新动向,《联合早报》的数字部门就会利用社交媒体或App应用告知受众,以实现读者实时获取消息进展的期望。但难以保持新鲜感、及时性等问题,依旧是传统报刊媒体无法回避的困境。为了打造更好的视觉效果与阅读体验,《联合早报》更加注重版面视觉设计,通过运用美观的图片和图表来展示数据,更清

---

① 程小萍,池薇.论基于互联网思维的媒体融合发展[J].电视研究,2015(1):58-60.

晰地解释新闻内容①。

为了紧跟时代风向,新加坡《联合早报》大力推进行业内的深度合作。2016年联合早报网开始整合多家报刊媒体资源,提供一站式信息服务,后续还上线了多元化的视听影像类数字内容服务,丰富了新闻的传播形态。当前的《联合早报》设有新闻、财经、娱乐、体育等多个板块。不得不说,如今的《联合早报》已不仅仅是一份印刷报纸,它也可以被看作一个多模态的网络综合媒体,其提供的内容服务涵盖文字、图片、视频以及各类互动游戏②。《联合早报》官网首页如图3-46所示。

图 3-46 《联合早报》官网首页

(二)转向全媒体复合型人才打造

为了适应新的新闻运作模式,《联合早报》工作室的成员针对性地完成了全媒体的复合训练和转型适应。传统报刊的新闻记者在采编新闻文稿的同时,也会和早报网站的编辑一起讨论报纸中的新闻内容应当以怎样的形式在网站中呈现、怎样处理才能更好地贴合不同平台的内容定位等问题。这一过程是报刊记者与网站编辑之间的一个双向互动过程,二者在讨论的

---

① 罗奕,王海青.寻找记者和读者:新加坡《联合早报》全媒体转型的启示[J].新闻知识,2020(8):11-15.
② 罗奕,王海青.寻找记者和读者:新加坡《联合早报》全媒体转型的启示[J].新闻知识,2020(8):11-15.

过程中可以相互促进。

此外,报纸的视觉设计团队也同时在为网站做视觉设计,这种复合与联动大大提高了团队所生产内容的利用率。又如早期摄影记者拍摄的照片放在报纸中时只能选取一两张,而现在记者可以将未能选入报纸版面的优质照片放在网站上进行充分展示。同时,如今的《联合早报》记者不仅进行照片摄制,还将视频制作纳入了业务范畴,这也是网站视频素材的重要来源。融媒体时代,网站中视频素材效果远优于图片,尤其是在突发性新闻方面,现场视频能够更好地还原新闻事件,给受众以更真切的现场感。如此一来,摄影记者就需要兼备视频拍摄与剪辑技能,以适应早报全媒体的发展。

在媒体融合过程中,负责新闻采、写、编等新闻制作全流程的人才都需要根据早报的融合策略同步转型,以适应在不同类型媒体之间来回切换的工作状态,从而提高工作效率。《联合早报》通过对复合型人才的打造,快速适应了全媒体的工作需求[①]。

(三)助力华文教育,深耕中国市场

为了更好地传播中国文化,《联合早报》在新加坡中学中大力推广华文教育。2018 年,《联合早报》在整合了三份学生报资源的基础上,倾情打造了名为"早报校园"的电子学习平台。该学习平台旨在依据学生中文能力和学习需求的差异推荐个性化的阅读内容,以帮助他们在获取新闻信息的同时学习语言。不仅如此,早报还与汉语文化中心融合,旨在深耕教育领域,助力本土学生学习和熟悉中国文化。

保持对中国的关注和相关新闻的报道是新加坡《联合早报》的亮点所在。《联合早报》在 2019 年开设了《思想中国》栏目,该栏目使用英文进行报道,英文读者可以更加方便地获取中国的相关信息。从中共十九大会议到中美贸易战再到"一带一路",《思想中国》栏目旨在帮助各国读者从政治、社会和文化等角度全方位地走近中国、熟悉中国。具体来看,《思想中国》的文字内容一部分是从《联合早报》上翻译而来,另一部分是由熟知中国动态的

---

① 周兆呈.媒体融合的海外视角:新加坡联合早报的探索与挑战[J].新闻与写作,2015(4):35-38.

各国学者和专家撰稿的原创性文本。此外,《思想中国》的原创内容也被译成中文在《联合早报》上发表,以促进集团内部的资源共享。《联合早报》可以通过自身优势以及第三方视角,助力新加坡乃至全世界的英语社区读者从更多元的角度观察中国。如此一来,跨文化的读者可以更加充分地了解中国的发展,也能使《联合早报》打破地域和政治的局限,进一步向成为更具国际影响力的华文媒体这一目标迈进①。

(四)积极拓展付费用户和个性化增值服务

《联合早报》从新闻的内容和形式出发,以自身的高质量新闻内容为核心吸引力,发展付费用户。但如何保持用户黏性以及拓展付费用户群体,需要《联合早报》在优质内容与个性化内容上下功夫。为此,《联合早报》推出了订阅的综合配套服务,即订阅报纸的用户不但可以享受纸质阅读体验,还能够同时享有新媒体移动端服务,这一措施通过定价策略来实现,也就是订阅"网络+报纸+新媒体移动终端"配套服务的用户相比单独订阅的用户,能够享受更多价格上的优惠。同时,为了吸引年轻读者,《联合早报》也不断开发新媒体产品,以保持新鲜感。在收费方面,《联合早报》一方面发展付费用户,另一方面培养潜在付费用户,所以除付费内容外,《联合早报》在各新媒体平台都会同时开放付费和免费产品,这种模式同时覆盖联合早报网站、手机App和电脑端。这种免费与付费共存的收费模式也有利于凸显不同新闻内容之间的差异,增强付费内容的吸引力。

在增值服务方面,《联合早报》在手机及平板App中加入了报纸的PDF版本。用户通过手机或者平板也可以看到具有版面设计的报纸内容,这种增值服务为用户提供了更人性化的电子版服务。用户在出门时既省去了随身携带报纸的不便,又能够享受如同手拿报纸的"怀旧"式传统报纸阅读体验,真正将传统媒体与新媒体融合在了一起。

《联合早报》在媒体融合实践中依据社会环境、媒体环境、市场环境等现

---

① 罗奕,王海青.寻找记者和读者:新加坡《联合早报》全媒体转型的启示[J].新闻知识,2020(8):11-15.

实境况进行了积极的转型探索,并作出了符合受众审美、使用偏好以及接受习惯的相应调整。《联合早报》非常值得借鉴的地方在于,其始终把"如何适应新的市场规则以及如何吸引受众"放在首位,并且做好了时刻应对新媒体冲击的准备。媒体融合是一个动态变化的进程,随着技术创新和平台拓展,融合的走向和转型会产生相应的变化。如何顺应时代发展的需要作出与之相适应的调整与创新,是所有媒体需要持续思考的问题。

二、《海峡时报》:因时制宜实施数字战略

《海峡时报》(*The Straits Times*)是新加坡报业控股有限公司旗下的英文报纸,于1845年7月15日首次发行,具有悠久的办报历史[①],也是新加坡阅读量最大的英文报纸。《海峡时报》一直致力于从一家以印刷为主的报纸转变为数字优先的新闻媒体。

(一) 制定科学数字战略,因时动态调整

21世纪以来,由当地LNM公司和独立DNS开发的新闻网站和应用程序蓬勃发展。因此,新加坡凭借其信息和通信技术基础设施、高度的数字连通性以及新兴的数字新闻空间,营造了一个研究新兴技术与新闻实践之间相互关系的良好环境。《海峡时报》作为新加坡报业控股有限公司的旗舰刊物,紧跟时代潮流,积极培养数字化思维,制定并因时调整数字化战略。

1. 管理层紧抓数字机遇,树立数字观念

2018年,新加坡报业控股有限公司成立新的数字战略部门,致力于探索新兴技术在其出版物中的应用。在理解数字战略方面,《海峡时报》新闻工作者的行动主要是由理念驱动,即实施创新策略来推动公司的数字化新闻发展。新加坡报业控股有限公司的管理层成立该部门的主要目的是希望其关注"新的数字趋势和发展"与"新的可以货币化的数字机遇",并开发"与

---

① 维基百科.海峡时报[EB/OL].[2021-11-2]. https://zh.wikipedia.org/wiki/%E6%B5%B7%E5%B3%BD%E6%99%82%E5%A0%B1.

读者在线互动的更复杂方式"。部分《海峡时报》新闻工作者也认为,数字战略部通过定期的电子邮件通信和频繁的课程及研讨会,高效地普及了数字趋势,以在公司内部创造较好的"数字意识"文化①。

2. 新闻工作者重视移动新闻技能与新兴技术

《海峡时报》的新闻工作者表示,他们将因时制宜使用移动设备制作多媒体新闻,并使用实时移动通信应用程序(如电报、WhatsApp 或 FacebookMessenger)将包括视频、声音片段和事件描述在内的信息传递到新闻编辑室。在移动新闻技能方面,《海峡时报》的记者采用行动驱动的感知模式。《海峡时报》的新闻工作者坚信移动新闻技能是行业的发展方向,因为"观众希望实时看到更多多媒体新闻内容"。因此,新加坡报业控股有限公司开始增加数字新闻培训的频率,让员工更加意识到学习最新数字新闻工具和制作技术的重要性。2017 年,《海峡时报》还进行了裁员,在心理上强化了员工适应数字新闻环境的承诺,这要求新闻工作者"做得更多,更懂技术"。

3. 合理选择新闻发布平台,保持媒体领先地位

《海峡时报》实施跨专业和非专业平台的多平台新闻发布策略。2016 年,《海峡时报》开始在 WhatsApp 和 Telegram 上推送内容,此后更多资源被用于增强其平台的专业性,如移动新闻应用程序和网站,以吸引更多读者使用这些渠道,从而减少对社交媒体的依赖。为达到这个效果,《海峡时报》也增加了一些功能,如可定制内容、播客、更强的互动性、文本到语音功能。

扩展社交媒体渠道有助于为其新闻内容赢得更多读者,然而《海峡时报》逐渐对社交媒体平台产生怀疑,这种怀疑反过来又促使《海峡时报》将更多的资源集中在改善其专有渠道,同时减少在社交媒体平台上传播新闻的力度。《海峡时报》认为,只要有一定数量的付费订阅者,并且专注于通过向这些忠实读者提供真正好的产品来满足他们的需求,那么这可能是一个可

---

① Chua S, Westlund O. Audience-centric engagement, collaboration culture and platform counterbalancing: A longitudinal study of ongoing sensemaking of emerging technologies[J]. Media and Communication, 2019, 7(1): 153-165.

持续的选择,而不是专注于增加读者数量①。

4. 推动内容融合,提高多媒体新闻制作能力

《海峡时报》自 2016 年以来一直在利用新兴技术提高多媒体新闻制作能力,逐步升级报纸的内容管理系统,以更高效地促进多媒体内容的处理。《海峡时报》建立了一个视频单元,用于制作纪录片风格的视频,并建立了一个交互式图形单元,用于在重大新闻事件期间为《海峡时报》的微型网站制作交互式多媒体新闻。与此同时,《海峡时报》投入大量精力制作互动性的多媒体内容,以向受众提供比竞争对手更好的新闻消费体验。《海峡时报》认为这些功能在为"读者提供始终如一的良好体验"方面仍然至关重要,而这些体验是"《海峡时报》的竞争对手无法轻易复制的"②。

5. 科学定制数字发展策略

在数字化实践上,《海峡时报》致力于在社交媒体上开发新的受众参与方法。其新闻工作者的任务是定期通过社交媒体渠道与读者互动,但由于新闻工作者感到负担过重,这项工作并没有成功。2018 年,《海峡时报》开始关闭 Facebook 上用来分享和讨论《海峡时报》的故事的群组。《海峡时报》强调它并不完全依赖指标来确定新闻价值,而是秉承"半分析半人工判断"原则。《海峡时报》始终坚持分析不应优先于人类判断的观点,认为需要多年的新闻培训才能理解新闻价值观和磨炼编辑本能,而这些是软件无法替代的。

(二)内容、组织、平台的整合创新

《海峡时报》作为新加坡最大的英文报刊,为保持头部地位,也在积极进行新闻室转型。"数字优先新闻室"在运作方式上就是把最佳新闻内容优先

---

① Chua S, Westlund O. Audience-centric engagement, collaboration culture and platform counterbalancing: A longitudinal study of ongoing sensemaking of emerging technologies[J]. Media and Communication,2019,7(1):153-165.
② Chua S, Westlund O. Audience-centric engagement, collaboration culture and platform counterbalancing: A longitudinal study of ongoing sensemaking of emerging technologies[J]. Media and Communication,2019,7(1):153-165.

发表在数字平台上,而非像过去一样将其保留给报纸。

1. 内容呈现跨平台化、多媒体化、影音化

2015年大选期间,《海峡时报》网络平台产制影音新闻数量及形式远远超过往昔,这归功于专门影音小组的成立,此团队针对《海峡时报》整合编辑台决定的重要新闻主题,每日制作2~3则影音专题分析选战最新状况。在整合内容生产方面,报业控股有限公司内部跨媒体合作也首度出现,海峡时报网站请Kiss92广播主持人Arnold Gay主持每日选战论坛,由《海峡时报》记者或编辑担任来宾一起分析选情,影音小组协助录制该节目,此特别任务于选战后停止。

社群媒体在大选期间被视为《海峡时报》的重要宣传渠道,可随时发布最新选举短讯,或是分享记者以手机拍摄的实况片段,抑或影音新闻,以吸引读者点阅、提升粉丝忠诚度。相较之下,通常影音内容更容易吸引较多读者点赞、分享或留言。数字副总编表示曾征求读者在Facebook上传相关选举照片、视频或评论,提高读者对报道内容的参与度。

2. 弹性编组,数据抬头

数字汇流新闻室的调整是不间断的努力,报业控股有限公司至少花了两年时间重组多平台新闻室和数字新闻工作流程,不断测试以达到最佳效果。应数字汇流需求,新闻室空间配置也需要加以调整。《海峡时报》数字新闻室为配合多平台新闻采编,其空间安排和知名国际新闻组织类似,中央为整合编辑台,方便编辑部门进行跨平台讨论与协调、灵活调度记者采访,而对记者座位靠近该组主编、呈放射状的安排,能有效传达指令或消息,促进同组记者互动、讨论采访和撰稿事宜,如图3-47所示。

另外,大数据在新闻编采中的影响力,也可从《海峡时报》新闻工作室新设的"大数据新闻点阅排行榜"看出,显然,其管理层希望借着高挂在中心位置、实时更新的数字排行榜,强调数据的重要性,提醒主编们在调度采访和编排新闻时,必须将数据表现作为新参考依据,排行榜也能让新闻工作室的成员清楚地了解表现杰出的网络新闻,进而达到学习或表扬的目的。

图 3-47 《海峡时报》数字新闻室

3. 实时演进,合作综效

一般而言,《海峡时报》数字新闻工作流程分为两种:第一,指派数字记者到现场采访新闻,由在家记者根据回传消息速写短文,经由副编辑查证事实后,在网络披露突发新闻;第二,大多数情况下仅有平面记者到场采访,而在家数字记者和副编辑会根据相关事实制作网络新闻,并随时更新。

在滚动式数字新闻产制过程中,会不时涌入大量尚未处理过的讯息,编辑必须挑选出有新闻性或读者感兴趣的内容,然后以可读性高但讯息量低的方式迅速在网络上抢先曝光,这对于编辑而言是前所未有的挑战。虽然平面记者撰写新闻的速度落在数字新闻之后,但其文章写作深度和分析质量却超越后者。整合新闻室的工作形态需要更多单位间的协调合作,有时候记者或编辑群组成员可提供不同的新闻切入角度,如具有专业新闻感的"群众外包"(crowd sourcing)模式,遇到敏感性话题时该如何处理也可寻求组织内各方意见。总之,多平台新闻流程需要平面与数字新闻组彼此协调配合,同时保持各自优势,才能真正发挥综效。

4. 科技协调报道、影音专业分工

《海峡时报》采用 Telegram 系统作为新闻工作室沟通平台,新闻工作室内部管理阶层、编采和后期制作人员均可通过 Telegram 进行前制(采访行程安排、新闻采访方向拟定)、新闻制作(新闻稿撰写、多媒体制作、编辑下标排版)及后制(剪辑、不同平台发布、数据库归档)等工作。在编辑与记者的任务分派和联系上,除了通过 Telegram 沟通让团队新闻制作更加顺畅,各组新闻工作人员也分别设立 WhatsApp 团体,可通过手机形成另一新闻实时回报管道,方便了小组成员互动,编辑也能迅速掌握最新消息,并处理社群媒体短讯或实时新闻。

此外,《海峡时报》网站频繁而大量地上传短片,包括现场画面、新闻或专题,经常吸引不少观众眼球,这些影音内容来源包括记者手机实况捕捉画面、剪接影音小组拍摄画面、影音小组拍摄的纪录片精彩片段等。《海峡时报》官网首页如图 3-48 所示。

图 3-48 《海峡时报》官网首页

目前世界各地实体报凋零萎缩,"数字优先"成为大型报业尤其是领导品牌寻找新出路的共同选择,即便转型必须经历长时间新旧文化调适的阵痛。《海峡时报》是东南亚区域重要的英文报,百年老店保守经营,须创新求变才能永续生存①。

---

① 林翠绢.数字优先新闻室:《海峡时报》网络新闻汇流与转型分析[J].传播与社会学刊,2018(43):73-102.

三、亚洲新闻台：立足亚洲，融媒致远

亚洲新闻台于1999年开播，目前已经覆盖20个亚洲国家和地区，其定位是以亚洲人视角报道亚洲发生的时事新闻。在新媒体时代，亚洲新闻台紧跟时代发展变革，积极进行融媒体实践与探索，形成了自己特有的融媒体传播格局。2006年伊始，新加坡的传统媒体大力开展新媒体业务，以新闻服务、网络服务、户外媒体服务等为核心搭建融媒体平台，并确定了将发展网络新媒体作为核心战略[1]。2019年，亚洲新闻台将台呼号由之前的"Channel News Asia"改为了如今的"CNA"。其Logo设计代表着Asia中的首字母A的形状，并且沿用了亚洲国家表示喜庆的红色作为底色。亚洲新闻台从此以"CNA"呼号推进品牌化传播。

（一）移动为先，优化用户体验

为了扩展新闻传播渠道，实现随时随地抵达观众，新传媒集团一直在投资建设亚洲新闻台的移动平台。2017年，新传媒集团宣布亚洲新闻台网站及移动客户端上线，随之对官网进行了优化，将界面设计为更适合在手机和平板上观看、使用的简洁形式。同时，为了使信息更多触达年轻用户，亚洲新闻台在年轻用户居多的视频网站YouTube、社交媒体Twitter以及社交媒体Facebook上开设了专有账号[2]。

2019年，新加坡CNA亚洲新闻台全新手机App板块——Newsasia亚洲新闻台App上线，如图3-49所示。Newsasia亚洲新闻台旨在为公众提供最新的新闻和突发信息。用户在手机上就可以轻松掌握最新、最及时的海内外资讯，阅读新闻、转发新闻还可以获得相应的红包奖励。这是CNA亚洲新闻台在全亚洲范围内首次转型进入手机App板块。

---

[1] 曾繁诗，董三仁. 整合公共传播力量 推进媒体融合发展：新加坡媒体融合发展的经验与启示[J]. 今日海南，2014(11)：38-40.
[2] 王玲. 新加坡亚洲新闻台传播模式探究[J]. 中国广播电视学刊，2020(6)：28-31.

图 3-49 Newsasia 亚洲新闻台 App 上线的相关报道

作为同类型新闻 App 当中的明日之星,亚洲新闻台每天更新来自全球各地的数千条新鲜资讯,资讯涵盖时事、娱乐、科技、体育等内容,用户不仅可以免费浏览全球热点,还能够通过浏览获得奖励。用户每天只要花 5 分钟时间看两则新闻,然后转发 Facebook、Instagram、微信朋友圈、微信群,就可以获得丰厚的奖励。平台将用户分为一般读者、高级读者、神级读者和殿堂级读者四类,等级越高,用户奖励越多。Newsasia 亚洲新闻台抢占市场先机,给予用户最简单的使用体验感,大幅提升了互联网资讯的传递效率,其凭借公平、公开的用户体验以及突出的媒介优势,赢得了用户的喜爱①。

(二)跨媒合作,多元渠道互动

2014 年,CNA 宣布计划将其位于马来西亚吉隆坡的演播室扩建为具有高清晰度功能的全功能卫星办公室。2015 年,CNA 开始高清晰度广播,并覆盖了 26 个国家的 5800 万户家庭。例如,CNA 开始通过卫星运营商塔塔天空广播公司在印度进行广播,这一举措将该网络的覆盖范围扩大到了印度的 1400 万户家庭。2018 年,CNA 在马来西亚的 Astro 上发布,它停留在 533 频道,并于 2020 年转移到 515 频道。

为了实现多媒体平台媒体融合播出的需要,新传媒集团将旗下的电台 938NOW 改为了亚洲新闻台谈话广播,内容聚焦于新闻时事类的脱口秀节

---

① Newsasia 亚洲新闻台 App 正式上线,新加坡 CNA 亚洲新闻台独家报道[EB/OL]. (2019-06-18)[2021-12-17]. https://news.tom.com/201906/4103768404.html.

目,其中部分节目也在亚洲新闻台同步播出,这样实现了原创内容的多重运用,有利于同一集团内部的资源和品牌共享。与此类似的还有早点新闻《亚洲为先》,其也在电台中播出。

同时,为适应新媒体时代互动性传播的趋势,亚洲新闻台在其官方网站上设立了一个评论专栏博客,供用户就当前的亚洲新闻事件发表个人观点。这些收集到的用户意见可能会作为亚洲新闻台优化内容的重要参考。此外,官网还推出了一个专门用于收集观众反馈的功能区块,名为"CNA 耳目",英文为"CNA's Eyes and Ears"。在 2019 年网站更新时,该区块被重新命名为"Tell CNA",即"向 CNA 吐露"。在这个平台上,用户可自由发布内容,编辑团队会从中选取并进行编辑后发布,这一过程实现了观众从旁观者、见证人向信息传播者的角色转变。通过这种方式,来自世界各地的有价值的信息得以上传,使得用户在某种程度上充当了亚洲新闻台遍布全球的通讯员角色。

此外,CNA 通过自己的国内电台提供新闻广播,还通过其官方在线门户网站提供世界新闻直播,通过 Facebook、Instagram、YouTube 和 Twitter 提供社交媒体展示以及平板电脑和移动设备应用程序,允许观众随时访问内容。CAN 的推特首页如图 3-50 所示。

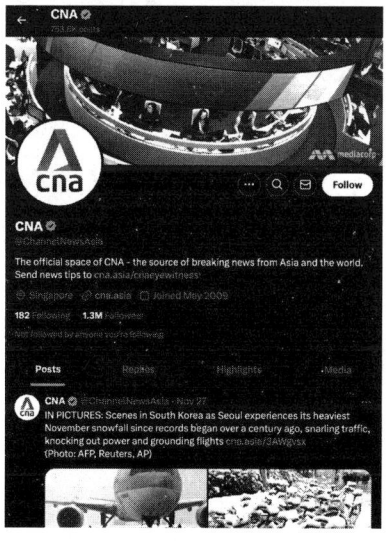

图 3-50　CAN 的推特首页

(三)深耕国际频道,提升亚洲传播影响力

亚洲新闻国际频道自 2000 年起成为亚洲新闻台对外播报的关键渠道,其报道范围广泛覆盖中亚、南亚、东南亚、东北亚以及澳大利亚等区域。该频道通过亚洲 3 号卫星向全球发送广播信号,目前,亚洲地区 24 个国家的家庭和酒店可以通过卫星接收设备观看其节目。

亚洲新闻国际频道不仅依赖卫星传播,还拓展了多种交互式传播方式,包括互联网和移动设备。观众可以通过官方网站(www.channelnewsasia.com)观看频道的直播节目(如图 3-51 所示),并且网站会以短视频的形式更新最新的新闻资讯。在移动终端方面,亚洲新闻台开发了免费的应用程序,支持苹果 iOS 和安卓等操作系统。通过这个应用,用户可以随时获取世界新闻、亚太地区动态、娱乐体育资讯、新加坡新闻以及财经消息等内容,这些信息均以文字和图片形式提供。亚洲新闻台国际频道的另外一项重要业务是为其所属新媒体集团的电视、网络平台提供新闻资讯,语种主要包括英语、华语、马来语和泰米尔语四种,电视、网络平台分为娱乐节目和少数族群语言频道两大类。

图 3-51　CNA 官网上实时放映的直播节目

新加坡观众可以通过无线、StarHub 有线电视、Singtel TV 和 Mediacorp 的顶级流媒体服务 MEWATCH 收看 CNA 国产节目。"提供亚洲的视角"是亚

洲新闻台提出的强有力的口号。亚洲新闻台坚信,在这个信息过载的时代,相较于一瞬间的事件,观众更需要的是涉及他们生活的争端;相较于头条新闻,观众更渴望深度报道;相较于远距离的冷眼旁观,观众更期待由内而外的详细观察;观众不只需要新闻,还需要被深深理解。作为亚洲人专为亚洲人办的新闻台,亚洲新闻台的记者遍布亚洲地区的所有主要城市。

(四)优化客户服务,精准投放广告

亚洲新闻台的主要广告客户集中在服务业,包括酒店、航空公司、医院等。提供精准数据如到达率等是广告投放在新媒体时代要满足的要求。亚洲新闻台作为一个商业性质的电视频道,为了吸引广告商的注意,不断创新其市场营销策略。该台从以电视广告为核心的设计转向以整个产品品牌为中心的广告设计,目的是更好地吸引潜在客户。在信息时代,数据的价值不容忽视,因此亚洲新闻台于2019年推出了智能数据分析平台Ripple和Meld,旨在搜集用户信息供广告商参考,以便实现广告的精确投放。同时,亚洲新闻台致力于为客户、投资者和政界搭建一个沟通桥梁,创设了领导力高峰论坛,以加大全球创新时代亚洲领导力的讨论力度。

新媒体即时、便捷的交互性使媒体与受众之间的互动关系成为新媒体时代传播的重要特征之一。因此,如何实现与受众的线上交流成为众多媒体转型中思考的关键问题。新闻的制作其实是媒体与受众之间双向促进的过程,受众的感知与反馈已经越来越多地作用于新闻的生产与制作之中。亚洲新闻台在媒体融合实践中始终把与受众之间的交流放在重要位置,具有"得人心者得市场"的远见。通过以上融媒体实践,亚洲新闻台有效提升了其在新媒体环境中的竞争力,但如何在瞬息万变的媒体更迭中始终保持年轻与活力,需要其作出更加深远的思考。

第四章
媒体融合的模式创新

第一节　我国媒体融合发展的亮点与特色

2020年,《关于加快推进媒体深度融合发展的指导意见》作出了媒体深度融合发展工作的全面集中部署,为打好深化改革、深度媒体融合攻坚战指引了前进方向、提供了根本遵循;2021年媒体融合进程加速,全国各级广播电视机构正沿着国家顶层设计的指引逐步建立以内容建设为中心、以技术创新为动力的全媒体传播体系;2022年,在党的二十大召开之年、实施"十四五"规划的关键之年,各级主流媒体在进入深度融合发展攻坚期之时,通过流程优化、平台再造,实现各种媒介资源、生产要素的有效整合,打破传统生产流程的壁垒,改革发展从"相融"迈向"深融"。2023年是媒体融合发展十周年,元宇宙、大模型、人工智能等新技术浪潮,为媒体融合催生出新活力与生机,让内容表达有了更多可能性。

经过近年来的深度融合发展,我国的媒体发展布局框架初具规模,并在诸多社会要素的驱动下,逐渐向着平台化、生态化、人本化、社会化的方向发展。跨界、协同、联动、共享成为发展常态,拥有强大传播力、公信力、影响力的新型主流媒体矩阵将在时代变革中"破茧而出",基本形成了统筹推进、差异发展、协同高效的探索之路[①]。诸如维护意识形态安全、实现技术赋能、重构地市级媒体融合发展链条、推进县级融媒体中心建设、促进多屏共振跨界合作等,都成为媒体深度融合的显著亮点与特色。

一、守正创新,牢牢把握意识形态主动权

"坚持中国道路,弘扬中国精神,凝聚中国力量,意识形态工作发挥着思

---

① 袁舒婕,赵新乐. 推动媒体融合向纵深发展[N]. 中国新闻出版广电报,2022-09-20(1).

想引领、舆论推动、精神激励的重要作用。"习近平总书记在十九届中央政治局第十二次集体学习时发表了关于加快推动媒体融合发展的重要讲话,主要包括事关媒体融合和意识形态管理交织的五方面内容:推进媒体融合要着眼党和国家事业长远发展;要牢牢掌握意识形态主动权;以凝聚民心做大做强主流舆论为目标;坚持以人民为中心的工作取向;加强国际传播能力建设,提升国际话语权。

随着信息和网络技术的飞速迭代,自媒体的媒介实践成为社会常态,国际国内、线上线下、虚拟现实、体制内外等传播界限愈发模糊。至此,每一个社会个体既是信息的接收者,也是信息的发布者和传播者,大众接收信息的方式和速度大幅度提升。网络空间也成为传播负面舆情、错误思潮的"放大器",这极大地增加了对意识形态工作管控的把握难度。面对当前意识形态领域错综复杂的局势,切实做好新媒体时代的意识形态工作,关乎国家意识形态安全,关系人心聚散与政权安危。因此,推进媒体融合发展要始终保持坚强的政治定力、坚决履行和落实党的意识形态工作责任、坚持发展与管理并重、牢牢掌握意识形态领域的主导权和话语权、坚决守住当前意识形态的良好态势,使互联网这个最大变量变成事业发展的最大增量。

推进媒体融合,必须坚持党性原则,坚持党管媒体,牢牢把握意识形态主导权,在牢筑思想防线中"行稳致远"。新闻观是新闻舆论工作的灵魂,面对已有和潜在的政治和意识形态冲突,自觉抵制西方新闻观等错误观点的影响,必然要坚持正确的政治方向,秉承为民情怀,反映社会主流价值。无论舆论环境、传播方式、媒体形态如何变化,坚持党管宣传、党管意识形态、党管媒体的原则和制度不能变,要旗帜鲜明地把正确的政治方向放在第一位。只有坚持正确的政治方向,媒体融合发展才能牢牢守住意识形态领域的良好态势,为党和国家事业发展汇聚正能量。第一,完善相关立法,维护从业人员和公民的合法权益;第二,加强网络平台管理,依法完善互联网信息服务市场准入和退出机制,将所有从事新闻生产链条、具有舆论动员作用的传播平台纳入管辖范畴;第三,通过思想建设,提高互联网新闻信息服务及相关内容管理从业人员的思想政治水平。

推进媒体融合,必须始终坚持正确的舆论导向,强化价值引领,奏响主流舆论最强音。如《人民日报》在建军90周年之际推出的互动H5《快看哪!这是我的军装照》既是一次把爱国主义植入现象级融媒体产品的创新力作,也是融合报道的经典成功案例。2023年,人民日报社全新打造的"习语"短视频专栏(栏目发布启动仪式如图4-1所示),目前推出30余期,全网阅读量超40亿次;新华社运用数字技术将二维平面的照片转为动态的影像记录,推出系列微纪录片《国家相册》,以小故事讲述大历史,勾勒出中国人特有的家国记忆和美好期许;央视网创新思维,利用全新的空间布局、视觉体验及交互手段在首页设计推出《走向伟大复兴》——庆祝新中国成立70周年特别报道矩阵,创新内容、形式、方法、手段宣传习近平新时代中国特色社会主义思想。在新闻宣传工作中,各媒体要深耕各自领域的"专特精深",内容生产始终围绕主流思想舆论,用党的先进科学思想凝聚社会共识,提升主流意识形态的引领力。

图4-1 《人民日报》"习语"栏目发布启动仪式

推进媒体融合,必须优化管理,科学分析网络舆情,切实做好新媒体时代的意识形态工作。随着技术的快速发展,新媒体在极大程度上丰富了主流意识形态的传播载体和形式,同时也带来了一些挑战。意识形态领域的斗争艰巨而复杂,网上网下问题交织,"意识形态淡化""非意识形态化"等错误思潮也都以新媒体平台为温床生成发酵。互联网上多元文化思想交流交融交锋,观念意识多样多元多变,虚拟空间不能对应真实社会,社会主义核心价值观面临多方消解。因此,党的意识形态工作必须正视问题、解决问题,坚持发展与管理并重,以新媒体技术为支撑,拓宽社情民意信息的反馈渠道,建立健全科学有效的容错纠错机制,切实巩固互联网意识形态阵地。

二、技术赋能,媒体融合模式纵深推进

目前,媒体融合正在朝向纵深发展①。技术驱动是媒体融合创新的重要表征,深挖技术之潜力,才能够彰显时代精神与人文魅力②。在做强新型主流媒体,推进媒体融合的新阶段,如何看待、理解、运用媒体融合中的先进技术,就像摆在媒体人面前的一条新"起跑线",构建媒体技术体系道阻且长,行则将至。国外人工智能已经成功赋能融媒体建设,例如,路透社利用人工智能辅助新闻内容生产。此外,欧洲、美国、日本等地的媒体甚至用人工智能进行敌对事态控制。所以,媒体行业正面临革新图存的重要窗口,建立以信息技术为支撑的传播技术体系已经刻不容缓。

"媒介创造新的社会模式并重构人的感知。"③不同的媒体是不同技术的产物,在对新社会模式的创造和人的感知的重构上,不同的媒体有各自的运行机制,其功效如何,技术的优劣是决定性因素之一。目前,媒体融合中的技术融合主要由三个领域构成:首先,通信技术作为媒介技术的底层支撑,为信息的高速传输奠定了物理基础,如5G、物联网、区块链等;其次,是关于信息处理和计算的技术,如云计算、大数据和人工智能等;最后,则是关于信息在用户端的交互方式,如VR、AR、8K等。

因此,要及时充分运用5G、AI、云计算、物联网、区块链等前沿技术,因势而谋、应势而动、顺势而为,通过技术与内容、媒体与产业的有机结合辅助提升内容生产价值,以技术引领创新媒体融合的发展道路。

舆论生态、媒体格局、传播方式、短视频应用等在时刻动态变化,新

---

① 支庭荣.从1到N:媒体融合的四重逻辑[J].传媒观察,2022(9):1.
② 张博.媒体融合十年,主力军全面挺进主战场:来自2023中国新媒体大会论坛的声音[N].中国新闻出版广电报,2023-07-17(1).
③ 洛根.理解新媒介:延伸麦克卢汉[M].何道宽,译.上海:复旦大学出版社,2012:258-259.

形势下的媒体融合发展也迎来新的挑战与机遇。在推动媒体融合发展进程中如何提升媒体的智能化水平，如何实现信息技术的支撑作用和引领作用，是媒体行业及业内人士关注的重要议题。部分传统主流媒体以技术驱动传媒改革，进行了大胆探索和有益尝试，如中央广播电视总台在北京冬奥会的传播过程中，以新技术为引领，真正开始在5G带动下实现"5G+4K/8K+AI"视频内容的迭代升级，多终端、多角度成功打造"科技冬奥·8K看奥运"史诗级视听盛宴。又如作为中国智媒体的首创者，封面新闻将技术驱动作为首位战略，用数据驱动引领视频传播和设计营销，深化开放合作，依靠大数据人工智能和区块链等前沿技术，加速构建以用户为中心的"科技+传媒+文化"生态体。2023中国新媒体大会（如图4-2所示）上，国家重点实验室、主流媒体、科技企业以及视频文创园区等参展机构带来了"数字人""媒体+大模型"等一项项融合新技术，吸引了众多参观者。

图4-2　2023中国新媒体大会

理念决定思路，思路决定出路。从媒体融合发展现状来看，媒体融合仍然停留在浅层次对前沿技术的开发和应用，不同的媒介技术形态还未从根本上革新，需要我们在变与不变中，深刻把握如何驱动传媒业态创新、发展"内容科技"、开启自我革命等问题。媒体融合纵深化发展的同时也带来了媒介文化的深度融合。技术化融合路径将历史文化和潮流元素相结合，让传统文化有了更多"破圈"式呈现,在各个圈层都获得了较好的传播效果。如湖北卫视音乐雅集节目《高山流水觅知音》强调以现代表达展示具有时代气息的国乐风采,借由CG、AR、VR、XR、水下摄影、环幕投屏等技术,打开纵横上下五千年的时空之门,并以国乐为舟,让观众在历史长河里尽情遨游,流连忘返;河南卫视春晚古典舞《唐宫夜宴》,以文化和专业垂直内容品牌出圈,实现主流媒体形象的再塑造;湖南卫视《乘风破浪的姐姐2》成团之夜运用直播技术与媒体影响力,以礼仪之邦舞台将汉服文化推向大众,引领国潮新风尚;由百度联合浙江卫视打造的《百度潮盛典》,为国潮打造新串联、新赋能,科技与人文结合,古风与潮流碰撞,拓宽了大众对"国潮"的认知边界;北京卫视打破传统文化次元壁,以技术驱动内容形式的创新,助力宣传中轴线申遗工作,音乐竞演真人秀《最美中轴线》节目创新传统文化新表达、新思路。

技术是主流媒体持续推进融合发展的重要向度,媒体融合必须以新技术为核心,使科学技术和优质内容相互赋能,方能从根本上转变传统媒体的发展颓势。虽然部分传统媒体已经实现了数字化和互联网化,但在技术红利争夺方面,依然难与众多互联网科技公司相提并论。倘若传统媒体借助更多互联网技术,拥有技术加持的媒体融合还会激发更大的生产力,也能够取得更大的突破。值得注意的是,"智能媒体,人才是媒体的核心"[1]。尤其是在智能媒体的发展里,人机协同模式才是标准模式,并非人、机的单方面主导,在这个模式中的创新,才会使整个业态得到更好的发展。

三、中部补齐,地市级媒体融合的重构链接

媒体深度融合是地市级媒体生存模式、生存逻辑的重构[2]。如今,我国已对中央级、省级、地市级、县级媒体作出了初步探索,四级融合发展布局日

---

[1] 李婧璇.技术主动领跑 多模态发展成趋势[N].中国新闻出版广电报,2022-09-27(6).
[2] 杜一娜.融合十年,用户青睐什么样的媒体平台?[N].中国新闻出版广电报,2023-07-11(5).

趋完善,并且取得了较为显著的融合成果。2018年中央部署了县级融媒体中心建设,打破传统媒体原本相对封闭的体系,以更加开放的姿态,打造媒体深度融合新样本;2021年媒体深度融合的重点在于"稳中求进",巩固优势与补齐短板,实现自我超越和发展;2022年地市级试点融媒体中心纷纷挂牌成立,标志着地市级媒体融合发展进入全新历史阶段;在2023年全国两会上,"媒体深度融合"首次被写进政府工作报告,地市级主流媒体也将迎来深度融合与高质量发展的新机遇。

地市级主流媒体作为地方党委政府的喉舌,扮演着连接上级与下级的桥梁和纽带角色,在我国四级媒体结构中占据重要地位,并且是传递思想文化的关键平台。随着传媒行业的新进展,媒体的生存环境、公众舆论的格局以及信息传播的手法都经历了深刻的更新。因此,推动地市级主流媒体的整合与改革,已成为一个不可避免的自我革新过程。作为新型主流媒体的中部支撑,地市级媒体融合改革路如何走?在相关探索实践中,地市级媒体深度融合经验不断积累、可见性不断提升,一些地市级融媒体中心相继挂牌。以绍兴为例,作为浙江省第一个"市级报业+广电媒体"一体化融合改革的媒体,绍兴市传媒中心以中心和集团"两块牌子、一套班子"的运行模式来做到真融、实融、快融;浙江省嘉兴市遵循"合而为一,融为一体"的思路,践行全媒体融合运作理念,其新闻客户端"禾点点"服务用户数达百万,成为地市级媒体深度融合的典范;榆林传媒中心并转后面向直播带货,探索旅游等新经济模式,全面推进当地发展;甘肃省启动市级融媒体中心试点建设,武威市、张掖市等试点五市在变革中寻求创新突破;宜昌三峡新闻传媒集团加快推进"我的宜昌"自主可控城市综合服务客户端建设,对接宜昌"城市大脑"技术底座,建立以"一主两辅"为主体的全媒体传播体系,以探索新形势下的全媒体多元化经营之路。

此外,湖北省鄂州市、广东省珠海市、福建省三明市、安徽省芜湖市等地都进行了媒体资源的统筹和整合,如挂牌成立地市级融媒体中心、建立MCN等组织机构的尝试性改革。从案例实践分析来看,媒体融合并不是简单的传统新闻信息网络化呈现,而是打破媒体边界,实现从"物理整合"到体制、机制、内容、渠道、平台等方面的"化学融合"。

地市级媒体融合在自主探索实践发展前期,面临着"处于中央级、县级媒体'上下挤压'的窘迫境地"。支持推动地市级媒体融合的重构链接,补齐"腰部断层"迫在眉睫。2023年2月,中央宣传部和国家广播电视总局组织编制并发布了包括《市级融媒体中心总体技术规范》在内的五项行业标准。这一举措旨在增强地市级融媒体中心与省级媒体技术体系、县级融媒体中心的技术交流,以及提升其与外界平台的互动和互用能力。该标准旨在促进省、市、县三级融媒体中心之间以及它们与外部平台之间的技术对接,提高相互操作性和信息共享效率①。地市级媒体与省级媒体、县级融媒体中心的协同联动紧密性逐步增强。

总体来看,地市级媒体深度融合发展不仅仅是一个简单的媒体融合概念,而是智能传播、思维革命、价值重构等传媒结构性力量的互融互通,需要打破当下只重形式的"+互联网"固有思维习惯,向"互联网+"迈进,并由此形成地市级传媒新业态和媒介新生态。同时,需要跳出传统媒体框架,考虑实际情况和实际需要"对症下药",打造一个全新的地市级主流媒体新形态。

四、多方协同,县级融媒体中心建设稳步推进

县级融媒体中心以深度嵌入基层社会治理为抓手推进融合实践,在我国政务治理、媒体融合的版图中有着不言而喻的重要地位。纵观媒体融合深度发展的历史进程,在媒体融合的起步阶段,媒介机构的重组和平台化重建是对融合模式探索的第一步,质量效用齐头并进、打破体制架构束缚是县级融媒体中心建设的下一步目标。具体来说,在县级媒体组织中人才、资本、技术、管理的进一步融合,以及外在媒介环境中中央级、省级媒体的联通驱动作用都不可或缺。目前,我国县级融媒体的发展步伐稳健且迅速,业已形成发展方向明确、技术创新推动、多方协同联动的局面,全国县级融媒体中心主要从以下方面开展舆论引导工作,并

---

① 王小溪.地市级媒体深度融合实践新进展[J].中国广播影视,2023(7):54-55.

取得了一定成效。

依托新媒体开展主题宣传,巩固基层主流舆论阵地。当前,2018年召开的县级融媒体中心建设现场会议所提出的全面覆盖目标已大致达成。截至2020年底,全国的县级融媒体中心普遍完成了挂牌,而29个省份也相继建成并构建了各自的省级生态云平台。至2021年底,全国已经初步建立了一个连接基层节点的媒体融合网络,媒体融合纵深发展"最后一公里"的问题逐渐从数量增长转向提质增优问题,从地域发展不平衡问题转向巩固舆论阵地问题。如长兴传媒集团精心打造"掌心长兴"App,在形式上创新传播手段和话语方式,做好短视频、H5、融合直播等多样化产品,注重贴近性,充分发挥舆论引导和旗帜引领的作用,确保政策方针的贯彻执行。作为县级融媒体中心建设的典范,安吉县融媒体中心守土一方,强调用户思维,其相关产品围绕政府中心工作和本地热点议题进行新闻报道策划和采访,在内容上巩固基层主流思想,紧追政务公开的相关资讯和事务进展,充分覆盖本土区域并向外辐射影响力,更好地满足人民群众的信息需求。"汉阳知音"围绕"1+6"现代产业体系,突破性发展数字经济,成为武汉城区融媒示范标杆,将社会主义核心价值观融入群众日常生活,打造各地都有的红色文化名片①。

立足地方主动参与,讲述百姓生产生活故事。作为基层媒体,县级融媒体中心承担着团结民心、汇聚民意、引导群众、服务群众的责任,深耕本土,贴地飞行,充分凸显地域接近性,深度赋能县域社会治理,发挥中介、载体和工具作用,多角度、多形式呈现反映本地人民群众生产生活的精品内容,围绕社会主义核心价值观弘扬主旋律,传播正能量,切实发挥县级融媒体多元协同、舆论引导、服务基层的功能,切实做到立足本土,打造基层主流传播矩阵。例如,安吉县"爱安吉"客户端开发了预约挂号、电影购票、停车查询等20几个百姓经常使用的板块,提供接地气的报道和服务,深受当地群众欢迎。长兴传媒集团民生栏目《小彤热线》,发挥媒体自身的本土优势,解决政

---

① 2023年县级广电融媒发展论坛在武汉举办[EB/OL]. (2023-05-29)[2023-08-19]. http://www.carft.cn/2023-05-29/5b5e1920-caff-b08c-e58b-46f85476c31b.html.

府与群众沟通不畅的问题,该栏目所反映的民生问题能够及时被当地相关部门知悉,为百姓搭建起了一个信息公开和政务服务的平台,并获评浙江省新闻名牌专栏。

当前,跨界整合不同行业、不同领域优质资源,强化"新闻+政务+服务"互联网跨界思维是推进基层媒体协同治理的重要任务。县级融媒体中心要始终围绕用户需求,设置民生热点话题,拓宽基层群众利益诉求表达渠道,提升基层专业服务能力,致力于打造服务基层社区的信息智慧化平台。例如,湖南广电推出的5G智慧电台项目,赋能县级融媒体生产传播体系,为基层社会自治提供精细化、精准化服务,助力提升基层社会治理现代化水平。北京市丰台区建立"社区新闻发声人"工作模式,鼓励基层民众参与社区治理,讲述身边暖心故事,传递新时代社会正能量。安徽省蒙城县以"媒体+"赋能政务服务,为当地群众打造"指尖上的政务服务中心",真正实现了"数据多跑腿、群众少跑路",成为积极探索基层服务功能的重要实践。

五、跨界合作,主流媒体新业态逐步建立

当前,各行业热议的媒体跨界声音余音绕梁,跨界融合作为媒体融合的下半场,是从信息要素的融合发展为社会资源的融合,其本质上是为应对日益激烈的市场竞争,不同专业化生产主体之间通过分享信息、协同传播从而形成一个传播共同体,以获取对特定领域发展资源的控制力。它重构了跨界合作领域的传播分布格局,开拓了新闻信息生产的新业态。跨介质、跨单位、跨业态的整合模式和以"广电+报业"为代表的跨媒体融合模式,一定程度上对广电媒体体制机制改革起到了推动作用。媒体连接万物的中介属性被互联网放大,跨界融合继续成为媒体深度融合的显著特征,获得持续关注。

深化媒体创新与融合,就必须打破传统界限,拥抱跨领域的思考,站在社会和经济发展的高度,加强不同领域之间的合作,消除媒体与其他实体,如政府、企业、组织和用户之间的障碍和认知分歧。通过这种协作,可以跨

越行业和学科的障碍,促进多方面的协同发展。此外,需要开发适应新环境的模式和理论,构建一个全面的系统框架,并建立新的传播机制。这样,不仅能扩大主流价值观的影响,还能推动社会治理向现代化迈进。具体来说,一方面,要对跨界融合发展保持密切关注、积极参与;另一方面,也要紧密跟踪媒体深度融合进程,对其进行动态监测,立足发展全局,及时反思以适应媒体融合新形势需求,提高跨界融合可持续发展水平[①]。

首先,"广电+互联网平台"跨界融合已成趋势。如在2020年7月,快手与山东广播电视台正式达成合作,这是继6月10日快手与江苏广播电视总台签署战略合作协议之后,再次与省级广电机构建立合作关系。浙江广电集团与北京字节跳动科技有限公司则共同创建了"浙江广电&字节跳动新媒体产业孵化园",在媒体多渠道网络(MCN)发展、跨屏幕融合传播以及新媒体产业发展等领域展开全面战略协作。

其次,在媒体融合实践中,"新闻+政务"依然是拓展主流媒体平台功能生态的首选,"优质内容+便捷服务"是主流媒体参与政务活动的主要运作模式。正如湖北广播电视集团党委书记、台长王彬在2023中国新媒体大会上介绍,湖北广电以"新闻+政务+服务"为定位,致力于建设移动政务流媒体平台长江云,目前已联动联通省、市、县三级122个云上系列客户端。其他模式也比较常见,比如"新闻媒体+短视频平台"可以实现渠道、场景、体验方面的革新;"新闻媒体+音频FM"搭建了适合通勤、家务等伴随式的信息消费场景;"新闻媒体+社交平台"依托于既有的社会关系网络,提升传播效力;"新闻媒体+电商/金融/医疗等平台"对垂直用户具有强聚集力和影响力,满足用户对垂类深度资讯的需求。

此外,后疫情时代"媒体+商务/直播"成为主流媒体勇担社会责任、创新内容表达、持续自我造血、聚合社会资源的重要形式。目前主流媒体的直播带货大部分以公益性质为主,如广西广播电视台的三月三直播电商节,上千名常驻各大平台的主播深度赋能脱贫攻坚,共同推介广西特色产品,借助直播平台探索出一条内容、市场、品牌共赢的新路子;广东搭建电商进乡村综

---

① 黄楚新,郭海威.治理现代化视野下媒体深度融合创新研究[J].中国编辑,2022(9):31-37.

合示范平台,助力农特产品"出海",打通农特产品"出山路",建立完善乡村电子商务公共服务体系,为农村地区尤其是贫困地区的产业链转型提供便利;湖南广播电视台卫视频道探索打造"节目+扶贫"模式,携手芒果超媒建立"芒果扶贫云超市",推出《出手吧,兄弟!》等跨屏直播带货晚会,打造主流媒体参与消费扶贫的"湖南样本"。可以看出,广电媒体通过与直播融合,不仅可以发挥广电媒体的优势,也可以为互联网赋能,进而实现自身传播的效果最大化。

随着跨平台、跨介质、跨区域、跨业态等融合模式的不断涌现,我们也对媒体融合的业务空间有了更多的想象。2023年6月28日,由国家广播电视总局发起的"全国广播电视新媒体联盟"正式成立,联盟首批共确定100家成员单位、15家牵头单位和5家支撑单位。这是国家广电总局推动广播电视主力军挺进互联网主战场的一项战略举措,以该联盟为抓手,不断完善协同机制,更好地统筹网上网下媒体资源,更好地发挥融合聚合优势,进一步打造广电网上宣传"联合舰队",不断巩固壮大党的创新理论的宣传声势。自成立以来,联盟100家成员总粉丝量达18.8亿,累计发稿600多篇,总阅读量近40亿,在文化传承发展座谈会、成都第三十一届世界大学生夏季运动会、杭州第十九届亚洲运动会等重大会议活动以及"七一"、国庆等重要节点的宣传上都发挥了聚合作用[①]。

顺应技术变革的浪潮,不少媒体创新利用"互联网+资源",全力推动扶贫、助农等综合服务领域,实现社会服务和公益行动多点开花。目前,媒体不仅仅局限于传统的新闻业务,"智媒+政务+服务+商务+公益"媒体深度融合模式已悄然建立。中央广播电视总台农业农村节目中心推出"乡聚中国年"融合传播行动,统筹电视、广播、新媒体端多样宣传产品,讲述区域发展故事,打造"三农"品牌IP;2021年起,十堰竹山县融媒体中心常态化开展网络直播带货,助力"养在深闺人未识"的脆李等农副产品,帮助17个乡镇的农户和合作社拓宽线上销售渠道,解决村民面临的销售难题;2022年,河南

---

① 曹淑敏.为建设社会主义文化强国、建设中华民族现代文明贡献广电力量[J].中国广播电视学刊,2024(1):10-13.

日报社联合微博政务、微博区域、新浪河南等百家媒体开展#聚力河南公益助农#大行动,搭建起信息共享的供销互助平台,最大限度动员全国采购力量,解决"非常时期"河南农产品滞销问题;2022年,腾讯推出的小程序"云端",将平均海拔700米以上的重庆市酉阳县何家岩村的稻田搬到屏幕上,新媒体得以在小乡村与外部市场之间成功地搭建起了沟通渠道,推动村庄脱贫,走向振兴。

可以看出,跨界融合可以充分拓展集约资源的利用空间,使人力资本和经济资本的效益最大化。下一步的跨界融合不仅要改变固有的思维模式,更要敢于打破被传统定义的媒体界限,发挥媒体的基本职能,以创新开放的心态主动"破圈",与其他领域建立合作,共谋"跨界融合"的发展之道。

第二节 我国媒体融合发展的困境与不足

媒体融合已经走过 20 多个年头,最令人熟知的成果包括开发报纸电子版、自办网站、"两微一端"、"中央厨房"、新闻矩阵等。虽然我国在媒体从"融合"到"深度融合"方面展开了大量、丰富的探索实践,例如联动各级媒体内容生态和经营业态,推进传统媒体与新兴媒体向纵深化发展,国家领导人屡次在讲话中强调加快推动媒体深度融合发展的重要性,政府部门也将此体现到工作安排部署中,但是,这样的整合策略并没有有效地帮助本土媒体和新闻集团在传媒领域重塑行业结构,也没有逆转其经济效益的下降趋势。有些机构在缺乏明确目标的融合过程中,只是盲目模仿,表面化地整合资源。胡翼青将新旧媒介之间在逻辑方向上的不同隐喻为"第四堵墙"[1],一些学者坦率地提出,采用内部自主建立途径的媒体扩展是传媒机构普遍采取却鲜见成效的新闻融合手段[2]。

媒体融合的进程虽然在不断推进,但由于缺乏理念和机制的全面创新,我国的媒体融合发展仍然面临诸多问题和挑战,我们不清楚如何更好地建设全媒体传播体系,到底该用怎样的框架来透视和了解传统媒体的融合逻辑。一方面,传统主流媒体在体制机制方面的革新还不彻底,在传播理念、业务模式、组织架构、管理体系等方面还不能完全适应新媒体发展格局;另一方面,随着新兴互联网企业数字化、智能化、信息化水平的提高,传统媒体和新兴互联网企业快速整合、相互渗透,但是互联网融合领域的核心标准体系、安全体系尚未构建,导致行业乱象频频出现。具体表现为体制困局待

---

[1] 胡翼青,李璟."第四堵墙":媒介化视角下的传统媒体媒介融合进程[J].新闻界,2020(4):57-64.
[2] 王辰瑶.新闻融合的创新困境:对中外 77 个新闻业融合案例研究的再考察[J].南京社会科学,2018(11):99-108.

解,三网融合停滞;顶层设计乏力,融合机制掣肘;职业素养滞后,复合型人才匮乏;原创环节缺失,内容建设不足;机器新闻写作挑战新闻价值本位;个性化算法推荐导致"信息茧房";大数据引发隐私伦理问题;等等。

本节在前文案例研究的分析基础上,归纳梳理现阶段媒体融合仍存在的发展困境与不足之处,以期为后续发展与突破创新提供方向。

一、体制困局待解,三网融合停滞

三网融合项目自启动实施以来,备受学界业界瞩目,尤其是其背后无法回避的传统媒体与互联网行业之间的利益博弈。传统媒体开设的电子报和门户网站大都长期处于亏损状态,用户黏性不够、缺乏价值与竞争力。而门户网站也被质疑弱化了新闻专业主义,沦为信息服务商,失去了原有的生机与活力。由于体制困局待解,缺乏监管机制、法律建设、运营模式等方面的规范,三网融合发展举步维艰。

我国"三网融合"概念的首次提出可以追溯到1998年,2001年政府第一次把三网融合作为国家战略提出。之后,有关发展意见持续被列入"九五""十五""十一五"规划。2010年,国务院发布三网融合试点方案,并公布第一批试点城市名单,三网融合迈入实质性实施阶段。2015年国务院提出三网融合推广方案,要求在全国范围内推动广电、电信业务双向进入;加快宽带网络建设改造和统筹规划;强化网络信息安全和文化安全监管;切实推动相关产业发展。随后,在国内,一种竞争适度的网络产业布局初步建立,同时构建了符合三网融合要求的制度框架,并形成了一个职责界定明确、协作流畅、决策明智且管理高效的创新监管系统。即便国家层面的产业政策大力推动三网融合,但是三网相通的融合网络远未建成,三网融合在21世纪的20余年里仍旧是"只听楼梯响,不见人下来"。从体制角度来看,广电网络具有很多企业属性,但更多的是具备政治属性和公共服务属性。例如,广播电视节目在制作传播上受到上级主管部门的严格控制,与电信网和互联网相比,后二者更加开放、自由,具备完全的产业属性和经济属性。广电网在与其他两种网络互动的过程中,理念、功能、属性存在冲突,其中的原因在于,广电网未深刻认识到三网融合给自身带来的发展机遇和艰巨挑战,在政策提出后的相当长的一段时期内,政府主管部门的制度设计中未协调好运营与管理方面的冲突,未能充分发挥制度激励的作用,以及解决基于商业竞争利益诉求的矛盾。

在制度的顶层设计中,行政部门的政策激励表征着主管部门对待相关行业的立场和态度,行政手段对中国的传媒行业发展有着举足轻重的作用。在行政部门中,介于不同的管辖范畴和行政目标,不同的主管部门之间有着相对独立的行政职权。在这样的行政体制下,尽管国家和政府积极推动三网融合发展,但技术、市场、政策方面的竞争壁垒还未完全消除,平台竞争以及相对封闭和独立的行政体制仍然是不能形成完整、融合产业链的重要障碍。信息产业部与广电总局多从自身原有的利益链条出发,期望通过三网融合的政策拓展自己的业务边界,但又不希望对方介入自己的领域。广电行业一方面抵制电信相关的企业涉足媒介内容生产和分发的领域,另一方面又希望将传统的电信业务通过融合纳入囊中,如有线接入、IP电话;电信行业则对原有通信网络承接广电服务持以抵制的态度,同时又大力推进IPTV、传输和手机电视的分发业务。此外,广电行业的意识形态色彩以及属地业务管理原则也使得政策在落实过程中存在偏差和走样,融合演变成了一场艰难的"战役"。

在微观企业制度和组织上,广电机构在市场化运作方面与电信企业、互联网企业的差距过大,是三网融合难以深度推进的又一原因。媒介技术的飞速发展为互联网企业入市带来了跨度较长的红利期,民营资本的大量涌入和相对一段时间的市场空白,让自由竞争的氛围推动其建立了较为完善的现代企业经营制度和策略。

因此,虽然国家的三网融合顶层设计作出了相对完备和成熟的构想,试图将国家基础设施层面的技术资源整合拓展,并将其作为市场融合和业务融合的助力,以此逐步破除横亘于广电、电信与互联网行业之间的业务壁垒,继而从制度和政策方面进一步激励技术的融合和创新。但由于缺乏相应的微观举措,以及自由竞争和市场行政垄断地位的矛盾,这种制度创新在融合实践的层面收效甚微,三网融合的深度发展之路依旧面临着诸多限制。

二、顶层设计乏力，融合机制掣肘

从目前的发展状况来看，我国主流媒体虽然一直积极通过各种方式探索融合转型，但无论是内容型平台、服务型平台还是电商型平台或产业型平台，依然存在着顶层设计乏力、融合机制掣肘等问题，在不同程度上制约着融合进程和融合目标。对这些问题进行分析有利于主流媒体在融合下半场找准定位，有利于新型传播平台的构建。

自互联网进入中国以来，一些传统媒体就开始逐渐引入互联网基因，建网站、推出手机报、建博客。进入移动互联网时代后，开设微博、微信官方账号再到建设自有客户端，一批融合产品、融媒体中心应运而生，内部体制机制的创新也得到了贯彻落实。但是，融合实践依然采取"+互联网"的整体思路并没有发生彻底的转变。

在具体的融合实践中，因为缺乏转型参考，大部分主流媒体都保留了原有传统媒体的底色。在主流媒体融合转型的前期，大部分主流媒体都以发力"两微多端"建设为融合发展的主要方向。在观察和分析各种融合实践后发现，主流媒体普遍存在着转型焦虑，因为媒体融合是互联网环境下媒体转型的模式创新，在具体的改革实践中缺乏参照系。主流媒体对于"媒体融合到底是什么""到底融什么""到底怎么融"等问题还没有清晰的认识和广泛的共识。一些面对互联网新媒体平台冲击无能为力的传统媒体，已经消失在大众的视野中。主流媒体的地位被商业平台冲击，大量传统媒体人员逐渐流向商业平台，导致了"马太效应"。这些现象都是主流媒体在融合前期缺乏顶层设计的结果。

缺乏顶层设计的核心原因是融合理念不足，从传统媒体到融媒体再到全媒体，每一次理念的转换都代表着融合理念的迭代。媒体融合的发展从本质上来说不应该是技术先行而是理念先行，技术上的单纯变革无法满足我国媒体环境日新月异的变化，先进的思想和观念才是指导媒体融合发展的关键。将建设具有互联网基因的新型传播平台作为深度融合阶段的发展目标更需要理念和思维的转变。当前的主流媒体在融合实践中没有体现融合发展的价值认同,依然在用"新瓶装旧酒"。从互联网到移动互联网,每一个时期主流媒体的主体地位都在受到挑战,如若继续以传统思维推进改革,主流媒体将在由智能技术引领的全媒体时代潮流中被逐渐边缘化,也无法完成占领网络舆论空间主导权的任务,并在激烈的市场竞争中倒退或被淘汰,丧失生存空间。因此,若要实现建设新型主流媒体、打造新型传播平台、构建现代传播体系的目标,就必须加强顶层设计、转变思想观念、创新融合理念。

三、职业素养滞后,复合型人才匮乏

在媒体融合趋势下,许多传统媒介机构在决策和战略调整方面显现出不安与困惑,反映了传统媒体从业者在多重压力下的真实状态。这主要体现在两个层面:首先,人才流失问题严重,众多从事传统媒体工作的专业人士纷纷离开原有岗位;其次,由于媒体工作者的原因,媒体行为违规的事件屡见不鲜。目前,新型新闻传播专业人才的短缺已是行业内普遍认同的问题[①]。

"传统媒体在融合进程中,媒体之间的竞争,归根到底是人才之间的较量。"与传统媒体相比,新媒体建设存在技术能力不足、人员结构不合理、从业人员专业水平不高等短板。数据处理工程师、文案编辑、产品经理、运营专员、人工智能训练师等新职位和新工种不断涌现,对媒体从业者的综合能力和职业素养提出了新要求,新媒体人才不仅要完成传统媒体采写、编辑、分发任务,还要熟练掌握过硬的互联网技术。不仅要懂代码,善于运用计算机处理软件和工具对数据进行挖掘分析,同时还要具备互联网基因,以用户本位为导向提升服务意识,时刻把握市场动态,适应未来跨区域、跨媒体、跨学科的采写场景。

复合型人才是媒体竞争的核心要素。有专家称,近五年市场上全媒体

---

① 蔡雯,翁之颢.融合转型的传媒业需要什么样的新闻传播人才:对近年传媒业人才需求状况的观察与分析[J].新闻记者,2016(12):13-18.

人才缺口有60万之多。全媒体建设要主动适应全媒体发展趋势,集中精力培养和凝聚一批具有综合能力的信息技术人才,下功夫攻克媒体融合中遇到的技术瓶颈问题。面对激烈的竞争,中央和地方融媒体中心近年来积极引进传统媒体缺乏的互联网技术人才,补齐人才队伍结构短板,鼓励优秀年轻的媒体从业者提升新闻专业素养和互联网思维,把精通新媒体的优秀人才和中坚力量分配到新闻内容生产、制作、发布、传播等关键环节,盘活人才队伍建设,致力于打造高素质复合型人才队伍。如《人民日报》有针对性地对年轻的新媒体从业人员开展思想淬炼、专业训练、全媒体技能培训,鼓励年轻人积极参与到融合创新的实践中,融入新媒体场景,加入重点项目的策划和采制中。新华社北京分社与中国传媒大学融媒体中心共同打造了针对中国传媒大学在校生的融媒体实践实训项目,组织业界导师一对一指导学生,并深度参与新华社北京分社日常新闻报道,定期组织传媒行业资深专家与学生交流座谈。湖南广电打造具有融媒体基因的技术人才高地:一方面,湖南卫视、芒果TV两个平台协同配合,推行工作室制度,双方数千名内容生产者形成合力;另一方面,敢于起用新人,以多项目的集训助力新人步入快车道。"30未满""金芒果成长计划""领鲜计划""飙计划"等设立,开拓了青年人才发掘通道。湖北广电立足"加强全媒体传播体系建设,塑造主流舆论新格局,繁荣发展文化事业和文化产业"的目标推出"云帆计划",构建了一整套综合性的培训与激励孵化体系:设立"云帆讲堂"作为主要平台,开展媒体融合的专业培训,并邀请主流媒体和商业媒体、台内和台外的优秀从业人员进行经验分享和实战训练;面向全台揭榜挂帅,招标征集策划,挖掘、开发、培养更多创新人才,鼓励爆款内容创作。浙报集团摒弃对传统主流媒体的依赖,实行"双优"引才政策,探索市场化人才引进机制,吸纳业内外掌握计算机网络技术的行业专家。在业务培训上,浙报集团把课堂前移至媒体一线从业人员,邀请新媒体相关领域专家学者进行前沿授课和理念碰撞,使培训教育成为常态,同时注重实战演练,激发和培养员工的产品思维、互联网思维。四川传媒学院融合媒体学院和郫都区融媒体中心共建人才培养暨教学实习基地,达成了"服务地方经济、深化产教融合、联合人才培养、创新合作模式"的一致目标,并在作品生产、人才培养、人才孵化、实践教学等方面进行深度合作。

正如国家广播电视总局媒体融合发展专家库专家胡正荣所言:"实现媒体融合关键在于打通人才,特别是全媒体人才建设的'任督二脉'。"时代在变,媒体格局和媒介生态都在变化,新媒体人才培养体系和复合型人才队伍建设要在适应中不断创新。既要"盘活"人才的积极性,也要"激活"人才的创新力。要把人力资源开发摆在优先位置,健全引才、育才、留才、用才、兴才全链条培养机制,完善评价激励体系,激发编辑记者创新活力和内生动力,不断提升传播力、引导力、影响力、公信力。目前,人才培养和管理机制只是初见成效,如何培养全媒体人才,仍需在实践中求索。

四、原创环节缺失,内容建设不足

目前,全国县级融媒体已初步形成较完整的传播矩阵。据统计,部分县级融媒体中心2021年和2022年的营收情况,有的数以亿计,有的二三百万,部分县级融媒体已经开通微信公众号、新闻客户端,有60%拥有三种以上的媒介形态[1],但是,我国县级融媒体中心建设仍处于起步阶段。原创能力缺失、差异性不足、用户资源匮乏、传播效果有限仍是其当下面临的主要问题。在下基层、接地气、推进县域治理方面,县级融媒体建设依旧任重道远。面对发展动力缺乏、传播渠道竞争与内容生态博弈等问题,地方主流媒体必须实现从渠道型媒体向平台型媒体的转变[2]。

首先,在功能和内容生产方面,县级融媒体核心产品具有明显的地域特色,栏目设置普遍是合理的,发布信息相对全面,内容形式较为丰富,传播功能基本健全。但是有些县级新媒体发展存在功能重叠、内容同质化、形式大于内容、信息媚俗的现象。具体而言,县级融媒体部门借助自身优势与传统媒体竞争,原创优质内容匮乏,只能沦为传统媒体的附属物和"搬运工",体现不出新媒体形态多样快速进行宣发的优势,限制了新媒体自身的良好运

---

[1] 卢剑锋.浅析县级融媒体中心提升基层舆论引导力的路径[J].传媒,2019(23):17-20.
[2] 郭全中.传媒大融合[M].广州:中山大学出版社,2018:26.

转。除此之外,还有一些"活跃"的县级媒体为了博取眼球追求爆款,标题借用网络流行语,大打擦边球。这就要求县级媒体以内容建设为根本,加强内容把关,建构清朗的网络空间。

其次,在策略分发和内容管理上,县级融媒体普遍重视内容管理,但在管理运维方面只是做到将纸媒信息搬运到新媒体平台上,缺乏精准营销以及靶向推广,满足不了受众对不同媒体平台信息需求和观看模式的偏好。因此,县级融媒体在传媒市场领域里,要根据受众的媒介使用行为习惯以及各媒体平台本身的特点和优势,确定开发方向,制定有针对性的内容生产与分发策略,对受众个体进行分众化服务。一方面,基于用户画像,将信息以不同形式精准投放到移动端;另一方面,遵循"内容+渠道"的融合路径,推进传统媒体和新媒体平台一体化发展。

最后,在传播效果方面,互联网产业蓬勃发展之前,在信息渠道单一的状况下,地方主流媒体过去凭借对本地传播渠道的控制,保持了稳定的市场收入。然而,随着网络时代的兴起,互联网大型企业利用技术革新打破了这些媒体的地域性垄断,通过持续的技术进步和资本投资,在传媒市场上获得了跨区域的竞争优势[1]。而在用户活跃度相对较高的某些网络传播平台上,地方主流媒体的账号虽然聚集了可观的粉丝量,但在与中央级主流媒体、商业媒体以及自媒体账号的竞争中,县级融媒体普遍存在平台发布内容多而不精、板块更新不及时、队伍庞杂不专业、运营乏力缺乏创新、话题缺少互动等问题,导致地方媒体受众流失严重。可见,地区性主流媒体在技术上的整合目前面临发展停滞的问题,迫切需要探索新的整合方法以促进进一步的发展。在采访调研中发现,一些县级媒体机构设置的议题和开辟的板块往往与地方政府工作事务、上级部门传达的文件相关,没有针对当地群众的本土化服务,报道方式陈旧老套、欠缺新意,在影响力上也不足。还有一些县级媒体在"两微一端"设置的信息服务类板块两三个月才更新一次,无法及时解决本地民生问题,传播效果有限。在具体实践中,应充分发挥县级融媒体中心在政务服务、公共服务等方面的功能,结合当地实际和群众生活的需

---

[1] 崔家勇.超越技术依赖:地方主流媒体深度融合的路径创新[J].青年记者,2022(17):65-67.

求,制作更多具有原创性、地域特色鲜明、紧贴群众生活的融媒体产品,让群众真正用起来、用得好、离不开。

无论媒介环境和媒体形态如何变化,"内容为王"仍然是不变的法则。传统媒体要勇于承担生产最优质专业内容的使命,做移动互联网时代的优质内容提供商。但也需要在原有优势的基础上,以更开放的态度面对新媒体时代的内容生产,按照互联网传播规律释放创作潜能和创新动力,走出一条内容和技术双轮驱动的融合发展之路。

五、规制与伦理困局

随着智能化技术的不断进步,推荐算法日益成熟,媒体融合时代的融合新闻实践存在诸多有益之处,如促进新媒介生态格局的演变、发挥新闻从业者的创造性以及拓展媒介产品的创作空间等,这些都为媒介伦理的推广普及、实践落实与自我完善注入了新鲜血液。但是,由于网络世界的匿名性、虚拟性,新媒体作为一把"双刃剑",诸多潜在的风险也极易被放大,这对传统的新闻伦理准则提出了新的挑战,主要体现在机器新闻写作挑战新闻价值本位、个性化算法推荐导致"信息茧房"、大数据引发隐私伦理问题三方面。

第一,机器新闻写作实践的核心是生产客观、真实、准确的新闻内容,在数据不准确或信息源不可靠的情况下,机器人写作的文本内容缺乏人为干预或监督,可能会引起对数据准确性、数据透明度和身份的担忧[1],并对"新闻真实性"这一新闻价值本位问题提出挑战。有学者认为,信息源识别和透明度问题对受众了解新闻和数据源至关重要,如果服务提供商及其新闻客户在数据透明度方面披露所有数据源,那么对来源的保护将变得难以实现[2]。相较于新闻记者的新闻写作,机器新闻写作造成错误信息和虚假信息

---

[1] Palanski, Michael, and Andrea Hickerson. Journalism Needs to Practice Transparency in a Different Way to Rebuild Credibility. [EB/OL]. [2023-08-19]. https://theconversation.com/journalism-needs-to-practice-transparency-in-a-different-way-to-rebuild-credibility-111474.

[2] Dörr, Konstantin, and Katharina Hollnbuchner. Ethical Challenges of Algorithmic Journalism. [EB/OL]. [2023-08-19]. https://doi.org/http://doi.org/10.1080/21670811.2016.1167612.

的风险更大,因为信息受程序员和算法数据影响,可能会依循商业组织的利益进行偏见性的报道。虽然世界上许多国家的新闻道德准则禁止歪曲事实以确保内容的准确性和透明度,但在新闻守则实践薄弱的情况下,它依然具有挑战性。

此外,在新闻的内容生产过程中,机器人新闻写作也极易引发伦理道德的风险,如较为常见的版权问题就引发了社会的广泛讨论。相较于传统媒体的清晰版权界限,网络媒体信息传播的高效性加大了信息版权监管的难度,数据新闻领域的数据窃取问题对原创数据新闻工作者十分不利。机器人新闻写作的信息挖掘、数据收集大多来自互联网海量的信息,当数据涉及他人的原创作品,就可能侵犯他人的著作权。

比如有些新闻网站利用爬虫技术大量抓取新闻,在呈现时模糊信息来源,造成侵权;有的新闻聚合类平台利用大数据对用户偏好进行分析并推送个性化新闻。利用搜索引擎和爬虫技术抓取新闻获取消息的方式,经常出现侵犯新闻原作者的著作权的问题。近年在传统媒体与新型平台的法律纠纷中,就有不少是关于信息版权纠纷的[①]。

第二,算法分发通过追踪用户偏好与潜在需求完成个性化推送,但在内容分发和消费过程中容易形成算法偏见,导致过滤气泡、"信息茧房"等新闻伦理问题的出现。自媒体时代的每个人都是网络社会中的一个节点,网络用户既是信息接收者,也是信息发布者,以兴趣为基础的个体在网络空间中互动和交流,并快速聚合,基于算法推荐的新媒体平台也逐步为用户提供更加精准的服务。随之而来的是个体接收信息的"窄化",网络的"信息茧房"一旦形成,群体内部成员和外部世界的交流就会大幅降低,群体之间缺乏黏性,无疑会极大地削弱群体的功能,离散成单一的力量。

第三,隐私暴露趋于常态化,数据价值和用户隐私之间的鸿沟所产生的矛盾愈演愈烈,数据等技术带来的伦理问题,已经引发了业界和学术界的广泛关注。在发展、运用智能化技术进行新闻工作时,要明确公众媒体权力的

---

① 苏琦. 从《门口的野蛮人》看门口的野蛮人[EB/OL].(2015-12-22)[2023-08-19]. https://www.jiemian.com/article/483164.html.

界限,恪守新闻伦理的边界,警惕算法这样的工具理性。与此同时,新闻工作者更应避免陷入唯技术论的窠臼,数据新闻强调数据思维和数据概念,包括使用数据将记者的新闻见解转变为切实论据只是一种方式,而不能改变党和人民的喉舌的根本理念。如果不建立在有价值内核的新闻价值观的基础上,大数据新闻就会失去生命力。

  智能算法技术潮流势不可挡,大数据时代网络空间安全面临诸多威胁与挑战。数字治理与媒介伦理管控作为推进国家治理体系现代化的重要内容,对政府管理、社会管理、国家治理的重要性不断凸显。总之,要注重严管严控与开放创新并举,集中力量发展数字经济,发挥多主体作用,共同挖掘与共享数据价值,加快构建数据基础制度体系[①],充分发挥政府在数据治理中的主导作用,在《数据安全法》《个人信息保护法》《网络安全法》等法律框架下,构建一个高效、安全、合规、创新的数据生态系统,从而实现数据驱动的数字化转型。同时,如何用积极的心态建设平衡工具理性和价值理性,建设良好的传媒生态,这些需要我们在未来作深入的探究。

[①] 唐绪军,黄楚新,王丹."5G+":中国新媒体发展的新起点:2019—2020年中国新媒体发展现状及展望[J].新闻与写作,2020(7):43-49.

第三节　智媒体时代媒体融合创新与展望

放眼全世界,媒体融合已成为各国传媒经济发展与产业演进中最瞩目的现象。自20世纪末以来,美国、欧洲传统媒体组织一直在积极拥抱新媒体,以扭转不断下降的读者群和观众参与度。这一趋势在2010年后也体现在国内传统媒体身上,为了寻求更大的市场份额和与竞争对手的差异化,传统产业的管理者重建组织结构,重新分配资源,重新构建自己的生产流程,同时招聘精通技术和开发移动智能化平台的人才。但最近的新闻业历史表明,现有的机构在自己的组织内部进行足够激进和破坏性的改革时一直缓慢而谨慎①。大多数媒体机构转型失败主要在于拒绝创新。那么中国传统媒体如何应对和适应"新的融合"及"跨媒体转向"?创新作为经济社会发展和传媒产业转型过程中最重要的驱动力备受瞩目,媒体融合并非单一的目标与结果,而是动态发展的过程。

无论是学术界还是传媒行业,对于媒体融合与创新的认识都是一个渐进和持续优化的过程。要实现智能媒体的融合发展,策略也需要不断更新调整。当前各级媒体发展的一个紧迫任务就是打破分散运营、分割发展的体制机制,促进全媒体智慧化发展,建立互联互通、安全可控的全国数字化文化传播渠道,构建数字化、人性化、智能化的统一运维平台,推进全国一网整合和全国性业务开展,依靠智能技术促进媒体融合的深度发展。

---

① DOMINGO D, MICÓ J L, MASIP P. Convergence hit the wall: Reassessing theoretical Approaches to explain innovation failure in newsrooms. [C]. International symposium on media innovations. Oslo, 2012.

一、打造移动多屏互动新体验

世界著名科技杂志《连线》创始主编凯文·凯利(Kevin Kelly)把"屏幕"列为互联网未来十年发展的四个关键词之一。他认为,新媒体融合背景下,我们的世界到处都有屏幕,人们已经变成了"屏幕人"[1]。身处多屏时代的用户迅速向智能手机端迁移,视听信息的传播和扩散已远远跳脱出传统的报纸、广播、电视等媒体形态,移动媒体的实时在线使得各类视听信息触手可及、唾手可得,单一的视听媒体已不再能满足用户对于视听产品多元化和视听媒体融合化的需求。

万物互联技术的不断演进,也让智能终端市场从单一产品功能体验向多产品融合体验迈进,用户浏览日趋多屏化,包括手机、笔记本、平板等在内的不同设备之间的互动越来越频繁,双屏、三屏占比最高。媒体在融合发展中,要紧紧盯住受众的喜好,不要只为受众送上"食物",还要让"食物"愈加适用于互动屏,符合受众的"胃口"。在多屏关联方面,CCTV微视通过对内容和用户的智能化识别,采用新技术手段缩短大小屏联动的时延,从而在融合媒体环境下提供高体验的个性化媒体服务方面取得了明显突破;在双屏融合方面,中央广播电视总台实施"5G+4K/8K+AI"战略,通过移动客户端采用投屏的方式,从手机小屏便捷地切换到电视大屏,方便用户流畅地收看4K超高清电视节目。

复杂且多样的应用场景对多设备之间的协同能力提出了更高的要求。构建一个平台生态系统将有助于提升平台的用户转化率,并产生持续的推动力。同时,采用多媒体技术可以实现不同平台的统一发展。对于电视媒体而言,关键是利用技术达成互动目标,并打造一种互利的平台生态。现代传媒工作者应当注重结合传统与创新,制作高品质的原创节目,这不仅能提升企业的品牌形象,还能促进"四全媒体"向多屏融合方面不断拓展[2]。此

---

[1] 王康.多屏互动:媒介融合趋势下电视的应对之道[J].青年记者,2018(25):55-57.
[2] 吴彦军.摆脱大屏传统思维,加强多屏融合传播[J].中国传媒科技,2022(9):84-86.

外,还要以用户需求为出发点进行创新,利用现有的平台优势和资源,注重前瞻性技术引领,在多屏之间形成良好的视频资讯传递、互补和一体化服务,牵引行业向前发展。各类主流媒体应该考虑不同技术平台尤其是移动平台的差异与特点,还要充分将用户和内容呈现的差异纳入考量,从生产流程等方面细化,使其适应媒体融合背景下的视听传播,满足用户对于跨屏互动、跨域互动、跨网互动的多样化、多层次的视听信息需求,以"屏"为核心,平衡好内容生产与经营管理变革下的机制创新。

二、提高智能人性化服务水平

保罗·莱文森的"人性化趋势"理论认为,人的媒介化是由于人的需求所产生的,并且在不断满足人的需求中发展演进①。人作为社会性的动物,其主观意愿和能动性在媒介进化中发挥了关键作用。媒体平台的多样性也使得整个视听生态变得更智能化、人性化,对用户的视听需求满足更细致入微。大数据算法、云计算拓宽了新闻生产服务的边界,算法通过解读、比较、细分、溯源等数据分析,实现对视听需求的精准化,改变了各级各类主流媒体的内容生产流程,提升了内容制作的精细化程度。传统的新闻制作方式将发展成人机合作模式,其中新闻创作者负责迅速、全面和精准地提供及传播信息,而机器则承担后续的详细追踪和分析任务。无论是主观层面推进,还是客观层面发展,媒体融合都将进一步改变原有的新闻生产、传播、服务模式。视听服务将改变以往千人一面的传播形态,达到千人千面的全新效果;同时将进一步优化用户的视听服务体验,不再是人找视听节目,而是视听节目被精准推送给人。

智能化的实质是人性化,一切以提升信息服务质量、确保用户需求为准,不只是内容的简单重复或演绎,而是有温度的适配,随着用户需求的变化而变化。人机互动、数据的双向传输将使主流媒体迎来全面变革,由被动地满足用户自发的视听需求,到媒体主动地创造视听内容价值,全面提升用

---

① 莱文森.数字麦克卢汉[M].何道宽,译.北京:社会科学文献出版社,2001:7.

户体验,激活用户潜在视听需求,形成优质的视听资源,再次吸引用户。目前国内手机用户已突破13亿,技术的普及拉低了传播门槛,只要用户具有发布信息的意愿,就可以成为发布平台,视听内容变得多元和碎片化。网民可以在主流价值观下另辟蹊径,找到与众不同的角度发表自己的意见。在此期间,信息不断发酵、孵化,生成新的信息、观点,表达变得无序,有价值的内容变得凤毛麟角,这就需要各级各类主流媒体掌握网络意识形态主动权,在新闻专业主义视角下对用户生产内容(UGC)进行"降噪"和适度引导,做好内容产出后的信息再加工环节,同时根据不同的用户群体,对内容进行分类,让所谓"噪音"成为有价值的视听内容。传统的广播和电视平台正在转型,不再只是作为视听内容的输出渠道,而是成为引领多样化生活方式的门户。广电媒体的接触点已经超越了移动设备、个人电脑和互联网电视,扩展到了平板电脑、投影设备、可穿戴技术、智能家居系统、智能汽车等原本与广电行业不太相关的设备。这些设备通过直接或间接的方式与视听服务相连,形成了主流媒体融合传播生态链的一部分,使得视听内容的制作、传输、分发和展示无处不在。这对各级各类主流媒体而言,是一场颠覆性的变革,亟须拓展思维,将以互联网为基础架构的新视听格局,融入日常的视听内容制作、视频推送、信息传播等实际的操作中。

三、构建智能化科技服务平台

我国已经将人工智能和大数据列为国家战略性新兴产业,明确提出要加快发展人工智能和大数据产业,推动数字经济高质量发展,加强大模型训练数据采集及治理工具研发,建设大模型评测开放服务平台,构建大模型基础软硬件体系,探索通用人工智能新路径。

这里的"智"是人工智能的前沿技术,也是媒体从业者应用人工智能的智慧。然而,"智慧"生产离不开技术支撑,这是传统媒体机构的劣势。如何突破这一困境呢?2020年,人民日报社和中国联通达成协议,双方将发挥各自在内容、技术领域的优势,在5G、4K超高清视频、虚拟现实、人工智能等领域,品牌、教育/音视频等行业全方位、广渠道、多角度地深入合作,联合打造

"智媒平台",坚守主流舆论阵地。2023年,安庆市依托浙江大学等高校院所科创资源,利用大数据、人工智能等技术,打通信息屏障,整合系统资源,联通政府、中小企业、人才、第三方服务机构四大主体,上线科技型企业一站式服务云平台,为企业提供一站式、全方位、高质量服务,如图4-3所示。

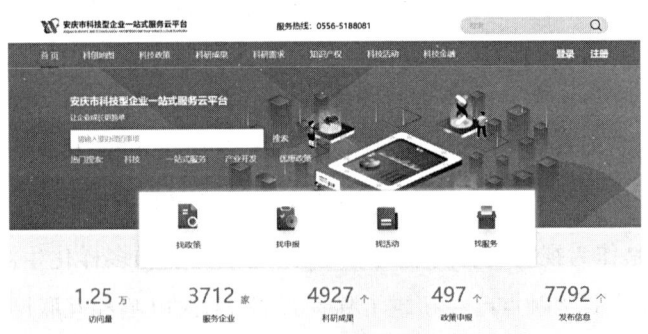

图4-3 安庆市科技型企业一站式服务云平台界面

此外,各级各类主流媒体智能化科技服务也应进一步规划落地,在强化需求的导向下,加快推进频率频道和节目栏目的供给侧结构性改革,贯彻落实播出机构规范设置,优化节目栏目、精简精办频道、整合平台账号,对定位不准、影响力小、用户数少的坚决关停并转。打通各个领域,形成建设新型主流媒体的整体合力。同时,智赋文旅、政务等垂直行业,发展部署智媒体平台建设和智媒云,加强生态协作,统筹各种资源,以新媒体技术为支撑,推动达成传媒集团与互联网智媒企业间的合作。基于媒体智能化实践,亟须构建一套新的可以被广泛接受的伦理框架,来指导人工智能系统进行推理和决策,确保新闻传播活动在人工智能时代依然在法律范畴内进行。

各个部门、频道之间要打通壁垒,优化资源配置,统筹各类视听资源,这并非对同质化视听内容的追求,而是要依据自身定位发展、平台特点、用户视听需求等,对资源进行整合,完成多元的视听内容呈现,为建设新型主流媒体蓄力。对主流媒体来说,不同的媒体平台和渠道既要有其相对的独立性,即内容、形式、手法特色以及用户群体的个性化定位,又要有连通性,即所谓形散神聚,能够显示出各级各类主流媒体的文化、理念和追求。因此,要大力增强平台信息服务聚合与精准分发能力,服务用户,衡量好人脑价值与智能效率的关系,提供专业性、贴近性、交互性强的媒体服务产品,如拓展"智媒体+政务/服务/商务",在交叉领域拓展智媒应用新场景。

目前中央级、省市级和县级主流媒体的两微一端和新闻网站已基本成为标配,但其内容生产和运营方式有很大的不同。微博篇幅短小,互动性强,传播力大,适合向人们推荐其最需要了解的信息、视频,也可以通过超链接,导向各级各类主流媒体网站或新闻客户端;微信公众号没有微博的篇幅限制,可以通过文字、图片、音频、视频等复合形式呈现,而且可以以留言的形式进行互动,便于更深入地捕捉用户喜好;新闻客户端则有效整合各类新闻频道,种类繁多、信息量大,板块化垂直深耕,适合重大主题宣传的报道,可以将图文并茂的优势发挥到极致。与传统媒体相比,移动客户端通过推荐算法引擎解读用户阅读习惯从而实现精准推荐,以"可消费性"为标准,其议程设置、框架结构更加亲民。作为一种沟通工具,各级各类主流媒体采用多样化表达,通过大视听平台化服务融为一体,在业务上细分粉丝、矩阵互推,形成多层次的覆盖力,提升了用户体验,也扩展了视听内容的影响力。

总之,媒体智能化提供了微观上的技术支撑,而智能传播构成了宏观上的生态系统。在未来,传媒融合的焦点将逐步从多元媒体向智慧媒体转移,而传播行业也将演变为一种以技术深度整合和科技服务为核心的智能传播生态。

四、共建优质内容共享生态体系

媒体融合背景下,主流媒体的融合表现为:优质内容成为视频平台决胜的关键,优质视听内容与优质平台融为一体。但目前两者的融合发展还有进一步发展的空间。从中央级到省级再到地方广电,各类终端均有自身的优势,多媒体融合发展应充分利用各种终端的优势,促使用户主动浏览新闻客户端中的视频、资讯。这体现了各级各类主流媒体正在真正理解视听新媒体的本质,不仅仅将新媒体作为一种工具或是一种转机,而是遵循新媒体的规律,按照优质内容平台融为一体的目标来适应主流媒体融合的新趋势。

媒体融合是以新媒介融合思维进行的,这是媒介技术发展、满足用户视听需求以及媒介融合发展的必然结果。各级各类主流媒体不能只专注于内容生产,还必须链接用户,以用户思维分析不同的视听平台特征,推动从视听内容分发平台进化到内容采编平台,再到媒体优质内容共享平台的发展进程,朝着"智能化服务+采编播一体化+优质内容共享"超级媒体中心方向发展。比如新华社开启"中央厨房"新模式,探索实现全媒体采编发流程再造、一体化运行和产品研发的"实验田""示范园"和"孵化器";湖南广电加强内容选题规划,打造《理想照耀中国》等精品视听内容节目,推出至少2部有全国影响力的优秀作品,打响"芒果出品"内容领军品牌;澎湃新闻继承与坚持纸媒时代延续下来的"内容为王"原则,试图探索一套传统媒体和新兴媒体融合发展、一体化运作的新模式,每周生产800~1200篇原创新闻,在信息纷杂的时代,为用户提供真正有价值的信息与见解。在社交媒体层面,创新的关键先决条件与Web 2.0社交媒体的基本特征密切相关:在线社区建设和社交网络、用户生产内容与其他用户共享、社交媒体内容和受众打分评论以及社会参与者之间的广泛交流和协作互动。社交媒体构成的"沟通范式转变",减少了个人和群体的沟通障碍,从而以较低的成本允许和促进了用户之间更广泛的沟通。

进一步搭建优质内容共享生态体系,关键在于扩展媒体在社会传播中的路径和潜在增长领域。这包括将信息消费平台转化为媒体内容发布通道,并通过短视频和直播等现代手段进行内容传递。同时,通过加入实时互动功能,如"发送弹幕"或"留言反馈",可以提升用户参与度和忠诚度,从而扩大内容的传播范围,并推动传统媒体向现代化转型[1]。此外,重点应放在扩展媒体产业链上,探索在内容发布过程中与其他产业的合作机会。这样可以促进媒体行业在社会中的广泛分布,并实现其社会化发展的真正目标。通过整合传统和新兴媒体的发展市场,我们能够向用户供应更为全面和高质量的服务[2]。

---

[1] 贾潍璐.大数据时代传统媒体与新媒体融合发展路径探索[J].中国传媒科技,2020(5):62-63.
[2] 林波.传统媒体与新兴媒体的融合发展路径探索[J].中国传媒科技,2022(9):103-106.

五、结　语

2023年媒体融合发展走过十年,人工智能技术加倍迭代演进,媒体融合进入智能化快速发展新时代[①]。在媒体整合的进程中,"新"是适应时代潮流和趋势的关键。随着技术的快速进步不断推动媒体领域的扩展,我们见证了舆论生态、媒体结构和传播方法的根本变革。主流媒体的责任和使命在于,紧跟媒体融合快速发展的步伐,勇于采纳新兴技术、体制和策略,深化媒体整合进程,并增强主流价值观的影响力。

2021年3月正式颁布的《中华人民共和国国民经济和社会发展第十四个五年规划和2035年远景目标纲要》保留了"推进媒体深度融合,做强新型主流媒体"的发展目标。推进媒体深度融合既是我国建设传媒强国、文化强国的阶段性目标,也意味着主流媒体由散点化、试验性的"技术驱动型"创新,向一体化、全局性的"生态建构型"融合迈进。2022中国新媒体大会"科技赋新能 融媒向未来"技术应用论坛向全体新闻工作者发起了"智媒体新服务"倡议,号召主流媒体以智慧媒体融入智慧城市建设,当好社会治理的"智慧中介"。2023中国新媒体大会则以"融合十年 笃行致远"为主题,把握媒体格局重塑趋势,深入探讨智媒融合纵深发展的新路径、新方向。

对作为多元主体的媒体而言,应以全方位视角和多元化服务助力社会治理创新。近十年,主流媒体坚持以技术创新驱动融合发展,扎实推进新型主流媒体的智能化升级。全国各地主流媒体纷纷利用技术力量设立"战疫"求助等信息公共平台,联动各方做好公共服务;人工智能视频制作平台"AI编辑部3.0"为重大战役性报道赋能;创作大脑、主流算法、内容风控等研发应用取得积极进展;智能创作机器人集成了5G智能采访、AI辅助创作、新闻信息追踪等多种功能,主流媒体始终以开创未来的勇气加快推进媒体深度融合,走好新型媒体高质量发展之路。

[①] 赵嘉伟,龙军,禹爱华.从"相融"走向"深融":2023中国新媒体大会侧记[N].光明日报,2023-07-14(3).

媒体的参与在国家和社区管理的精细化及扩展中扮演关键角色，它应更深入地介入基层管理、智能城市建设和农村复兴战略，将信息提供扩展到政务、民生服务以及智库咨询等多个层面。在广播电视行业，"智慧广电乡村项目"致力于促进数字经济发展、数字化政府建设和乡村振兴，涉及村务公开、紧急广播系统、网络视听内容及媒体平台建设等方面，把媒体的社会服务功能推向最前沿。展望未来，媒体整合将加强全媒体传播体系中的服务和社会参与职能。随着我国社会网络化的快速进展，网络治理体系将逐步完善，而提升网络治理能力也是媒体应承担的职责。在多元协作的网络治理中，媒体作为核心力量，需要在深度融合探索中通过具体行动增强融合的深度，并通过提供服务扩大融合的范围。

从媒体融合发展前景来看，互联网重塑媒体传播格局后，我们进入了一个"不确定"的时代，面临着技术、内容、传播的不确定，当前的传播格局复杂多变，无法用一个简单明了的框架去涵盖。建立传媒创新生态体系，把失去的影响力版图和话语权夺回来成为重塑传播格局、赢得竞争优势的关键。媒体融合创新发展，要用新技术赋能网络视听内容的生产和传播，以强烈的紧迫感抢占技术风口，主攻短视频、直播、数据新闻、卫星新闻等，把握元宇宙等新兴媒介场域，瞄准新技术新趋势进行重点布局、全局重塑，努力打造大数据信息资源平台、智能生产和传播平台、用户沉淀平台新优势，把功能强大的数据平台作为各项业务运行的基础；着力构建与采编发相匹配、与内容生产传播相适应的媒体传播矩阵和接收端口，真正实现媒体融合的"神形合一"。对于主流媒体而言，不应该止步于内容生产，将传播权寄生于其他的媒介平台，而要依托政策红利，建立品牌和公信力，掌握技术力量，才能不断突破，获得市场和话语权。

智能互联网时代，生成式 AI 撼动人类作为信息传播内容生产者的天然地位，成为人类传播历史上浓墨重彩的一笔。2022 年 11 月 30 日，美国人工智能研究公司 OpenAI 发布名为 ChatGPT 的全新聊天机器人模型，开启了 AI 新时代。目前其已被广泛应用于敲代码、写文案、改论文等测试中，甚至被国外某机构聘为记者，参与新闻写作。2024 年 2 月 16 日凌晨，Sora"横空出世"，这是 OpenAI 推出的一款能根据文字指令即时生成短视频的模型。生成式AI从文本到图像再到视频,是一个快速发展的过程。ChatGPT和Sora将催生未来数字内容创作与交互的新范式,在策划、生产、传播等维度延伸,甚至远超人类的能力,它将进一步深度改写媒体和内容行业,掀起媒介内容生产领域的巨大变革。那么,智能媒体时代,当人工智能进入新闻领域,将给新闻从业者带来哪些挑战?如何基于智媒技术进行创新发展?如何推进技术与制度的良性互动,为技术创新与制度创新提供更多的机会?如何拓展行动主体的认知增长渠道以超越个体认知的局限?以上都成为媒体融合深入发展时值得深入探索的课题。

智媒生态下,推动主流媒体融合没有标准答案,只有参考答案。要发挥好自身优势,重构信息生产和分发的模式,构建跨时空用户关系,为社会数字化转型赋能,从而实现主流媒体在智媒生态中的良性发展。在利用新兴技术上,须以理性和人文主义的态度来把好技术关,不能让技术沦为资本的工具,同时也要注重技术价值观问题、伦理问题以及内容安全争议,防止技术对公共价值与利益的误伤。

党的二十大报告中指出:"巩固壮大奋进新时代的主流思想舆论,加强全媒体传播体系建设,塑造主流舆论格局。"2023年10月,全国宣传思想文化工作会议召开,正式提出并系统阐述习近平文化思想,这为新时代媒体工作提供了根本遵循和工作指南。在新的发展阶段,主流媒体须承担起坚守和推广社会主义核心价值观的责任,确保政治立场、公众舆论和文化价值的正确引导贯穿于媒体整合与发展的每一个环节。要深入挖掘并广泛传播具有主流特色的时代故事,创造与主流媒体身份相符的高质量内容,并在国际舞台上有效传达中国的观点和形象。同时,主流媒体应成为创新前沿的积极驱动者,发挥智能媒体的发展优势,利用大数据技术,服务于城市和社会的数字化转型。此外,重点发展人工智能、元宇宙等新兴领域,推动在新的商业、模式和行业形态上取得进展。最后,主流媒体应致力于成为治理体系的赋能者,将自身的发展与国家治理、城市管理以及社会事务紧密结合,通过服务来创造价值,让创新成为提升传播效能的新动力。

图书在版编目(CIP)数据

媒体融合：理论、实践与创新／曹曦晴，李晨，王竞著. -- 北京：中国传媒大学出版社，2024.12.

ISBN 978-7-5657-3833-3

I.G206.2

中国国家版本馆CIP数据核字第2024FR8362号

媒体融合：理论、实践与创新
MEITI RONGHE：LILUN、SHIJIAN YU CHUANGXIN

著　　者	曹曦晴　李　晨　王　竞
策划编辑	温晓芳
责任编辑	温晓芳
封面设计	拓美设计
责任印制	李志鹏

出版发行	中国传媒大學出版社		
社　　址	北京市朝阳区定福庄东街1号	邮　编	100024
电　　话	86-10-65450528　65450532	传　真	65779405
网　　址	http://cucp.cuc.edu.cn		
经　　销	全国新华书店		
印　　刷	唐山玺诚印务有限公司		
开　　本	710mm×1000mm　1/16		
印　　张	18.5		
字　　数	296千字		
版　　次	2024年12月第1版		
印　　次	2024年12月第1次印刷		
书　　号	ISBN 978-7-5657-3833-3/G・3833	定　价	89.00元

本社法律顾问：北京嘉润律师事务所　郭建平